# 천자를 읽어
# 천하를 알다

讀　千　字
知　天　下

讀 千 字

# 천자를 읽어 천하를 알다

진세정 지음

知 天 下

사계절

# 지은이의 말

이 책은 '사자성어'와 '천자문'을 결합하여 인간의 도리와 삶의 지혜를 배울 수 있도록 구성했다. 다시 말해 사자성어로 새로운 천자문을 엮은 것이다. 본디 우리에게 익숙한 양梁나라 주흥사周興嗣의 『천자문千字文』은 전통시대의 아동교습서로 학문과 인격을 동시에 연마함이 그 목적이었다.

이 책에서도 시대를 초월하는 구체적이고 실천적인 삶의 메시지를 이야기 방식으로 쉽고도 재미있게 전달해주고자 노력했다. 해설은 핵심만 요약하되, 일상의 체화된 언어를 활용하여 실생활에 자연스럽게 적용될 수 있도록 했다. 아울러 사자성어와 같은 취지의 영어 인용문을 소개하여 독자들이 동서양의 지혜를 동시에 비교할 수 있도록 만들었다.

이 책은 『천자문』을 참고로 하여, 자연自然·정사政事·수학修學·충효忠孝·수덕修德·오륜五倫·인의仁義·군웅群雄·군자君子·한거閑居·잡사雜事·경계警戒의 12장으로 구성되어 있다. 인생 전반에 대하여 체계적으로 다루고자 했으니, 이야기 속에서 고금을 관통하는 삶의 지혜와 교훈을 이끌어내리라 믿는다. 아울러 한·중·일韓·中·日 상용성어常用成語의 어형語形 및 어의語義 차이를 극복코자 전거典據가 뚜렷한 성어 위주로 채택했다.

성어成語에는 세상의 이치와 함께 사람의 본성이 담겨 있다. 삶의 지혜와 경험이 녹아 있는 만큼 마음의 경영에 좋다. 사자성어는 원래 성질상 삶의 나침반 역할에 더하여 일상의 복잡한 상황들을 컴퓨터처럼 깨끗하게 정리해줌으로써 의로운 용기를 북돋아주고 가슴이 후련해지는 카타르시스를 경험하게 해준다. 다른 좋은 것들처럼 사자성어 역시 삶에 유익하다. 살아오면서 사자성어의 필요성을 느꼈던 순간은 일상생활뿐만이 아니다. 특별한 어려움에 처했을 때, 그 풍부한 표현력의 위력을 더욱 실감하게 된다. 제때에 한마디로 핵심만 꼭 집어서 나의 심정을 대변하고 조언해주니 그 순간 크나큰 힘이 되고 위로가 된다. 그 여운은 오래도록 남으며 두고두고 음미할 만한 가치가 있다.

10여 년 전 다니던 직장을 그만둔 후, 학창시절부터 관심이 많았던 서예를 배우려고 인사동 서실에 다닐 무렵이었다. 하루는 집에서 붓글씨를 쓰고 있는데 '사자성어로 천자문을 만들면 어떨까?'라는 생각이 순간적으로 스쳐 지나갔다. 그래서 시작한 것이 이토록 오랜 시간이 걸릴 줄은 미처 몰랐다. 그 과정에서 우여곡절도 많았지만, 이제 부족한 능력이나마 갈고 다듬어서 책을 마무리하게 되니 감사하고 기쁜 마음이다.

"근본적인 문제가 해결되지 않고는 다음 단계로 이행할 수 없다"

남녀노소를 불문하고 삶에는 어려움이 따르기 마련이다. 변화의 시대, 물질만능의 세태에 삶의 보편타당한 의미와 가치를 추구하였으며, 참되고 근본적인 내용을 담고자 노력하였다. 과문한 탓에 술이부작述而不作의 자세로 있는 힘을 다하였다. 다시 새롭게 시작한다는 의미에서 기성세대와 미래를 짊어질 청소년 모두에게 적은 힘이나마 보탬이 되길 바란다.

2016년 3월
진세정

# 차례

```
┌─── 1장. 자연 自然 ═══════════════════════════╕
│   : 빈손으로 태어나 가득 얻어 돌아가다 ═══════
└───
```

```
┌─── 2장. 정사 政事 ═══════════════════════════╕
│   : 차분히 앉아서 아침을 기다리다 ═══════════
└───
```

## 3장. 수학 修學
: 간절하게 묻고 가까운 데서 생각하다

## 4장. 충효 忠孝
: 대나무와 비단에 이름을 새기다

## 5장. 수덕 修德
: 썩은 나무는 조각할 수 없고 거름흙 담장은 손질할 수 없다

## 6장. 오륜 五倫
: 물 뿌리고 비질하며 대답하고 응하다

## 7장. 인의 仁義
### : 몸을 죽여 인을 이루다

## 8장. 군웅 群雄
### : 낭떠러지에 매달린 손을 놓아라

## 9장. 군자 君子
### : 아름다운 옥에도 티가 숨어 있다

## 10장. 한거 閑居
### : 한 그릇의 밥과 한 바가지의 물이면 족하다

## 이 책의 사용법

❶ 이 책은 1,000자의 한자로 새로 쓴 '성어천자문成語千字文'이다.

❷ 성어의 기본적인 뜻풀이에 약간의 해설을 덧붙였다.

❸【출전】을 밝혀 원전을 참고하도록 했다.

❹【같은 말】·【반대말】·【비슷한 말】·【참조】 등을 충실히 밝히고자 했다.

　준말·본딧말 등은【같은 말】에 포함시켰다.

❺ 성어의 의미와 맞닿는 영어 명언을 수록했다.

❻ 286~287쪽에 '讀千字 知天下' 전문을 실어 전체 내용을 살펴볼 수 있도록 했다.

易
바꿀 역

地
땅 지

皆
다 개

然
그럴 연

**❷ 역지개연** 사람의 처지가 서로 바뀌면 그 처지에 맞추어 말과 행동이 같게 된다.

각자 처한 위치나 처지에 따라 견해나 행동이 달라지지만, 입장을 바꿔 생각하면 서로를 이해하게 되고 말과 행동이 같아진다. 내가 보는 곳이 곧 세상이다. 있는 그대로의 세상과 보는 그대로의 세상이 다르기 때문이다. 문제는 사람 마음이 다 내 맘 같지 않다는 것이다. 그래서 배려가 필요하다. 내 처지만 생각하다 보면 끊임없이 불평하게 되고 상대방을 원망하게 된다. 반대로 자기중심적 사고를 상호존중의 관점으로 바꿀 때 보이지 않던 것을 볼 수 있다. 시각을 바꾸면 시야도 바뀐다. 진리의 역설적 특성이다.
공자는 『논어論語』 「위령공衛靈公」편에서 "내가 원하지 않는 것을 남에게 베풀지 말라己所不欲勿施於人"고 했다. 적극적으로 사랑을 실천한다는 의미에서 "남에게 대접을 받고자 하는 대로 너희도 남을 대접하라"는 황금률로 귀결된다.

**❸**
**출전**　　　『맹자孟子』 「이루하離婁下」
**같은 말**　　역지즉개연易地則皆然
**비슷한 말**　역지사지易地思之　**❹**

---

**❺ 세상은 주로 자기가 바라보는 방식에 따라 형상화된다.**
The world in which a man lives shapes itself chiefly by the way in which he looks at it.

• 아르투르 쇼펜하우어 1788~1860, 독일 철학자

自
然

## 1장

자연

빈손으로 태어나 가득 얻어 돌아가다

공경 **경**

하늘 **천**

사랑 **애**

人

사람 **인**

**경천애인** 하늘을 공경하고 사람을 사랑하라.

도덕 및 신앙의 핵심 강령으로, 기독교의 근본정신을 함축한 말로 인용된다. 성경의 복음서에 관련 구절이 있으며, 십계명 또한 위로는 '하나님 사랑' 아래로는 '이웃 사랑'으로 요약할 수 있다. 유한자인 인간은 절대자에게 의지하는 동시에 타인과의 관계를 통해 한계를 극복해 나갈 수 있다. 가능한 한 참되고 거룩하며 아낌없이 서로 사랑해야 하는 것이다. 하늘 무서운 줄 알고 사람 귀한 줄 아는 것이 삶의 빛이요 진리다. 또한 말로만이 아니라 겸허히 실천해야 할 지혜의 근본이자 인생의 가치다.

사랑은 불가능을 가능케 한다. 오직 아가페만이 완전하며 영원하다. 인간은 영원한 생명력을 지닌 참사랑에 빚진 존재로서 따뜻한 세상을 함께 열어가야 할 의무가 있다.

---

**인생 최고의 행복은 사랑받고 있다는 확신이다.**

The supreme happiness in life is the conviction that we are loved.

• 빅토르 위고 1802~1885, 프랑스 작가

**역지개연** 사람의 처지가 서로 바뀌면 그 처지에 맞추어 말과 행동이 같게 된다.

각자 처한 위치나 처지에 따라 견해나 행동이 달라지지만, 입장을 바꿔 생각하면 서로를 이해하게 되고 말과 행동이 같아진다. 내가 보는 곳이 곧 세상이다. 있는 그대로의 세상과 보는 그대로의 세상이 다르기 때문이다. 문제는 사람 마음이 다 내 맘 같지 않다는 것이다. 그래서 배려가 필요하다. 내 처지만 생각하다 보면 끊임없이 불평하게 되고 상대방을 원망하게 된다. 반대로 자기중심적 사고를 상호존중의 관점으로 바꿀 때 보이지 않던 것을 볼 수 있다. 시각을 바꾸면 시야도 바뀐다. 진리의 역설적 특성이다.

공자는 『논어論語』「위령공衛靈公」편에서 "내가 원하지 않는 것을 남에게 베풀지 말라己所不欲勿施於人"고 했다. 적극적으로 사랑을 실천한다는 의미에서 "남에게 대접을 받고자 하는 대로 너희도 남을 대접하라"는 황금률로 귀결된다.

바꿀 **역**

땅 **지**

다 **개**

그럴 **연**

**출전**    『맹자孟子』「이루하離婁下」
**같은 말**   역지즉개연易地則皆然
**비슷한 말**  역지사지易地思之

---

**세상은 주로 자기가 바라보는 방식에 따라 형상화된다.**

The world in which a man lives shapes itself chiefly by the way in which he looks at it.

• 아르투르 쇼펜하우어 1788~1860, 독일 철학자

**우러를 앙**

**볼 관**

**구부릴 부**

**察**

**살필 찰**

**앙관부찰** 하늘을 우러러보아 천문을 보고 땅을 굽어 보아 지리를 살핀다.

앙관仰觀은 우러러본다는 뜻이고 부찰俯察은 아래를 두루 굽어 살핀다는 뜻으로, 하늘을 우러러 살펴보고 땅을 구푸려 살펴봄으로써 천문지리天文地理에 통달하는 것을 의미한다. 『역경』「계사상」은 "우러름으로써 천체의 현상을 바라보고 구푸림으로써 땅의 법칙을 살피니, 어둡고 밝은 까닭을 알아 처음을 근원으로 해서 나중으로 돌아온다仰以觀于天文 俯以察於地理 是故知幽明之故 原始反終"고 하여, 부앙俯仰의 대상인 천지만물의 생성과 소멸이라는 주제를 드러낸다.

인간은 밝음과 어두움이 공존하는 현세에 머물며 시공을 초월할 수 없기에 초자연 현상 앞에 무력하다. 불완전한 관찰·연구·사색을 통해 세상을 이해하고 눈에 보이지 않는 것들을 유추할 뿐이다.

인간을 소우주에 비유한다. 사물의 이치에 통달하기 위해서는 가장 먼저 자신을 바라보아야 한다. 우주만물에는 조화 속에 스스로 드러나는 조물주의 뜻이 담겨 있다. 무한한 우주, 영원한 시간 속에서 삶의 의미를 헤아려야 한다.

**출전**　　『역경易經』「계사상繫辭上」

**같은 말**　　부찰앙관俯察仰觀

---

**하늘을 겨냥하라. 그러면 땅은 덤으로 얻게 될 것이다.**
**땅을 겨냥하라. 그러면 어느 것도 얻지 못할 것이다.**

Aim at heaven and you will get earth thrown in. Aim at earth and you get neither.

C. S. 루이스 1898~1963, 영국 작가

**선건전곤** 하늘과 땅을 뒤집다.

건곤乾坤은 하늘과 땅을 말하고 선전旋轉은 뱅뱅 돌려 굴러가게 하는 것이다. 선건전곤은 하늘과 땅을 뒤집어 위치가 바뀌게 하는 것이니, 기존 질서의 근본적 개혁이다. 천지가 회전하듯 나라의 폐풍을 단숨에 바로잡아 천하의 대세를 일신하거나 난리를 평온하게 진정시킴을 말한다.

한유는 당唐의 헌종憲宗에게 바친 글에서 "폐하께서 즉위하신 이래 친히 조정을 다스리고 송사를 듣고 판단하여, 나라의 폐풍이 크게 고쳐졌다陛下即位以來 躬親聽斷 旋乾轉坤"고 말했다.

기존 질서의 변혁이나 국면의 전환이 혼돈이 아닌 새 시대를 연다면 하늘이 무너질 일이 아니므로 걱정할 것 없다. 기백과 품성으로 그 주장과 존재의 정당성을 확보하고 의연하게 임해야 한다. 천지가 개벽할 만한 개혁은 거창하고 요란한 구호가 아니라 치밀하고 은밀하게 체제 전반을 통찰하는 경륜에서 나온다.

인생관과 세계관을 바로 세워야 한다. "그래도 지구는 돈다"는 갈릴레이의 말처럼, 의심의 여지가 없는 분야일수록 코페르니쿠스적 인식의 전환이 필요하다.

旋
돌 선

乾
하늘 건

轉
구를 전

坤
땅 곤

**출전**　　한유韓愈 『조주자사사상표潮州刺史謝上表』

---

## 하늘이 무너져도 정의는 세워라.

Let justice be done, though the heavens fall.

• 윌리엄 왓슨 1715~1787, 영국 과학자

# 行
다닐 **행**

# 流
흐를 **류**

# 散
흩을 **산**

# 徙
옮길 **사**

**행류산사** 가고 흐르고 흩어지고 옮겨가듯이 자연에 순응하라.

구름이 지나가고 물이 흐르듯 흘러간다는 뜻으로, 자연에 따름으로써 스스로를 자연의 질서에 조화시킴을 말한다. 『장자』 「외편」 '천운'의 "가고 흐르고 흩어지고 옮기는 듯하여, 틀에 박힌 소리를 주장하지 않는다行流散徙 不主常聲"는 구절은 음악으로 도道를 표현코자 했다.

세상만물은 시시각각 변한다. 들쑤시지 않아도 삶 자체가 변화의 연속이다. 변화는 자연의 질서다. 그래서 무엇을 변화시켜야 할지 체계적인 검토가 필요하다.

작더라도 내 삶을 바꾸고 누군가의 삶을 변화시킬 때 세상의 권태와 갈등은 줄어든다. 형태가 바뀌고 성질이 바뀌고 나아가 본질이 바뀔 때 존재가 바뀐다. 삶의 고통은 변화를 거부하는 사람들로 인해 빚어진다. 마음의 변화가 고소원固所願이나 세파에 시달릴수록 자아가 고착된다. 최소한 자기가 변한 건 알고나 살아야 하는 이유다. 자기 변한 줄 모르는 사람일수록 남들 보고 변했다고 한다.

**출전**    『장자莊子』 「외편外篇」 천운天運

## 변화는 항상 필요한 고통이다.

Change, indeed, is painful, yet ever needful.

• 토머스 칼라일 1795~1881, 영국 역사가

**양개음폐** 양이 열리고 음이 닫힌다는 뜻으로, 이로움을 일으키고 해로움을 물리치다.

음양陰陽은 우주만물을 만들어내는 상반된 기운이다. 양은 하늘·남성 등을 나타내고, 음은 땅·여성 등을 나타낸다. 음양 이론은 동양적 세계관과 자연에 대한 이해에서 비롯했으며, 음과 양이 조화를 이루어 상서로운 경지에 이르기를 바랐다. 서로 화합하고 존중함으로써 갈등과 반목을 치유하는 인화人和의 정신을 강조한 것으로 해석된다.

살다보면 내 힘으로 어찌할 수 없는 것들로 번민하게 된다. 인간은 불완전한 존재이므로 있는 그대로의 나를 겸허하게 받아들이는 태도가 절실하다. 빛과 그림자가 있는데 어느 쪽을 선택할 것인지, 예측 불가능한 인생의 명암 속에서 먼저 선악에 대한 명확한 판단 근거부터 갖춰야 한다. 법과 도덕, 나아가 양심과 신앙 차원의 일이다. 우선 눈에 보이는 작은 일들부터 하나하나 실천한 다음 조심스레 세상으로 눈을 돌려야 한다.

陽 양기 **양**

開 열 **개**

陰 음기 **음**

閉 닫을 **폐**

**출전**　　한유韓愈 『신수등왕각기新修滕王閣記』

---

**인간은 천사도 아니고 짐승도 아니다. 불행하게도 천사가 되려는 자는 짐승이 된다.**

Man is neither angel nor beast; and the misfortune is that he who would act the angel acts the beast.

• 블레즈 파스칼 1623~1662, 프랑스 철학자

**작을 미**

**나타날 현**

**밝힐 천**

**그윽할 유**

미현천유 미세한 일을 나타내 보임으로써 깊이 숨은 이치를 밝히다.

누구나 알 수 있는 일이라도 자세히 따져 오묘한 경지에까지 도달함으로써 세상이 모르는 숨은 이치를 규명해낸다는 뜻이다. 요컨대 미세한 것을 보고 장차 드러날 일을 밝힌다는 말이다.

『역경』「계사하」에 이르길 "무릇 역易이란 것은 가는 일은 드러내고 오는 일은 살피며, 미세함을 나타내고 그윽함을 밝힌다夫易 彰往而察來 而微顯闡幽"고 했다.

인간이 모든 것을 알 수는 없다. 감춰진 세계의 본질을 파악하기 위해서는 단지 지적 호기심을 채우거나 상황을 파악하는 것이 아니라 응분의 실익을 보아야 한다. 미시와 거시를 통섭하여 깊은 뜻까지 궁구하지 못한다면 피상적 상식에 그치고 만다. 관심이 곧 마음의 눈이다.

옛 시인은 "떨어지는 잎새 하나에 천하에 가을이 왔음을 안다一葉落知天下秋"고 노래했다. 보이는 것이 다가 아닌 세상이다. 보이는 그림자보다 너무 환해 보이지 않는 빛의 중요성을 깨닫는 것이 정시正視다.

**출전**　　『역경易經』「계사하繫辭下」

**같은 말**　현미천유顯微闡幽

---

**인생이란 불충분한 전제에서 충분한 결론을 이끌어내는 기술이다.**

Life is the art of drawing sufficient conclusions from insufficient premises.

• 새뮤얼 버틀러 1612~1680, 영국 작가

**허왕실귀** 빈 몸으로 가서 그득히 얻어 돌아오다.

매사에 잡념 없이 순수하게 나아가면 사물의 이치를 절로 깨달으며, 성현이나 스승으로부터 무형의 감화를 받아 지덕을 갖추게 됨을 말한다.

『장자』「내편」 '덕충부'에 "서서 가르치지 않고 앉아 의논하지 않으며, 빈 채로 가지만 실익을 얻어 가지고 돌아온다立不教 坐不議 虛而往 實而歸"라고 한 데서 비롯되었다.

되는 대로 살다 보면 겉은 그럴듯해도 속으로 곪는 경우가 많다. 착각과 집착에 빠져 살다 보면 결국 물질을 넘어 왜 사느냐는 문제에 부닥치게 된다. 불모지를 옥토로 일궈야 한다. 살아온 날들 셈 닦을 때 헛농사 한숨짓는 농부 신세여서는 처량하다.

겉치레보다 실속이다. 마음을 비우면 비운 만큼 선하고 아름다운 것들로 가득 채울 수 있다. 인간은 참된 소망으로 내면이 충만해졌을 때 진정한 만족을 누리게 된다.

빌 **허**

갈 **왕**

열매 **실**

돌아올 **귀**

**출전**　　『장자莊子』「내편內篇」덕충부德充符

---

**단연코 인생이 주는 최고의 상은 가치 있는 일을 열심히 할 수 있는 기회다.**

Far and away the best prize that life offers is the chance to work hard at work worth doing.

• 시어도어 루스벨트 1858~1919, 미국 26대 대통령

아홉 **구**

열 **십**

봄 **춘**

光

빛 **광**

**구십춘광** 석 달 동안의 화창한 봄빛.

춘광春光은 봄빛 즉 젊은이의 나이를 뜻하니, 구십춘광은 석 달 동안의 화창한 봄 날씨 또는 노인의 마음이 청년처럼 젊음을 이른다.

청춘은 만물이 소생하는 봄볕처럼 찬란하다. 젊음은 그 자체로 빛을 발하나, 노년의 광채는 지혜와 품위를 갖추고 마음의 주름을 없앨 때 비로소 드러난다. 순수함이 젊음의 비결이다. 해 뜰 무렵보다 해질녘이 더욱 아름답듯이, 나이 들어서도 마음만은 밝게 살아야 한다. 시대에 뒤떨어지지 않음이 선택이라면, 만년의 달관으로 노화 스트레스를 줄이는 것은 필수다. 상실의 고통과 함께 체념도 깊어가지만, 젊음의 꿈을 간직하며 살아간다면 늦지 않는다.

나이가 곧 연륜이나 경륜을 의미하지는 않는다. 앞서거니 뒤서거니 가고 나면 인격만 남는데, 별반 달라진 게 없다면 안타까운 일이다. 철 지난 집착을 버리고 퇴고의 삶을 사는 것이 온당하다. 사랑의 빛이 평강이 되어 영혼의 건강을 지켜줄 것이다.

**출전** 진도陳陶 『춘귀거시春歸去詩』

### 청춘의 꿈을 충실하게 간직하라.

Keep true to the dreams of thy youth.

• 프리드리히 실러 1759~1805, 독일 작가

**노당익장** 늙어서 원기가 더욱 씩씩하다.

老
늙을 **로**

當
마땅할 **당**

益
더할 **익**

壯
씩씩할 **장**

사람은 늙을수록 젊은이 못지않게 더욱 건장해야 하고 굳은 의지를 가져야 한다는 말이다. 후한後漢 광무제光武帝의 신하 마원은 "장부가 뜻을 세우면 곤궁할수록 더욱 굳세어야 하며, 늙을수록 더욱 씩씩해야 한다丈夫爲志 窮當益堅 老當益壯"고 말했다.

누구나 늙는다. 그냥 늙는 게 아니라 병들고 나이 든다. 젊을 때부터 몸과 마음의 건강을 대비해야 한다. 노후 설계의 핵심은 잘 늙는 것이다. 노익장의 전제조건은 노욕을 버리는 것이다.

얼마를 살았느냐보다 어떻게 살았느냐가 중요하다. 무엇보다 나이가 들수록 겸손해야 한다. 행여나 옳지 않은 일에 나서서 젊은이의 존경과 사랑을 배반해서는 곤란하다. 나이와 벼슬을 혼동하면 어른 대접은커녕 젊은이의 이맛살을 찌푸리게 한다. 노회함 대신 노년 절조의 늠름한 기상이 흘러넘쳐야 노추를 버릴 수 있다.

**출전**    『후한서後漢書』「마원전馬援傳」

**같은 말**    노익장老益壯

---

**주름살과 더불어 기품을 갖추면 경애할 만하다. 행복한 노년에는 형언키 어려운 빛이 있다.**

When grace is joined with wrinkles, it is adorable. There is an unspeakable dawn in happy old age.

• 빅토르 위고 1802~1885, 프랑스 작가

가을 달과 찬 강.

秋
가을 **추**

月
달 **월**

寒
찰 **한**

江
강 **강**

가을밤의 교교한 달빛과 명경지수 같은 강물은 유덕한 사람의 밝고 맑은 마음을 뜻한다.

송宋의 화가이자 서예가인 황정견은 시에서 "어진 이 하늘에 노니니 가을달 찬 강물이로다德人天游 秋月寒江"라고 읊었다. 신비로운 정적마저 감도는 동양화의 한 폭 같다. 달그림자에 어른거리는 자화상을 보며 경건한 마음으로 참회록이라도 써야 할 것 같다.

사람의 인품은 주변에서 더 잘 알며, 평판은 하루아침에 얻어지는 것이 아니다. 마음 씀씀이는 마음먹기에 달려 있다. 생각과 그에 따른 태도 및 행동을 다스리고, 사회적으로도 잃어버린 정신적 가치를 회복해야 한다. 덕망은 가슴속 내밀한 기쁨을 누리게 하며, 덕행은 그 기회를 제공해준 이에게 감사하게 한다. 더 높은 정신세계를 수놓으려면 삶의 의미와 목적이 빛처럼 환하고 하늘처럼 드높아야 한다.

**출전**　　황정견黃庭堅「증별이차옹贈別李次翁」

---

## 덕행은 그 자체로 보상이다.

Virtue is her own reward.

• 존 드라이든 1631~1700, 영국 시인

**수정등롱** 수정과 등롱. 총명하여 일에 능하고 사리에 아주 밝은 사람.

수정水晶은 무색투명하며 흠집이 없는 결정체로, 옛날에는 이것을 조각하여 예술적인 그릇과 구체球體를 만들었다. 등롱燈籠은 그 안에 초나 호롱을 담아서 걸어두거나 들고 다닐 수 있도록 만든 바구니 모양의 조명기구다.

세상에는 머리 좋은 사람이 참으로 많지만 그 능력을 주로 일신의 안위와 영달을 위해 쓴다. 머리가 너무 좋아서 탈이라는 평은 칭찬이 아니라 욕이다. 좋은 머리를 나쁜 데 쓰면 문제가 심각해진다. 가슴과 머리가 동행하는 온전한 정신으로 옳고 그름을 분별해야 한다. 아는 것만으로는 부족하며 용기 있는 실천이 필요하다.

남녀노소를 막론하고 자신과 세상에 대한 폭넓은 인식과 투철한 이해를 게을리하지 말아야 한다. 그중에서도 사회의 양심으로서 깨어 있는 정신을 가진 젊은이들이야말로 나라의 미래이며 희망의 등불이다.

水
물 수

晶
수정 정

燈
등잔 등

籠
대그릇 롱

**출전**　『송사宋史』「유수전劉隨傳」
**같은 말**　수정등롱水精燈籠

## 냉철한 머리와 따뜻한 가슴.
Cool head, but warm heart.

• 앨프리드 마셜 1842~1924, 영국 경제학자

**登**
오를 **등**

**峰**
봉우리 **봉**

**造**
지을 **조**

**極**
다할 **극**

**등봉조극** 산에 올라 정상에 도달한다.

학문·기능·무예 등이 심오한 경지에 도달하거나 최고 수준의 성취를 이루었다는 뜻이다.

무림의 '고수高手'가 될 바에는 애당초 시작도 하지 말라. 무림의 '지존至尊'을 바라보라. 정상에 오르지도 않고 하산하는 것은 무의미한 일이다. 내공이 쌓이지 않으면 궁극의 기량은커녕 자멸을 초래할 뿐이다. 정상까지의 과정은 아득하고 험난하지만 그 절경은 내 안에 있다. 정상은 위대한 고독의 자리이다. 한 치의 흔들림 없이 자신과 싸워서 이겨야만 궁극의 경지인 마음의 평정을 향유할 수 있다.

넘을 수 없는 산은 없다. 노력 못지않게 자신감과 긍정적인 태도가 중요하다. 강한 정신력으로 열등감과 압박감을 몰아내고 목표에 집중해야 한다. 대가를 치러야 대가를 얻을 수 있다. 시도조차 않거나 허송세월하거나 중도 포기한 사람들은 슬픔·고통·좌절을 버무려 곰삭힌 삼합三合의 진수를 결단코 맛볼 수 없다.

**출전**　『세설신어世說新語』「문학文學」

---

## 사람은 가장 높은 곳에 오를 수 있지만, 그곳에 오래 머물 수는 없다.

Man can climb to the highest summits, but he cannot dwell there long.

• 조지 버나드 쇼 1856~1950, 영국 작가

**망양흥탄** 너른 바다를 보며 찬탄한다.

바랄 **망**

남의 훌륭한 점을 보면서 자신의 힘과 조건이 보잘것없음을 깨닫는다는 뜻이다. 넓은 의미로는 자기의 부족함을 말하니 곧 겸손이다.

『장자』「추수」편에 황하黃河의 신 하백河伯과 북해北海의 신 약若 이야기가 나온다. "하백이 비로소 그의 얼굴을 돌려 너른 바다를 바라보며 탄식한다河伯始旋其面目 望洋向若而嘆"는 내용이다.

망망대해 앞에 강물의 범람은 부끄러운 일이다. 공간에 묶여 있고 시간에 매여 있는 인간의 테두리를 깨닫지 못한다면 더불어 큰 이치를 논할 수 없다.

사람들은 역부족을 통감하며 달리 어찌할 방도가 없을 때야 비로소 남을 인정하게 된다. 우물 밖 세상에 놀라 마침내 시야가 열리는 것이다. 물이 더 이상 낮아질 수 없는 곳으로 흘러가듯 마음을 낮춰야 한다.

큰바다 **양**

일 **흥**

탄식할 **탄**

**출전**　『장자莊子』「추수秋水」
**같은 말**　망양흥탄望洋興歎, 망양지탄望洋之歎

---

## 인생은 겸손에 대한 오랜 수업이다.

Life is a long lesson in humility.

• 제임스 매튜 배리 1860~1937, 영국 작가

雲
구름 운

蒸
찔 증

礎
주춧돌 초

潤
젖을 윤

구름이 일어 비가 내리려면 주추가 먼저 젖는다.

어떤 사건이 발생하기 전에 그 조짐이 있게 마련이라는 뜻이다. 정답을 다 말해버리면 재미없다. 닭이 먼저인지 계란이 먼저인지, 얽히고설킨 인과관계의 수수께끼를 풀기 위함이 시간이 존재하는 이유다. 원인과 결과가 섞이고 우연과 필연이 교차하는 삶의 분수령에서 시류를 포착하는 감각만으로는 부족하다. 철저한 인과성 규명이 필수적이다. 하지만 현상세계의 인간인식 내지 사회인식이 제각각인 한 제대로 된 근거와 결론을 공유하기는 어렵다. 분석·종합 및 예측 능력보다 중요한 것은 보편 타당성에 입각한 바른 마음이다.

가없는 진리의 길, 모든 것을 알 수는 없다. 동기 불순한 주관적 고정관념을 버리고 평생의 관찰 과제인 자기 안의 답을 찾을 때 인생의 여운이 남는다. 최종 결말이 완성되고 삶의 대장정을 마감하기까지 본말이 전도되지 않도록 다만 힘쓰고 삼갈 뿐이다.

**출전**　　『회남자淮南子』「설림훈說林訓」

---

## 모든 이유는 원인을 갖는다.

Every why has a wherefore.

• 윌리엄 셰익스피어 1564~1616, 영국 작가

**풍치전체** 바람이 달리고 번개가 번쩍인다.

바람 풍

기세가 몹시 빠름을 뜻한다. 중국의 병서인 『육도삼략六韜三略』에
나오는 말로 '육도'의 도韜는 화살을 넣는 주머니로서 곧 병법의
비책이며, '삼략'의 략略은 임기응변의 계략을 뜻한다.

바람이 공기의 운동이라면, 번개는 대기의 가시적인 방전현상이
다. 둘 다 에너지가 넘치며 빠르고 짧다.

장구한 자연에 비하면 순간을 살 뿐인 인생은 변위가 미소하다.
후회 없는 삶을 위한 목적, 곧 방향성의 확보가 절실하다. 다시
돌아오지 않는 시간의 가치는 개인의 의지에 달려 있다. 스쳐 지
나간 순간들을 놓치지 말고 가슴 깊이 간직해야 한다.

흐르는 시간 앞에 모든 인간이 평등하다는 사실에 숙연해진다.
젊다고 좋아할 것도 늙었다고 슬퍼할 것도 없다. 가는 데 순서 없
고 남은 시간 알 수 없지만, 늙으나 젊으나 한평생 잠깐이다.

달릴 치

번개 전

끌 체

**출전**　　『육도六韜』「용도龍韜」 왕익王翼

**같은 말**　풍행전조風行電照

---

**내일을 믿지 말고 오늘을 붙잡아라.**

Seize the day, and put the least possible trust in tomorrow.

· 퀸투스 호라티우스 플라쿠스 기원전65~기원전8, 로마 시인

용솟음칠 **흉**

솟아날 **용**

澎

물부딪는소리 **팽**

湃

물결칠 **배**

**흉용팽배** 거세게 출렁이는 물살 또는 걷잡을 수 없이 세찬 기세.

흉용洶湧은 물결이 세차게 용솟음치는 모양 또는 그 소리를, 팽배 澎湃는 큰 물결이 맞부딪쳐 솟구치는 모양 또는 그 소리의 형용, 나아가 어떤 기운이나 사조 따위가 발흥함을 의미한다. 이를 합 쳐 기세·규모·수량 등이 매우 크거나 많아서 가로막을 수 없음 을 뜻한다.

험한 파도와 굽이치는 물줄기는 세파를 연상케 한다. 인생살이 힘들다고 하소연하나 흐르는 강물처럼 내 맘대로 할 수 없다. 그 나마 마음을 싣고 흐른다는 점이 위안이자 희망이다. 물살에 떠 내려가지 않으려면 긍정적·적극적인 사고로 자존감을 높여야 한 다. 순수한 열정과 온유함에 바탕을 둔 기민한 대응이 세파 길들 이기의 묘미를 선사한다.

저마다 다른 선택 속에서도 시련은 모두에게 찾아온다. 난바다 한가운데 격랑을 간절한 기도로 이겨내는 것처럼, 인생의 풍랑에 서 인내와 겸손과 감사를 배우게 된다.

**출전**   사마상여司馬相如 「상림부上林賦」

---

**재능은 저절로 배양된다. 그러나 성격은 세상의 거친 파도에 휩쓸리면서 만들어진다.**

Talents are best nurtured in solitude; character is best formed in the stormy billows of the world.

• 요한 볼프강 폰 괴테 1749~1832, 독일 작가

**뇌정벽력** 격렬한 천둥과 벼락.

뇌정雷霆은 천둥 또는 우레를 말하니 번개의 방전현상에 의해 하늘이 요란하게 울리며 나는 소리다. 벽력霹靂은 벼락을 말하니 공중의 전기와 지상의 물체 사이의 방전작용이다. 그 결과 우레 소리를 내며 지상의 물건을 냅다 친다.

머리 위에서 천둥 번개가 내려치는 순간 두려움에 떤 경험이 누구나 한 번쯤 있을 것이다. 그 두려움이 단지 자연현상 때문만은 아니었을 것이다. 살면서 쌓아온 죄과들에 대한 경고등이자 경고음이라 할 수 있다.

살아가면서 여지없이 무너지지 않으려면 내면의 소리에 귀 기울임은 물론, 영원한 가치 속에서 절대적 섭리에 의한 사랑의 메시지를 갈구해야 한다. 빛이 비치는 순간 어둠은 사라진다는 진리를 현실에 구현할 수 있다면, 천둥벼락까지도 미쁘고 평화로운 음성으로 바뀌며 안도할 수 있을 것이다.

우레 **뢰**

우레 **정**

벼락 **벽**

벼락 **력**

**같은 말**  뇌정雷霆, 뇌성벽력雷聲霹靂

---

**양심이라는 천상의 작은 불꽃이 너의 가슴속에 살아 있도록 노력하라.**

Labor to keep alive in your breast that little spark of celestial fire, called conscience.

• 조지 워싱턴 1732~1799, 미국 초대 대통령

政 ——— 2장
事 　　정사

차분히 앉아서 아침을 기다리다

民

백성 **민**

惟

오직 **유**

邦

나라 **방**

本

근본 **본**

民유방본 백성은 나라의 근본.

하夏나라 태강太康이 정사를 돌보지 않자, 그 동생들이 하를 창건한 우왕禹王의 훈계를 들어 노래한 데서 비롯한 말이다. 『서경』에 기록하기를 "할아버지(우왕)께서 훈계하셨다. 백성을 가까이할지언정 얕보아서는 안 된다. 백성이야말로 나라의 근본이니, 근본이 단단해야 나라가 편안하다皇祖有訓 民可近不可下 民惟邦本 本固邦寧." 정치권력의 기초가 국민임을 천명한 것이다.

민주주의는 주권이 국민에게 있으며 국민이 주권을 행사하는 정치 형태다. 국민 위에 군림하지 않고 민의를 떠받듦이 국가경영의 기본임을 망각해서는 안 된다.

오늘날 정신적으로나 물질적으로나 대중들의 생활을 안정시키는 것이 바른 정치다. 그러자면 국민의식이 깨어 있어 민심이 천심으로 대접받아야 한다. 투표를 통해 행사하는 신성한 주권은 나라의 주인으로서 자유와 권익을 보호하고 권위를 지키는 지름길이 된다.

**출전**    『서경書經』「하서夏書」오자지가五子之歌

**같은 말**    민본民本

**국민의, 국민에 의한, 국민을 위한 정치는 지상에서 사라지지 않을 것이다.**

...... government of the people, by the people, for the people, shall not perish from the earth.

• 에이브러햄 링컨 1809~1865, 미국 16대 대통령

**종묘사직** 왕실과 나라, 곧 국가를 말한다.

종묘宗廟는 역대 임금의 위패를 모시는 왕실의 사당이다. 사직社稷은 제왕이나 제후가 제사를 지내던 '토지신社'과 '곡식신稷'의 병칭으로 나라 또는 조정을 뜻한다. 이를 합쳐 국가 그 자체를 상징하거나 국가의 대명사로 사용했다.

국가는 영토와 국민과 주권으로 구성되어 있다. 국가가 군왕의 것으로 간주되던 봉건시대와 달리 오늘날 국가의 주인은 국민이다. 그 역할도 국민의 생명과 재산을 지키는 것에서 국민의 복지증진 등으로 두루 확대되는 추세다. 국가의 가치는 국방·경제 등 국가 존립에 필수적인 핵심가치의 축적과 더불어 국시國是·국민의식 등 가치체계의 향상에서 나온다.

"나라의 흥망은 필부에게도 책임이 있다天下興亡匹夫有責"는 고염무顧炎武(1613~1682, 중국 명말청초의 사상가)의 말처럼, 나라가 어려운 때일수록 나부터 참된 의미의 애국심을 발휘해야 한다.

또 국가가 진실로 국민을 위하고 구해줄 것이란 믿음도 지켜져야 한다. 이것은 지도자의 통찰력에 관한 문제다.

宗 마루 **종**

廟 사당 **묘**

社 모일 **사**

稷 기장 **직**

출전　　『역경易經』「진震」

---

**모든 국가는 그 국민의 수준에 맞는 정부를 갖는다.**

Every country has the government it deserves.

• 조제프 드 메스트르 1753-1821, 프랑스 사상가

선비 사

농사 농

장인 공

商
장사 상

**사농공상** '선비·농부·장인·상인' 네 신분의 백성.

봉건사회에서 직업을 기준으로 가른 신분층 또는 모든 계급의 백성을 말한다. 상하귀천에 따른 신분·직업상의 분류로서 사민四民이라고도 한다. 춘추시대의 정치가인 관중管仲은 제齊의 환공桓公에게 "선비·농부·공장·장사꾼 네 신분의 백성은 나라의 주춧돌이 되는 백성士農工商四民者 國之石民也"이라고 역설했다.

맹자는 "오직 선비만이 항산(떳떳한 생업)이 없어도 항심(떳떳한 마음)을 가질 수 있다. 백성은 항산이 없으면 항심도 없다無恒産而有恒心者 惟士爲能 若民則無恒産 因無恒心"고 말했다. 양심에 입각한 도덕성을 강조하면서도 민생 안정이 선결 과제임을 지적한 것이다.

선비의 절개·농부의 정성·공인의 기술·상인의 수완 모두 중요하듯, 민생과 도덕의 두 토끼를 다 잡는 것이 정치의 요체다.

직업은 항산, 곧 일정한 생활 근거이며 직업인으로서의 직업관과 직업윤리가 뚜렷해야 한다. 직업에 대한 소명의식을 가지고 직분과 책임에 충실할 때 분복分福을 누리며 삶의 목적에 한층 다가설 수 있다.

**출전**    『관자管子』「소광小匡」

**같은 말**    사민四民

---

**노동을 한다는 것은 수치가 아니다. 오히려 게으름이 수치다.**

Work is no disgrace: it is idleness which is a disgrace.

• 헤시오도스 기원전8세기경, 그리스 시인

**상린범개** 흔한 물고기와 조개.

신분이나 이름이 특별히 알려지지 아니한 평범한 사람들을 비유하는 말이다. 당唐의 문장가 한유가 자신은 "흔히 보는 물고기나 조개 같은 종류나 부류가 아니다蓋非常鱗凡介之品匯儔也"고 한 데서 온 말이다.

국민이 보편적인 인간군상에서 역사의 주인공, 정치적 중심축으로 자리매김한 시대에 개인의 중요성은 이루 다 말할 수 없다. 자유·평등·인권 등 인간의 존엄성을 실현하고 사회 전반의 문제점을 바로잡는 것은 국민 모두의 책임이다. 개개인의 의식수준이 한 나라의 수준을 결정한다고 볼 때, 각자의 인격을 가꾸는 일이야말로 나라 사랑의 첫걸음이다.

자신의 존재감을 인정받을 때 사람들은 소속감을 느끼며 행복해한다. 보다 나은 미래를 위해 연대감을 형성하고 세상을 참되게 바꾸려고 노력해야 한다. 진실을 관통하는 민중의 힘이야말로 평범 속에 감추어진 비범이다.

常 항상 상

鱗 비늘 린

凡 무릇 범

介 끼일 개

**출전**  한유韓愈 『응과목시여인서應科目時與人書』
**같은 말**  갑남을녀甲男乙女, 장삼이사張三李四, 필부필부匹夫匹婦, 범부속자凡夫俗子

---

**국가의 가치는 그것을 구성하는 개개인의 가치의 결합이다.**

The worth of a state, in the long run, is the worth of the individuals composing it.

• 존 스튜어트 밀 1806~1873, 영국 철학자

**修**
닦을 수

**齊**
가지런할 제

**治**
다스릴 치

**平**
평평할 평

**수제치평** 나 자신을 닦고 집안을 가지런히 한 후에야 나라를 다스리고 천하를 고르게 한다.

수신제가치국평천하修身齊家治國平天下의 준말이다. 자신을 닦은 뒤에 집안이 가지런해지고, 집안이 가지런해진 뒤에 나라가 다스려지고, 나라가 다스려진 뒤에 천하가 태평해진다는 뜻으로 치국의 근본을 밝힌다.

『대학』의 근본 사상인 수기치인修己治人(자기를 수양한 후에 남을 교화한다)은 '명명덕明明德·친민親民·지어지선止於至善'의 삼강령과 '격물格物·치지致知·성의誠意·정심正心·수신修身·제가齊家·치국治國·평천하平天下'의 팔조목으로 구성되어 있다.

남을 바르게 하려면 먼저 자기를 바르게 해야 한다. 안팎으로 참되지 않으면 인격이 설 땅이 없다. 또한 제가의 문턱도 못 넘는 그릇에 나라와 천하를 담을 수 없다. 내 한 몸 바르게 하는 일은 모든 사람이 풀어야 할 숙제다. 겉으로 드러난 이미지가 아니라 인仁을 실천하고 덕德을 쌓음으로써 근본부터 달라져야 한다.

**출전**   『예기禮記』「대학大學」
**같은 말**   수신제가치국평천하修身齊家治國平天下

---

**가정을 다스리는 일이 왕국을 다스리는 일보다 어렵다.**
There is little less trouble in governing a private family than a whole kingdom.

• 미셸 드 몽테뉴 1533~1592, 프랑스 사상가

**정자정야** 정치란 천하를 바르게 하는 것이다.

정사 **정**

공자의 정치적 가치관을 드러낸 말로 모든 정치인들이 좌우명으로 삼아야 할 말이다. 계강자季康子가 공자에게 정사를 물었다. 공자가 대답하기를 "정치란 바로잡는다는 뜻이다. 그대가 올바름으로써 솔선한다면, 누가 감히 바르게 하지 않겠는가?政者正也 子帥以正 孰敢不正"라고 했다. '政'자의 '正'은 음과 뜻을 겸한다.

놈 **자**

정치의 본령은 국민의 신뢰를 얻는 데 있다. 국민을 바르게 이끌려면 먼저 위정자 스스로를 바루어야 한다. 능력과는 별도로 도덕성은 정치인의 생명이자 국가 존립의 기틀이다. 깨끗한 인품의 리더십은 자신에 대하여 엄격하므로, 아랫사람들은 감히 부정을 꾀하지 못 하게 된다. 반대의 경우라면 국민의 불신은 커지고 정치는 실종되고 도의는 땅에 떨어질 것이다.

바를 **정**

정직은 인성의 기본이다. 나라의 품격 또한 정직에서 비롯된다. 치국의 묘책은 자신부터 바로잡는 것이다. 정직이 곧 희망이기 때문이다. 올곧은 지도자는 현명한 국민만이 가질 수 있다.

어조사 **야**

**출전** 『논어論語』「안연顏淵」

## 정직은 최상의 정책이다.

Honesty is the best policy.

• 미구엘 드 세르반테스 1547~1616, 스페인 작가

聰
귀밝을 **총**

明
밝을 **명**

睿
슬기로울 **예**

智
슬기로울 **지**

**총명예지** 총명하고 지혜롭다.

총聰은 귀가 밝아 듣지 않은 것이 없고, 명明은 눈이 밝아 보지 않은 것이 없으며, 예睿는 사리에 통하여 밝고, 지智는 모든 것을 안다는 뜻이다. 성인의 사덕四德을 의미하며, 임금의 슬기를 칭송하는 말이기도 하다.

지혜로운 자는 의혹에 빠지지 않는다. 그 어떤 부귀영화보다도 더 소중한 지혜는 선악을 분별한다. 따라서 사리에 밝은 자는 악을 멀리해서 화를 면한다. 세상과 인간에 대한 깊은 이해로 생명력 넘치는 지혜는 우주만물의 본질을 단박에 꿰뚫는다. 솔로몬왕이 아기의 진짜 엄마를 가린 판결에서 보듯이 지혜는 자애로운 동시에 엄위하다.

지혜는 자신의 한계를 아는 것에서 싹튼다. 많이 배웠다고, 오래 살았다고 지혜롭지 않다. 스스로 지혜롭다 생각만 해도 어리석다는 증거다. 늘 배우는 자세로 보는 눈, 듣는 귀의 시의적절한 분별력이 있어야 지혜에 목마른 자라고 할 수 있다.

**출전**    『역경易經』「계사상繫辭上」
**같은 말**   총명예지聰明叡智, 총예聰睿

---

## 너 자신을 알라.

Know thyself.

• 소크라테스 기원전469~기원전399, 그리스 철학자

**위무경문** 무를 씨줄로 하고 문을 날줄로 삼는다.

씨 **위**

호반 **무**

날 **경**

글월 **문**

경위經緯는 직물의 날과 씨로, 날실과 씨실은 피륙 따위를 짤 때 각각 세로와 가로로 놓는 실을 말한다. 문文을 날줄로 무武를 씨줄로 삼는다는 것은 문치와 무공을 아울러 갖추어 천하를 경륜한다는 뜻이다.

펜은 칼보다 강하다. 세상을 지배하는 것은 정신력이란 뜻이다. 그런데 문과 무는 상보적 관계다. 문약에 빠져 무력을 천시하면 곤란하다. 과학기술이나 예능 분야도 당연 포함된다.

동서양의 역대 제왕 중 문무를 겸비한 경우는 흔치 않다. '나가면 장수, 들어오면 재상出將入相'이란 말도 있듯이, 어느 한쪽만으로는 진정한 강자가 될 수 없다.

세상은 공평해서 한 사람이 능력과 인품, 지혜를 고루 갖추기는 힘들다. 드문 만큼 신망과 존경을 한 몸에 받을 수 있다. 인간이 지닌 모든 자질을 조화롭게 계발하면 인간성 회복에 도움이 된다. 학력 위주 풍토를 벗어나 문무겸전한 외유내강형 인재를 체계적으로 길러내는 교육이 바람직하다.

**출전**　『진서晉書』「제왕유전찬齊王攸傳贊」

**같은 말**　경문위무經文緯武, 문무겸비文武兼備, 문무겸전文武兼全, 문무쌍전文武雙全

---

**힘을 수반하지 못한 정의는 무기력하고, 정의를 수반하지 못한 힘은 폭력일 뿐이다.**

Justice without power is inefficient; power without justice is tyranny.

• 블레즈 파스칼 1623~1662, 프랑스 철학자

일백 **백**

집 **가**

다툴 **쟁**

울 **명**

**백가쟁명** 많은 학자와 논객이 자유롭고 활발하게 논쟁하는 일.

백가百家는 중국 철학의 황금기인 춘추전국시대의 각종 사상유파 또는 그 저서를 말한다.

오늘날 달라진 시대상을 반영하는 논객들의 담론이 치열하다. 인간은 이성적 존재라지만 대체로 이성 대 반이성의 양자 대결로 압축된다. 진실의 왜곡이나 그릇된 신념이 엉뚱한 결과를 초래하는 이유는 그것이 현실과 동떨어져 있기 때문이다.

인신공격, 흑백논리, 반대를 위한 반대 등 평행선을 달리는 소모적인 논쟁으로는 결론이 나지 않는다. 감정싸움의 결과, 논리는 부메랑이 되어 자신에게 되돌아온다. 반면에 건설적인 대화는 말재주보다 논지에 충실함으로써 진실을 판별할 토대를 만든다.

혼돈 속의 질서 추구라는 점에서 갈등과 대립은 역사의 추진력이다. 관용과 타협의 정신으로 다양성을 용인하되, 이단과 반인륜 사상에는 한 목소리로 대처해야 한다. 논쟁이란 옳고 그름을 가리는 일이다. 상대가 옳다면 허심탄회하게 승복할 수 있어야 한다. 다름을 받아들이는 만큼 나의 세계는 넓어진다.

**출전**   『한서漢書』「예문지藝文志」

**비슷한 말** 제자백가諸子百家, 백화제방百花齊放

---

**나는 너의 말을 찬성하지 않는다.**
**그러나 그것을 말할 수 있는 너의 권리만은 필사적으로 옹호하리라.**
I disapprove of what you say, but I will defend to the death your right to say it.

• 볼테르 1694~1778, 프랑스 작가

**이태동잠** 서로 다른 이끼들이 같은 산봉우리에서 만나듯, 가는 길은 다르나 목표는 같다.

뜻과 이상이 일치하는 지성인의 교류를 말하며, 태잠苔岑이라고도 한다.

동진東晉의 시인 곽박은 그의 시에서 "인간에는 또한 언어가 있고, 송죽이 모여서 숲을 이루네. 그대와 더불어 동지가 되고 싶네. 서로 다른 이끼들이 같은 산봉우리에 사는 것처럼人亦有言 松竹有林 及爾臭味 異苔同岑"이라고 노래했다.

이끼는 음습한 곳을 좋아하는 하등식물에 불과하지만 종류가 다양하고 생태적 기능과 적응력도 뛰어나다. 뭉쳐 있는 이끼의 나지막한 자태는 화려하진 않아도 서로 감싸주며 여타의 터전과 안식처가 되어주는 포근함은 모성애를 연상케 한다.

다른 듯 같고 같은 듯 다른 때는 '같음'을 먼저 '다름'을 나중에 찾는 것이 상호 이익의 해결책이다. 관점의 차이를 극복하고 본질적 사안에 화합함으로써 상생의 대통합을 이뤄내야 한다. 친구의 리트머스 시험지가 따로 있지 않다. 과정과 노선이 달라도 목표와 궁극적인 지향점이 같다면 애증이 엇갈려도 뜻을 함께 하는 벗이 될 수 있다.

다를 **이**

이끼 **태**

한가지 **동**

岑

산봉우리 **잠**

**출전**  곽박郭璞 「증온교시贈溫嶠詩」

**같은 말**  지동도합志同道合, 이로동귀異路同歸

---

**본질적인 것에는 일치를, 비본질적인 것에는 자유를, 모든 것에 사랑을!**

In essentials, unity; in non-essentials, liberty; in all things, charity.

• 루퍼트 멜데니우스 1582~1651, 독일 신학자

解
풀 **해**

弦
시위 **현**

更
고칠 **경**

張
베풀 **장**

**해현경장** 금슬琴瑟의 낡은 줄을 벗겨내고 새 줄로 고쳐 매다.

정치·사회의 낡은 제도를 개혁하는 것을 말한다. 한무제 때 재상 동중서가 진秦의 낡은 제도에 대한 일대 개혁을 진언한 현량대책 賢良對策에서 비롯한 말이다.

개혁은 누구의 전유물도 아닌 모두의 열망이지만 실제로는 시대에 역행하는 행위가 빈발한다. 심지어 원칙을 깨면서까지 팽팽한 줄을 느슨한 줄로 바꾸려 한다. 사리사욕에 눈이 멀어 아집과 독선으로 권력을 남용하고 기득권을 고수하기 위해 몸부림친다. 권위적인 발상에 사로잡힌 사람들의 시대착오적 퇴행은 몰락할 것이 뻔하지만 당사자는 애써 부인한다.

개혁은 박자와 리듬이 중요하다. 때로는 백지상태에서 새롭게 출발할 필요도 있다. 성공한 개혁이 드문 이유는 신뢰가 개혁의 필수 요소이기 때문이다.

시대가 바뀌면 언어가 바뀐다. 사고의 바탕부터 바뀌는 것이다. 개혁의 청사진과 세부 지침을 완벽하게 실행하기 위해 불협화음이 아니라, 심금을 울리는 청아한 선율에 개혁의 간절한 염원을 담아야 한다.

**출전**   『한서漢書』「동중서전董仲舒傳」

**같은 말**   개현경장改弦更張, 개현역장改弦易張

---

**변화의 수단을 가지지 않은 국가는 보존의 수단 또한 갖지 못한다.**

A state without the means of some change is without the means of its conservation.

• 에드먼드 버크 1729~1797, 영국 정치가

**호복기사** 오랑캐의 옷을 입고 말 달리며 활을 쏘다.

胡
오랑캐 호

服
옷 복

騎
말탈 기

射
쏠 사

호복胡服은 야만인의 옷이며 기사騎射는 말 달리며 활 쏘는 것이다. 중국의 입장에서 북방 기마민족의 소매가 짧고 품이 좁은 옷을 입고 직접 말 타고 활 쏘면서 군사작전을 펼치는 것은 낡은 인습에서 벗어나 개혁을 추진한다는 뜻이다.

전국시대 조趙나라는 흉노의 침입으로 골치를 앓았다. 전차 위주의 전투방식으로는 말 타고 싸우는 흉노의 우월한 기동력을 당해낼 수 없었다. 이에 무령왕武靈王은 병사들에게 간편한 기마복을 입히고 기마전술을 채용할 것을 지시했다. 수구 세력의 반대가 빗발쳤으나 왕이 몸소 오랑캐 옷을 입고 나섬으로써 신하들을 설득하고 갈등을 봉합할 수 있었다. 이후 조나라는 강국이 되었다.

옛것을 고집해서 상황이 나아진다면 개혁은 필요 없다. 도약을 위한 혁신은 기득권을 화끈하게 벗어던지는 발상의 전환을 요구한다. '사즉생 생즉사死則生 生則死'의 각오로 역사의 한 획을 긋는 중대 결단, 그 본체는 열린 마음이다.

**출전**　　『전국책戰國策』「조책2趙策二」

---

**확신은 그것이 행동으로 변환하기 전에는 가치가 없다.**

Conviction is worthless unless it is converted into conduct.

• 토머스 칼라일 1795~1881, 영국 역사가

坐
앉을 **좌**

以
써 **이**

待
기다릴 **대**

旦
아침 **단**

**좌이대단** 앉아서 아침이 오기를 기다린다.

선정을 베풀고자 하는 군왕의 충정과 맡은 일에 주야로 애씀을 뜻한다.

『서경』「태갑상」편에 따르면 은殷의 재상 이윤伊尹이 용렬한 황제 태갑에게 "선왕께서는 동틀 무렵 크게 덕을 밝히시고자 앉아서 아침을 기다렸다先王昧爽 丕顯 坐以待旦"고 간언했다. 또 『맹자』「이루장구하」편은 "우러러 밤낮을 계속 생각했으며, 다행히 깨닫게 되면 앉아서 아침이 오기를 기다렸다仰而思之 夜以繼日 幸而得之 坐以待旦"고 주공周公의 고민하는 리더십을 칭송하고 있다.

민생고 해결이 얼마나 목말랐으면 덩그러니 홀로 앉아 날 밝기만 고대하고 있었을까. 국민과 함께 근심하고 즐거워함이 권좌의 일용이 되어야 한다. 백성의 소리를 모른 체한다면 지도자로서 낙제점이다.

한 번쯤 밤의 적막 가운데 감미로운 사색의 향연을 펼쳐본다면 어떨까. 참된 자아성찰과 현실인식은 자신을 포함한 여러 사람의 삶을 지켜준다.

**출전**  『서경書經』「태갑상太甲上」, 『맹자孟子』「이루장구하離婁章句下」

**나는 대상을 앞에 두고 끊임없이 관조하면서,**
**서서히 조금씩 환한 빛으로 여명이 밝아오기까지 기다린다.**

I keep the subject constantly before me and wait till the first dawnings open slowly, by little and little, into a full and clear light.

• 아이작 뉴턴 1642~1727, 영국 과학자

**고복격양** 배를 두드리고 흙덩이를 친다.

鼓 두드릴 고

腹 배 복

擊 칠 격

壤 흙 양

고복鼓腹은 배를 두드리는 것을 말하며, 풍족한 생활로 안락한 모양을 뜻한다. 격양擊壤은 땅을 치며 태평을 노래하는 것을 말하며, 중국 상고 때 민간의 놀이라는 설도 있다. 합쳐서 백성들이 태평성대를 누린다는 뜻이다. 성천자聖天子로 추앙받는 요堯임금의 일화에서 나온 말이다.

천하가 자연스럽게 다스려지지 않으면 백성이 스스로 알아서 행할 수 없게 된다. 그래서 있는 듯 없는 듯 정치와 통치자를 의식하지 않고 사는 무위지치無爲之治를 이상으로 삼기도 했다. 억지로 정치의 힘을 의식하게 만들면 백성이 정치를 걱정하게 된다. 백성을 잘 돌봄과 아울러 성군의 면모까지 갖춰야만 태평세계요 태평세월이라 할 수 있다.

돈이나 물질적 풍요 등 외적인 요소보다는 정신적으로 건강한 삶이 내적 행복과 직결된다. 각박한 현실일수록 행복 에너지의 고집적화로 마음의 평화를 되찾고, 정의롭고 사람 냄새 물씬 나는 사회를 함께 만들어가야 한다.

**출전** 『수서隋書』「유림전儒林傳」 하타何妥

**같은 말** 강구연월康衢煙月

**참조** 격양가擊壤歌(중국 요임금 때 늙은 농부가 땅을 두드리면서 천하의 태평을 노래한 것으로 전해진다.)

---

## 국민의 건강이 국민의 부보다 중요하다.

The health of nations is more important than the wealth of nations.

• 윌 듀런트 1885~1981, 미국 문명사학자

元

으뜸 원

亨

형통할 형

利

이로울 리

貞

곧을 정

**원형이정** 만물이 생기고 자라고 이루고 거둔다.

『주역周易』「건괘乾卦」에 나오는 말로, 하늘의 사덕四德을 가리키며 사물의 근본 원리나 도리를 뜻한다.

원元은 봄에 만물이 소생하고, 형亨은 여름에 만물이 자라며, 이利는 가을에 만물이 이루고, 정貞은 겨울에 만물을 거둠이다. 자연에는 사계절의 생김·자람·이룸·거둠이 있듯이, 인간에게는 인의예지仁義禮智의 네 가지 도덕이 있다. 이러한 성품들이 조화롭게 체현되도록 하는 것이 정치의 목적일진대, 주희朱熹가 말한 '하늘의 떳떳함天道之常'으로 인성의 벼리를 다잡는 정의의 정치가 널리 시행되어야 마땅하다.

예나 지금이나 세월이 하수상하다. 아무리 세상이 복잡다단하게 변해도 인간의 본성은 변하지 않는다. 인간 존중, 정의 구현 등 인류의 보편적 가치 또한 하늘처럼 변함없이 자연스럽게 펼쳐져야 한다. 상생과 상극의 어울림으로 조화 속의 변화를 이끌어냄은 비단 위정자의 몫만은 아닐 것이다. 보다 근본적으로 삶의 영역이 확장되고 생명력 넘치는 미래상을 위한 모두의 바람이자 책임이다.

**출전**   『역경易經』

---

**근본적인 발전은 기본 관념의 재해석과 관련 있다.**

Fundamental progress has to do with the reinterpretation of basic ideas.

• 앨프리드 화이트헤드 1861~1947, 영국 수학자

**규구준승** 그림쇠·곱자·수준기·먹줄로, 일상생활에서 지켜야 할 법도.

規는 그림쇠 또는 양각기兩脚器로 컴퍼스 모양으로 생겼으며 원을 그릴 때나 길이를 옮길 때 쓴다. 矩는 곱자 또는 곡척曲尺으로 'ㄱ'자 모양으로 생긴 자이다. 準은 수준기水準器 또는 수평기水平器로 어떤 평면의 수평 여부를 검사하는 기구다. 繩은 먹줄 또는 승묵繩墨으로 먹통에 딸려 있어 재목에 곧게 줄을 치는 실줄이다. 모두 목수가 다루는 연장으로 일상생활에서 응당 준수해야 할 법도 내지는 사물의 준칙을 뜻한다.

아이들 놀이에도 규칙이 있듯이, 사회적 동물인 인간은 법을 떠나 살 수 없다. 사회가 있는 곳에 법이 있고, 법을 준수하는 것은 국민의 의무다. 정의를 이념으로 하는 사회규범인 법은 법적 안정성과 함께 합목적성을 지녀야 한다. 정의를 지키려는 의지로 충만할 때 원칙과 상식을 저해하는 법만능주의를 극복할 수 있다.

그림쇠 規

곱자 矩

準

수준기 準

繩

먹줄 승

**출전**　『맹자孟子』「이루상離婁上」, 『잠부론潛夫論』「찬학贊學」

---

**법은 가장 일반적인 의미에 있어서 사물의 본성에서 발생하는 필연적 관계다.**

Laws, in their most general signification, are the necessary relations arising from the nature of things.

• 샤를 드 몽테스키외 1689~1755, 프랑스 사상가

# 嚴

엄할 **엄**

# 刑

형벌 **형**

# 峻

높을 **준**

# 法

법 **법**

**엄형준법** 엄격한 형벌과 준엄한 법령.

중국 최초의 통일제국 진秦의 국시이며 한비자韓非子·상앙商鞅·이사李斯 등에 의해 채용된 법가사상의 핵심이다. 진나라는 극단의 언론 탄압과 국가 권위에 대한 절대 복종을 강요한 결과, 민심이 이반하여 건국 15년 만에 멸망했다. 엄격한 법률 통제가 양날의 검이 되어 절대 권력의 몰락을 재촉한 대표적 사례다.

법망이 치밀해질수록 인간성도 완고해진다. 언필칭 법대로만 외치다 보면 사고가 경직된다. 엄벌만이 능사는 아니며, 사회적 약자에 대한 배려와 관용이 필요하다. 권력자보다는 국민의 자유와 권리를 지켜주는 따뜻한 법이 되어야 한다.

법의 권위가 실추되면 사회정의도 떨어진다. 목적을 위해 수단과 방법을 가리지 않는 풍토에서는 합법을 가장한 탈법과 초법이 난무한다. 가장 경계할 것은 입법자를 비롯한 권력기관의 불법행위다. 법 앞에 평등이 국민의 친숙한 법감정이며, 엄정한 법의 잣대가 사회통합의 지름길이다.

**출전** 『후한서後漢書』「최인전崔駰傳」

---

## 법은 법가치, 법이념에 봉사하는 의미 있는 현실.

Law is the reality the meaning of which is to serve the legal value, the idea of law.

• 구스타프 라드부르흐 1878~1949, 독일 법철학자

**망루탄주** 배를 삼킬 만한 큰 물고기도 빠져나갈 그물.

먼저 탄주지어呑舟之魚란 배를 집어삼킬 만한 큰 고기라는 뜻이다. 지구 최대 동물인 흰긴수염고래가 연상된다. 이렇게 큰 물고기도 새어나갈 만한 그물이란, 큰 죄를 짓고도 능히 법망을 빠져나갈 만큼 엉성한 법령체계를 말한다. 『사기』「혹리열전」 서두에 나오는 말이다.

진秦과 달리 한漢은 관대한 법령을 실시하여 관리들이 바로 서고 백성들도 평안해졌다. 통치의 도구로서의 법보다는 통치의 근본으로서의 덕에 근거한 국정이 상덕上德임을 사마천司馬遷은 지적한 것이다.

간혹 거물급 중죄인이 구멍 뚫린 법그물 사이로 사라질 때면, 빵한 조각을 훔친 장발장이 떠오른다. 법령이 허술하거나 잣대가 오락가락하면 나라의 기강이 서질 않는다. 정의는 본보기가 필요하다. 사회적 지위가 높은 사람부터 솔선하여 법을 지켜야 하며, 위법에 대한 제재도 마찬가지다.

그물 **망**

샐 **루**

삼킬 **탄**

舟
배 **주**

**출전**　『사기史記』「혹리열전서酷吏列傳序」
**참조**　탄주지어呑舟之魚

---

## 정의는 각자에게 그의 몫을 돌리려는 항구적 의지.

Justice is the constant and perpetual wish to render to every one his due.

• 도미티우스 울피아누스 170~228, 로마 법학자

# 權

권세 권

# 要

구할 요

# 請

청할 청

# 託

부탁할 탁

**권요청탁** 권력을 잡아 중요한 지위에 있는 사람에게 청하여 부탁하다.

권요權要는 권세 있는 중요한 자리 또는 그 자리에 있는 자를 말한다. 일찍이 소동파는 각 지방의 우수한 인재를 추천하여 등용하던 공거貢擧 제도에 "뇌물을 주고받는 일이 공공연히 행해지고 권세 있는 자에게 청탁하는 폐해가 있었다亦有賄賂公行 權要請託之害"고 지적했다.

살면서 남에게 청탁 한 번 안 넣거나 안 받아본 사람은 드물다. 나라마다 청탁 문화도 다르고 사람마다 대응방식도 다르나, 이권 있는 곳에 청탁 있다. 이권이 바늘이라면 청탁은 실이다.

공사를 막론하고 부탁 아닌 청탁은 기회 균등의 원칙을 위배하며, 권한 남용 및 붕당 조장 등 각종 비리와 사리사욕의 온상이 된다. 청렴사회를 위한 윤리의식 제고와 재량권 축소 및 이권 조정 등이 필요하다. 요컨대 현대판 신분제도를 부추기는 학벌·재력·외모·온정주의 등 폐습을 혁파하고, 온축된 실력으로 인정받는 사회구조로의 변화가 바람직하다.

**출전**  소식蘇軾 『의학교공거차자議學校貢擧箚子』

## 정의의 가장 큰 적은 특권이다.

Privilege is the greatest enemy of right.

• 마리 폰 에브너 에셴바흐 1830~1916, 체코 작가

**파라척결** 숨은 인재를 샅샅이 찾아 등용하다. 또는 남의 비밀이나 흠을 샅샅이 들추어내다.

긁을 **파**

파라爬羅는 손톱으로 긁거나 후벼 파 모으는 것이다. 척결剔抉은 뼈와 살을 바르고 도려내는 것이니, 모순과 결함을 파헤쳐 없애 버림을 말한다. 당송팔대가의 으뜸인 한유의 「진학해」에 나오는 말이다.

고위 공직자의 경우 인사 청문제도와 인사 추천제도 등 인사 검증 관문을 통과하기가 쉽지 않다. 오랜 기간 단계적으로 철저하게 걸러지고 다듬어진 공인된 인재를 기용할 때 검증 절차를 간소화하고 각종 유착의 고리를 끊을 수 있다.

벌릴 **라**

정치·사회적 결함이나 모순을 척결함에는 기득권의 저항이 만만치 않다. 그릇된 관행이나 부정부패의 척결은 나라 발전의 디딤돌이다. 자정 능력을 상실한 사회는 희망이 없다. 불의를 파헤쳐 없애버리는 일에 당파가 없어야만 정치가 천업을 면할 수 있다.

뼈바를 **척**

도려낼 **결**

**출전**　한유韓愈「진학해進學解」

---

**지연된 정의는 부인된 정의다.**

Justice delayed is justice denied.

• 윌리엄 글래드스턴 1809~1898, 영국 정치가

攬

잡을 **람**

轡

고삐 **비**

澄

맑을 **징**

清

맑을 **청**

**남비징청** 관직에 나갈 때 말고삐를 잡으면서 맑고 깨끗한 정치를 다짐하다.

징청澄淸은 청징淸澄으로, '맑고 깨끗함' 또는 '맑고 깨끗하게 함'을 뜻한다. 관리가 되어 어지러운 정치를 쇄신하고 천하의 폐해를 바로잡으려는 당찬 포부로서, 관직에 부임하면서 공명정대한 정치를 하겠다는 공직자의 굳건한 마음자세를 비유한다.

후한 환제桓帝 때, 기주冀州 지방에 흉년과 기근이 잇따르고 탐관오리의 부패로 민생이 극도로 피폐해지자 민란이 속출했다. 조정에서는 청렴하고 고결한 성품의 범방을 위무사로 파견하여 순행 감찰토록 했다. 임지로 가는 마차에 오른 범방은 막중한 책임감에 의분이 복받치면서 진상을 명확하게 파악하고 맑은 정치를 펴겠노라 굳게 다짐했다. 부여잡은 것은 말고삐가 아니라 민심 곧 천심이니 최상의 취임사라 할 수 있다.

국가수반으로부터 미관말직에 이르기까지 국민의 공복公僕이라는 인식, 즉 공복公服의 첫 단추를 잘 끼워야 한다. 국민에 대한 봉사자로서 철저하게 국민의 입장에서 겸허한 심정으로 민의를 받들어야 한다. 깨끗한 공직사회를 만들기 위해 사명감, 윤리의식, 희생정신이 솥발처럼 버텨줘야 한다.

**출전**   『후한서後漢書』「당고열전黨錮列傳」 범방范滂

**공적 신임을 맡은 자는 스스로를 공공재산으로 간주해야 한다.**

When a man assumes a public trust, he should consider himself as public property.

• 토머스 제퍼슨 1743~1826, 미국 3대 대통령

**거관유독** 벼슬에서 물러날 때 송아지를 두고 간다.

去
갈 거

거관去官은 임기가 만료되어 벼슬자리를 떠나는 것을 말한다. 벼슬에서 물러날 때 송아지를 두고 간다는 것은 관리의 청렴결백함을 비유한다.

위나라의 시묘時苗가 수춘壽春 현령으로 부임할 때 암소가 끄는 낡은 수레를 타고 갔다. 부임 후 1년가량이 지났을까, 그 암소가 새끼를 낳았다. 시묘는 이임할 때 부하 관원에게 "내가 올 때 이 송아지는 없었다令來時本此無犢"고 말하고 그 송아지를 남겨 두고 떠났다는 고사에서 온 말이다. 자신의 청렴결백을 드러내고, 공공의 이익을 우선시함을 설득력 있게 보여준 최상의 치적이요 이임사라 할 수 있다.

官
벼슬 관

정치가 바로 서야 청백리도 많아진다. 『예기』에 "가혹한 정치는 호랑이보다도 무섭다苛政猛於虎"고 했는데, 민심이 호주머니 속 지갑에 있다는 방증이다. 세금이 무서워 산 속에 숨어 살던 백성들에게만 해당되는 말이 아니다. 국익을 빙자한 합법적 수탈로 사욕을 챙기는 현대판 탐관 역시 처벌보다 예방이 중요하다.

留
머무를 류

犢
송아지 독

**출전**　　『삼국지三國志』「위지魏書」상림전常林傳

---

**공공심을 더럽히는 자들은 국고를 훔치는 자들만큼 악하다.**

Those who corrupt the public mind are just as evil as those who steal from the public purse.

• 애들레이 스티븐슨 1900~1968, 미국 정치가

尸
주검 시

位
자리 위

素
힐 소

餐
먹을 찬

**시위소찬** 책임을 다하지 못하고 단지 자리만 차지하여 녹봉만 받아먹다.

시위尸位는 제사 때 신위 대신 시동尸童을 앉히는 자리이고, 소찬素餐은 공짜로 음식을 먹는 것이다. 이를 합쳐 시동이 공짜 음식을 먹듯이 능력과 자격이 없는 자가 하는 일 없이 자리만 차지하여 녹만 축내는 일 또는 그런 사람을 말한다. 주운이 한성제漢成帝에게 "지금 조정대신들은 위로는 군왕을 바로잡지 못하고, 아래로는 백성에게 유익을 주지 못하니 모두가 헛되이 자리에 앉아 녹이나 축내고 있다今朝廷大臣 上不能匡主 下亡以益民 皆尸位素餐"고 충간한 데서 비롯한 말이다.

주운은 『논어』「양화陽貨」편을 인용해 올곧잖은 자들이 밥그릇을 챙기고 지키기 위해서라면 못하는 짓이 없음을 지적했다. "비루한 사람과 더불어 임금을 섬길 수 있겠는가? '얻기 전에는 얻을 것을 걱정하고, 이미 얻고 나서는 잃을 것을 근심한다患得患失.' 만일 잃을 것을 염려한다면 못하는 짓이 없어진다."

밥그릇 챙기고 지키는 일에서 '시위소찬형'과 '환득환실형'은 가히 일란성 쌍둥이라 할 만하다. 분수에도 안 맞고 분수에 넘칠 뿐이니, 전쟁 중 무능한 지휘관만큼이나 위험하다.

**출전** 『한서漢書』「주운전朱雲傳」

**같은 말** 시소尸素, 시록尸祿

## 자리가 사람을 높이는 것이 아니라, 사람이 자리를 빛낸다.

It is not titles that honor men, but men that honor titles.

• 니콜로 마키아벨리 1469~1527, 이탈리아 사상가

**존현사능** 어질고 재능 있는 사람을 관직에 등용하다.

높을 **존**

"어진 이를 높이고 재능 있는 자를 부려서 준걸들이 요직에 오르면, 천하의 선비들이 이를 기뻐하여 그 조정에서 벼슬하기를 바랄 것이다尊賢使能 俊傑在位 則天下之士 皆悅而願立於其朝矣"라고 한 맹자의 말에서 비롯한다. 어진 정치의 핵심이자 공평무사한 정치의 전제조건인 인재의 등용을 논한 것이다.

인사가 만사라고 한다. 구호에 그치거나 철학이 빈곤하면 만사가 인사가 되고 만다. 인사란 합당한 인재를 발굴 육성하여 적재적소에 배치하는 것이다. 인품과 자질을 등한시한다면 투철한 직업윤리는 애당초 기대하기 어렵다. 학연·지연·혈연·파벌 등 사감이 개입된 불공정 인사는 유능한 인재에게 족쇄를 채우고 현능賢能을 능멸한다.

국민에게는 자유와 동시에 책임이 있다. 투표로써 대통령을 비롯한 선출직 공직자를 뽑거나, 여론 형성에 기여하거나, 실제 행동으로 정책 결정에 영향력을 행사하는 등 실질적으로 국가 중대사를 좌우한다. 국민 스스로 국가의 중추적 역할을 담당하는 핵심 역량이자 불특정 공인이란 사실을 자각하는 것이 국가와 사회 발전의 열쇠다.

어질 **현**

하여금 **사**

능할 **능**

**출전**　『맹자孟子』「공손추상公孫丑上」

---

## 가장 중요한 공직은 바로 시민이다.

The most important office is that of private citizen.

• 루이스 브랜다이스 1856~1941, 미국 법률가

굽을 **곡**

배울 **학**

언덕 **아**

인간 **세**

**곡학아세** 학문을 굽혀 세상에 아부하다.

정도를 벗어난 학문으로 세상 형편을 붙좇아 권력자에게 아첨한다는 뜻이다. 전한 경제景帝는 강직한 성품의 원고생轅固生을 등용했다. 간신배들이 일제히 비방했고 소장 학자 공손홍公孫弘도 구십 고령의 원고생을 무시했다. 원고생은 전혀 개의치 않고 공손홍에게 "바른 학문을 말하기에 힘쓰고, 학문을 굽혀 세상에 아부하지 않도록 하라務正學以言 無曲學以阿世"며 타일렀다. 감복한 공손홍은 용서를 빌고 원고생의 제자가 되었다.

학문은 순수성과 실용성이 조화를 이룬다. 그 틈새를 파고드는 사이비 학자들은 진리 탐구는 뒷전이고, 잉여 학설에 굴종하여 세상을 왜곡시킨다. 일신의 영달을 위해 학자적 양심을 버리고 기회주의적 처신으로 권력에 기생하는 어용학자가 그 전형이다. 학문적 성취의 현실 적용은 지극히 당연한 일이지만 학자로서의 본분과 품격을 지켜야 한다. 전문지식의 오남용으로 정신적으로나 물질적으로나 국가와 국민에 손해를 끼쳤다면 재발 방지 차원에서 최소한 학문적 책임 소재라도 밝혀야 할 것이다.

**출전**　　『사기史記』「유림열전儒林列傳」

---

**이상주의자들은 상아탑에서 내려오면 시궁창으로 직행하는 경향이 있다.**

When they come downstairs from their Ivory Towers, idealists are very apt to walk straight into the gutter.

• 로건 피어설 스미스 1865~1946, 영국 평론가

**연옹지치** 종기의 고름을 빨고 치질을 핥는다.

빨 **연**

남의 눈총 따위는 아랑곳없이 세도가에게 비열하게 아첨하는 것을 말한다. 진왕秦王의 치창痔瘡을 핥고 큰 상을 받았다는 이야기로,『장자』「잡편」의 '열어구'에 나오는 말이다.

세속적 욕망을 채우려면 간이고 쓸개고 다 빼놓아야 한다. 자존심 다 내팽개치고 진풍경을 연출한 결과 부귀영화를 누리게 되나 그 역시 꼴불견이다. 고작 눈치와 너스레로 먹고사는 것이 불타는 야심의 실체이니 그 허위와 위선은 혐오감과 모멸감을 느끼게 하기에 족하다. 그런 줄도 모르고 흐뭇해하는 표정들이야말로 천박함을 넘어 희화적이다.

악창 **옹**

비굴의 극치는 해학을 넘어 연민의 정을 불러일으키며 이는 자신을 돌아볼 기회를 제공해준다. 스스로의 등급을 헐값에 매기면 그 결과는 재앙에 가까우며 돌이킬 수도 벗어날 수도 없다. 비굴은 겸손과는 다르며 오히려 거만의 도발적 표현이라는 것은 경험칙에 속한다.

핥을 **지**

치질 **치**

**출전** 『장자莊子』「잡편雜篇」열어구列禦寇

**같은 말** 상분연옹嘗糞吮癰

---

**타인에게 존중을 받고 싶으면 먼저 자기 자신을 존중하라.**

Respect yourself if you would have others respect you.

• 발타사르 그라시안 1601~1658, 스페인 성직자

投
던질 투

鼠
쥐 서

忌
꺼릴 기

器
그릇 기

**투서기기** 쥐를 잡으려다 그릇을 깰까 두렵다.

악인 또는 불의를 없애기보다는 오히려 큰 손해가 염려스러워 내버려둠을 뜻한다. 또는 왕 주위에 밀착한 권신을 제거하려다 자칫 왕에게 누가 될까 봐 어쩌지 못함을 말한다.

전한 경제 때의 정치개혁가인 가의는 황제 측근에서 위세를 부리는 간신배를 보았다. 사람들은 혹시라도 황제에게 죄가 될까 두려워 감히 그를 비판하지 못했다. 가의는 황제를 알현한 후 "쥐를 잡고 싶어도 그릇을 깰까 봐 겁이 난다欲投鼠而忌器"는 비유를 들어 간신배를 물리칠 것을 권했다.

그릇이 깨지는 아픔 없이는 쥐를 잡을 수 없다. 그렇다고 알아도 모르는 척 쥐의 공작을 내버려둔다면 온 집안을 들쑤셔놓을 것이다. 고름이 살 안 되듯 썩은 환부를 적기에 도려내지 않으면 더 많은 고통에 직면할 뿐만 아니라, 새살이 돋을 기회를 영영 놓쳐버릴지도 모른다. 고충마저도 전화위복의 계기로 삼는 것이 지도자의 그릇이다.

**출전**　　『한서漢書』「가의전賈誼傳」

---

**계산된 위험을 무릅쓰라. 그것은 무모함과는 전연 다른 것이다.**

Take calculated risks. That is quite different from being rash.

• 조지 스미스 패튼 1885~1945, 미국 군인

**소훼난파** 둥지가 부서지면 알도 깨진다.

새집 소

국가나 사회 또는 가정이 무너지면 그 구성원들도 함께 불행해지고 피해를 입게 됨을 비유한 말이다.

후한 말 헌제獻帝 때 공자의 후손 공융은 망해가는 황실의 충신이었다. 조조가 50만 대군을 동원하여 유비와 손권을 치려 하자 반대했고, 대노한 조조는 체포를 명했다. 당시 공융의 어린 두 자녀가 집에서 장기를 두고 있었다. 피신하라는 주위의 재촉을 뿌리치며 아버지가 잡혀가는 순간에도 도망치지 않고, "새둥지가 부서졌는데 어찌 알이 깨지지 않겠습니까安有巢毀而卵不破乎"라고 말하며 함께 처형당했다.

헐 훼

더 이상 말이 필요 없는 공생共生, 나라가 둥지라면 둥지 속 알은 국민이다. 국권을 상실하면 국민은 노예로 전락하며, 나라가 속으로 곪으면 민생은 위험수위에 도달한다.

남이야 어찌되건 나만 잘살면 된다는 이기심과 과정을 무시한 결과 편향의 사고방식이 공동체를 잠식한다. 구성원 모두가 삶 전반에 걸쳐 각고의 헌신으로 신뢰의 보금자리를 가꿔나감이 아름답다.

알 란

깨뜨릴 파

**출전**　『후한서後漢書』「공융전孔融傳」
**같은 말**　복소무완란覆巢無完卵

---

## 공동체는 배와 같다. 누구든지 키를 잡을 준비를 해야 한다.

A community is like a ship; everyone ought to be prepared to take the helm.

• 헨리크 입센 1828~1906, 노르웨이 작가

哀
슬플 애

鴻
큰기러기 홍

遍
두루 편

野
들 야

**애홍편야** 슬피 우는 기러기 떼가 들판에 가득하다.

애홍哀鴻은 '슬피 우는 기러기'라는 뜻으로 곤궁에 처한 이재민을 가리킨다. 『시경』「소아」 '홍안'의 시구로 재난을 당해 유리걸식하는 피난민들이 들판 곳곳마다 가득하다는 뜻이다.

지금도 세상 어딘가는 전쟁과 재난, 빈곤과 질병에 허덕이는 난민들로 넘쳐난다. 천재지변이나 경제 문제 말고도 인종·종교·정치적 차이로 박해를 피해 탈출하는 난민은 일일이 열거하기에도 벅차다. 삶의 터전을 잃고 방황하는 유랑민의 사연과 참상은 차마 눈뜨고 볼 수 없다.

난민의 생명과 자유를 지키기 위한 긴급구호의 따뜻한 손부터 내밀어야 한다. 난민의 권리와 복지를 위한 의식주 및 의료 서비스 지원도 뒤따라야 한다. 보호가 시급한 여성·어린이·노약자·장애인의 필요를 충족시킴에 소홀함이 없어야 한다.

인간의 존엄성 회복과 인간다운 생활의 복원이 지치고 소외된 이웃들에 대한 궁극적 해결 방안이다. 지금도 지구촌의 돌아갈 곳 없는 삶들은 평화를 갈구하며 안식처를 찾아 광야를 헤매고 있다.

**출전**   『시경詩經』「소아小雅」 홍안鴻雁

**같은 말**   애홍보집哀鴻甫集

---

**나는 살고자 하는 생명에 둘러싸인 살고자 하는 생명이다.**

I am life which wills to live, in the midst of life which wills to live.

• 알베르트 슈바이처 1875~1965, 프랑스 사상가 · 의사

**환과고독** 홀아비·과부·부모 없는 아이·자식 없는 늙은이.

홀아비 **환**

의지할 곳 없는 외로운 처지의 사람들을 뜻한다. 맹자는 늙어서 아내가 없는 홀아비, 늙어서 남편이 없는 과부, 어려서 부모가 없는 고아, 늙어서 자식이 없는 무의탁 노인을 사궁四窮이라고 했다. 제나라 선왕宣王이 맹자에게 유가의 이상적 정치사상인 왕도정치를 물었다. 맹자는 성군의 대명사인 주나라 문왕文王을 예로 들면서 "이 네 부류야말로 천하의 궁민으로서 하소연할 데가 없는 자들이며, 먼저 선정과 인을 펼칠 대상此四者 天下之窮民而無告者 文王 發政施仁 必先斯四者"이라고 강조했다.

홀어미 **과**

한 사회의 현실은 사회적 약자나 소외계층 등 가장 먼저 보호받아야 하는 이들을 통해 확인할 수 있다. 궁민을 없애는 것이 바로 궁민 대책이다. 달리 곤궁한 백성이 아니다. 부익부 빈익빈, 빈곤의 악순환 속에 박탈감을 느낀다면 심리적 취약 계층이라 할 수 있다. 사회 전체가 올바른 가치관을 확립함으로써 물질적 척도의 정립에도 힘써야 한다.

외로울 **고**

獨

홀로 **독**

**출전**　　『맹자孟子』「양혜왕장구하梁惠王章句下」

**같은 말**　　사궁四窮

---

**고독과 사랑받지 못한다는 느낌이 가장 무서운 가난이다.**

Loneliness and the feeling of being unwanted is the most terrible poverty.

• 테레사 1910~1997, 인도 수녀

구원할 구

재앙 재

구휼할 휼

이웃 린

**구재휼린** 재난에서 건져내고 이웃을 구휼하다.

구휼은 물품을 베풀어 빈민이나 이재민 등 곤궁한 사람을 도와주는 것이다. 따뜻한 나눔은 인간다운 삶을 향한 지구적 현안이다. 고통 분담을 위한 국가의 역할과 국민의 자세가 중요하다. 나눔의 실천은 있고 없고의 문제가 아니라 성의의 문제다. 특히 상대의 자존심을 위해 남모르게 한 선행일수록 더욱 빛을 발한다.

후히 주는 가운데 더욱 풍성해지고 인생살이가 즐거워진다. 나혼자 잘 먹고 잘 사는 것이 아니라, 더불어 사는 이웃 사랑의 열정이 훈훈한 인정이 넘실대는 가족 같은 삶터를 만든다. 결국 자신을 위한 길이다. 얄팍한 동정심이 아닌 참마음으로 사랑 나눔에 동참해야 한다. 가능하다면 스스로 돕도록 도와주는 것이 좋다. 내가 가진 모든 것이 내 것이란 착각부터 버려야 한다. 나눔의 대상은 무한하며, 긍휼의 즐거움이 물질에 국한되지 않을 때 행복은 배가된다. 마음을 줌으로써 진정한 친구가 되는 것이다.

**출전**　　『춘추좌씨전春秋左氏傳』「희공13년僖公十三年」

---

**단 하나뿐인 삶을 남을 위해 사는 것은 가치 있는 삶이다.**

Only a life lived for others is a life worth while.

• 알베르트 아인슈타인 1879~1955, 미국 물리학자

**박시제중** 널리 사랑과 은혜를 베풀어 뭇사람을 구제
하다.

백성을 구제하는 것은 위정자가 성인의 경지에 이를 때 가능한
정치의 꿈이자 이상이다. 자공子貢이 물었다. "백성들에게 널리
은혜를 베풀어 많은 사람을 어려움에서 구제한다면博施於民 而能
濟衆 어질다고 할 수 있겠습니까?" 공자가 답하기를 "어찌 어질다
뿐이겠는가? 반드시 성인이라 할 것이다. 요임금과 순임금도 그
렇게 하지 못해서 늘 걱정했다."
예로부터 가난 구제는 나라도 못 한다고 했다. 어떠한 정치 이념
이나 경제 정책도 분배 문제를 해결하기란 쉽지 않다. 오늘날에
는 절대적 빈곤 못지않게 상대적 빈곤이 심각한 문제이며, 빈부
격차가 심화되는 추세다. 어려운 상황일수록 탐욕을 버려야 한다.
명의가 인술을 베풀어 뭇사람을 구제하듯 사회경제적 약자를 우
선적으로 섬겨야 하며, 국민의 뜻에 합당한 시책을 폄으로써 민
심을 보듬어야 한다. 나아가 인종과 국경을 초월한 인류애의 실
천이 세계 평화로 가는 길이다.

넓을 **박**

베풀 **시**

건널 **제**

衆

무리 **중**

**출전**  『논어論語』「옹야雍也」

## 우리의 참된 국적은 인류다.
Our true nationality is mankind.

• 허버트 조지 웰스 1866~1946, 영국 작가

요임금 요

달릴 추

순임금 순

步

걸을 보

**요추순보** 요임금과 순임금이 종종걸음으로 서둘러 걷는 것처럼, 군주의 덕이 성함을 이른다.

요와 순은 이전의 복희伏羲·신농神農·황제黃帝 등과 더불어 중국 고대의 전설적인 제왕으로서, 어진 임금의 대명사이며 태평성대를 구가한 성황聖皇으로 추앙된다. 요의 정식 이름은 당제요唐帝堯이고 순의 정식 이름은 우제순虞帝舜으로 각각 당요唐堯·우순虞舜이라고도 한다. 요는 아들 단주丹朱가 불초하여 순에게 제위를 선양했다.

국난을 극복하거나 태평성대를 구가하면 정관지치貞觀之治니 개원지치開元之治니 하여 후세의 귀감으로 평가받는다. 로마제국의 전성기를 구가했던 오현제五賢帝 시대에도 선정이 베풀어졌다. 국민의 마음을 헤아릴 줄 아는 정치가는 발길 닿는 곳마다 역사를 만들어 간다. 반면 국민을 역주행하는 정치는 역사의 강줄기를 길이길이 오염시킨다. 정치를 잘해서 청사에 이름을 아로새기지는 못할지언정 부덕의 소치로 오명을 남기는 것은 국가를 위해서나 국민을 위해서나 불행한 일이다.

**출전**    『송사宋史』 「악지樂志」 13권十三卷

## 정치란 가능성의 예술이다.

Politics is the art of the possible.

• 오토 폰 비스마르크 1815~1898, 독일 정치가

**세이공청** 남의 말을 공손한 마음으로 귀담아 듣다.

진晉 황보밀皇甫謐이 지은 『고사전古士傳』에 나오는 이야기다.
요임금 시절, 허유許由는 절조가 굳어 기산箕山에 은거하면서 세
속의 명리를 개의치 않았다. 그 소식을 들은 요임금이 사신을 보
내 허유에게 제위를 물려줄 뜻을 전했다. 그 말을 듣고 허유는 청
정한 귀가 오염되었다 하여 즉시 산 아래 영수潁水 물가로 달려
가서 양손에 물을 움켜 뜨고 귀를 씻었다. 때마침 송아지에게 물
을 먹이러 온 또 다른 고사高士 소부巢父가 그 이야기를 듣고 애
당초 은자로서 이름이 세상에 알려진 것 자체가 명예를 구하기
위한 것이라고 말하고는, 귀를 씻어 더러워진 물을 피해 상류로
올라가서 송아지에게 물을 먹였다.
세이공청은 긴 세월 속에서 원래의 뜻과는 다르게 남의 말을 귀
담아 듣는다는 겸양의 의미로 바뀌었다.
귀는 지혜의 통로다. 가는 말 오는 말 속에 더러는 마음에 새겨둘
말이 있다. 자기의 생각을 가지면서도 겸허한 마음으로 남의 말
을 경청하는 습관을 길러둠이 좋다.

씻을 세

귀 이

공손할 공

들을 청

**출전**　정정옥鄭廷玉 「초소공楚昭公」
**같은 말**　기산세이箕山洗耳

**말하는 것은 지식의 영역이며 듣는 것은 지혜의 특권이다.**
It is the province of knowledge to speak, and it is the privilege of wisdom to listen.

• 올리버 웬들 홈스 1809~1894, 미국 의학자 · 문필가

逆
거스를 **역**

取
취할 **취**

順
순할 **순**

守
지킬 **수**

**역취순수** 그른 짓으로 나라를 빼앗아 올바른 도리로 지키다.

탕왕湯王은 하夏의 포악한 군주 걸왕桀王을 몰아내고 은殷을 세웠으며, 무왕武王은 은의 잔학한 군주 주왕紂王을 물리치고 주周를 세웠다. 역취순수는 탕무湯武가 폭군 걸주桀紂에게서 천하를 빼앗은 고사에서 비롯한 말이다. 탕왕은 은의 건설자로서 성탕成湯이라고도 한다. 중국 최초의 왕조로 알려진 하의 걸왕은 정사를 내팽개치고 주색에 빠져 잔학 행위를 일삼았다. 이에 분노한 백성들이 탕을 중심으로 반란을 일으켜 하를 멸망시키고 상商, 즉 은을 세웠다. 현군賢君으로 평가받는 무왕 역시 폭정을 일삼았던 은의 주왕을 몰아내고 중국 정치·문화의 원형archetype인 주를 창건했다.

선양禪讓과 방벌放伐은 중국 역대 왕조의 역성혁명易姓革命의 두 가지 모형이다. 선양은 유덕한 타성他姓에게 왕위를 물려주는 것이요(요순의 예), 방벌은 악정으로 인해 실덕한 군주를 쫓아내는 것이다(탕무의 예). 비록 역리로 나라를 얻었으나 인의仁義로 다스릴 때 순리를 지키는 장구한 계책이 될 것이다.

**출전**    『한서漢書』「육가전陸賈傳」

---

**아무도 다른 사람을 그들의 동의 없이 다스려도 될 만큼 선하지는 않다.**

No man is good enough to govern another man without that other's consent.

• 에이브러햄 링컨 1809~1865, 미국 16대 대통령

**이윤부정** 이윤이 탕왕에게 인정받기 위해 조리사로 시작해 마침내 뜻을 이루어 재상이 된 고사.

저 **이**

이윤伊尹은 은의 명재상으로 탕왕을 도와 하의 걸왕을 멸하고 선정을 펼쳤다. 이후 탕왕의 뒤를 이은 외병外丙·중임中壬·태갑太甲을 보좌했다. 비범한 지략의 소유자이면서 덕을 숭상했던 그는 주의 주공, 제의 관중 등과 더불어 명신으로 추앙받고 있다. 갑골문에도 그에 관한 기록이 남아 있다.

이윤은 본디 비천한 몸종 출신으로, 솥을 등에 지고 가 요리사가 되어 탕왕을 섬기면서 마침내 일인지하 만인지상의 자리에 올랐다. 솥 안의 음식물은 불의 세기를 잘 조절해야 하듯 나라 다스리는 법을 요리에 비겨가며 탕왕을 도왔던 것이다.

다스릴 **윤**

성공하는 사람은 남다르다. 기왕이면 큰 꿈을 가지고, 그 꿈을 구체화하는 일에 매진한다. 성공의 기준은 그 크기나 속도가 아니라 깨끗함이다. 신분 상승에 집착하면 깊은 상처를 남긴다. 얻는 것보다 잃는 것이 많으면 설득력이 없다. 개인의 이익보다는 사회발전에 기여할 때 나의 꿈을 곧 모든 사람의 꿈으로 키울 수 있다. 결심하고 계획하고 하나씩 실천해나가는 과정 가운데 꿈은 반드시 이루어진다.

질 **부**

솥 **정**

**출전**　『사기史記』「은본기殷本紀」

---

## 하늘은 스스로 돕는 자를 돕는다.

Heaven helps those who help themselves.

• 새뮤얼 스마일스 1812~1904, 영국 작가

吐

토할 토

哺

먹일 포

握

쥘 악

髮

터럭 발

**토포악발** 입에 든 것을 뱉고 감던 머리카락을 움켜쥔다
는 뜻으로, 인재를 얻기 위해 정성을 다하다.

주공은 주를 창건한 무왕의 동생으로 성은 희姬, 이름은 단旦이
다. 주의 기반을 다지고 문물제도를 완비했다. 공자가 그를 이상
으로 삼아 흠모한 것은 주지의 사실이다.

주공이 아들 백금伯禽을 봉지인 노魯에 보내면서 "나는 한 번 머
리 감는 데 세 번 머리카락을 움켜쥐고, 한 끼 식사하는 데 세 번
음식을 내뱉으며 일어나 선비를 맞이하면서도 오히려 천하의 훌
륭한 인재를 잃을까 봐 두려워했다我一沐三捉髮 一飯三吐哺 起以待
士 猶恐失天下之賢人"고 말했다. 그러면서 "노나라에 가거든 신중히
처신하되 사람들에게 교만하지 말라"고 훈계했다.

보통 식사나 목욕할 때 손님이 찾아오면 하던 일을 마칠 때까지
기다려달라고 부탁한다. 그러나 주공은 하던 일을 즉시 멈추고
열성을 다해 손님을 맞이했다. 훌륭한 인재를 얻기 위해 태만할
수 없었던 것이다.

인재는 만사의 가장 중요한 자산이다. 모든 분야에 걸쳐 올바른
인사로 숨은 인재를 썩히지 말아야 한다. 사람됨을 살피지 않으
면 자신과 조직이 위태로워진다.

**출전**　　『사기史記』「노주공세가魯周公世家」, 『한시외전韓詩外傳』

**같은 말**　악발토포握髮吐哺, 토포착발吐哺捉髮, 주공토포周公吐哺, 토악吐握

---

**위대한 사람은 계획의 대범함·실행의 인간다움·성공 후의 절제, 세 가지 징표로 알 수 있다.**

A really great man is known by three signs: generosity in the design, humanity in the execution,
moderation in success.

• 오토 폰 비스마르크 1815~1898, 독일 정치가

**기해천수** 기해가 후임자로 원수를 추천하다.

공정하고 객관적인 잣대로 인사가 이루어져야 한다는 원칙을 강조할 때 인용되며, 공직자의 생명인 공평무사公平無私·불편부당不偏不黨·선공후사先公後私·멸사봉공滅私奉公의 정신을 가리킨다.

춘추시대 진晉 도공悼公의 신하 기해祁奚가 자기의 후임자로 원수지간인 해호解狐를 먼저 천거하고 해호가 죽은 뒤 비로소 자기 아들 오午를 천거한 고사에서 온 말이다.

'팔이 안으로 굽는다'고, 공과 사를 구분하기란 쉽지 않다. 우선은 당사자의 양심에 맡겨야 하겠지만, 자기만 잘한다고 능사가 아니다. 높은 지위에 오를수록 주변도 잘 다스려야 한다. 친인척은 물론 미심쩍은 주변 인물들에게 휘둘리지 말아야 한다. 가깝고 믿을 만해서 의심의 여지가 없을수록 더욱 철저히 관리해야 한다.

지연·학연·혈연·전연錢緣 등 사사로운 연고와 파벌로 뒤얽힌 인사난맥과 후진적 온정주의를 배격해야 한다. 공사 영역 모두에서 인사의 투명성을 지키는 일이 청렴 사회를 이끈다.

성할 기

어찌 해

천거할 천

원수 수

출전　　『춘추좌씨전春秋左氏傳』「양공3년襄公三年」

친구 사이라면 공정함이 필요 없겠지만, 정의로운 친구 사이라면 그들에겐 우정이 필요하다.
When men are friends they have no need of justice, while when they are just they need friendship as well.

• 아리스토텔레스 기원전384~기원전322, 그리스 철학자

넓을 **홍**

굳셀 **의**

너그러울 **관**

厚
두터울 **후**

**홍의관후** 포부가 크고 굳세며 마음이 너그럽고 후하다.

『삼국지』는 서진西晉의 진수陳壽가 지은 기전체 역사서로, 중국의 정사正史에 해당하는 이십사사二十四史의 하나이며 「위서魏書」「촉서蜀書」「오서吳書」로 구성되어 있다.

한실의 종친이면서 후덕한 인격의 지도자 유비는 촉한蜀漢의 개국황제다. 자는 현덕玄德이며 시호는 소열제昭烈帝, 선주先主다. 진수는 유비에 대해 "뜻이 넓고 굳세고 관대하고 도량이 크며, 사람을 알아보고 선비를 대접할 줄 안다弘毅寬厚 知人待士"고 평하면서 한고조 유방劉邦에 견주었다.

함량 미달의 지도자일수록 소통과는 인연이 멀다. 인격적 수양이 덜 된 탓이다. 포용력을 갖춘 겸손한 지도자는 하늘의 때나 땅의 이득보다는 한결같은 신뢰에 입각한 인화를 중시한다. 먼저 마음을 열고 스스럼없이 누군가에게 다가가는 것이 최고의 인간적 매력이자 사람들의 마음을 얻는 지름길이다.

**출전** 『삼국지三國志』 「촉지蜀志」 선주전평先主傳評

---

**나에 있어서나 타인에 있어서나 언제나 인격을 목적으로 대우하고
결코 단순한 수단으로 대우하지 말라.**

Act in such a way that you always treat humanity, whether in your own person or in the person of any other, never simply as a means, but always at the same time as an end.

• 임마누엘 칸트 1724~1804, 독일 철학자

천자를 읽어 천하를 알다

**횡삭부시** 창을 옆에 끼고 시를 짓는다.

문무겸전한 영웅의 기개와 풍류를 이르는 말로, 208년 조조가 적벽대전을 앞두고 적벽에서 말에 탄 채 긴 창을 옆구리에 차고 진중시陣中詩를 지은 고사에서 나왔다. 문식과 무략을 겸비한 간웅奸雄 조조의 호탕한 기개와 낭만적 풍류가 단연 돋보인다. 단가행短歌行을 남긴 조조는 그의 아들 조비曹丕·조식曹植과 함께 삼조三曹로 병칭될 만큼 당대의 문장가였다.

공자는 『논어』 「위정편」에서 『시경』의 시들을 사무사思無邪(마음이 바름)라는 한마디로 평했다. 인간 본연의 정서가 보석처럼 박혀 있는 시는 상상력이 용솟음치고 언어의 신비가 빛을 발하는 공간이다. 시는 언어 예술의 꽃으로서 삶의 이미지를 표현하고 창조한다. 시인의 개성 못지않게 시의 항구성과 보편성이 중요한 까닭이다. 언어와의 사투를 벌인 결과 정련된 시어로 아로새긴 심상은 영혼을 고양시킨다.

누구나 시를 쓸 수 있다. 참된 마음이 깃든 시는 메마른 가슴을 적셔주고 세상을 아름답게 한다. 시상을 가다듬어 자작시 한 편쯤 써봄직하다.

**출전**　　소식蘇軾 「전적벽부前赤壁賦」

---

## 참된 시는 이해되기 전에 통한다.

Genuine poetry can communicate before it is understood.

• T. S. 엘리엇 1888~1965, 영국 시인

修學

## 3장

수학

간절하게 묻고 가까운 데서 생각하다

深
깊을 **심**

根
뿌리 **근**

固
굳을 **고**

柢
뿌리 **저**

**심근고저** 뿌리가 땅속 깊이 뻗어서 흔들리지 않는다.

근根은 가로로 뻗은 뿌리, 저柢는 세로로 뻗은 뿌리를 말한다. 뿌리가 땅에 깊고 굳게 박혀 흔들리지 않는다 함은 사물의 기초와 근본이 굳건함을 말하며, 그것이 바로 학문의 요체다.

오래도록 아름다운 꽃과 탐스런 열매를 맺으려면 뿌리가 튼실해야 한다. 최첨단을 달려도 기본을 망각하면 지엽말단으로 떨어지는 것은 한순간이며, 추락의 충격은 갑절이 된다. 삶의 토대가 뿌리째 뽑혀 나가는 판국에 선택의 자유란 없다.

배움에는 끝이 없지만 시작은 있다. 사물의 근원이 그 시작이다. 항상 근본을 생각하며 형체 없는 것을 보고 소리 없는 것을 들어야 한다. 합리적 이성과 직관적 통찰이 필요하며, 때로는 당사자 아닌 방관자 입장에서 상황을 파악하고 조율해야 한다.

근본을 바로 세워야 한다. 근본에 대한 성찰이 창조의 원천이라는 전략적인 마인드가 중요하다. 근본 없는 현실은 아름답지 못하며 뿌리 없는 미래와 같다.

**출전**    『노자老子』「제59장第五十九章」

**같은 말**  심근고체深根固蔕

---

**가장 높은 곳에 오르려면 가장 낮은 곳에서 시작하라.**

If you wish to reach the highest, begin at the lowest.

• 푸빌리우스 시루스 기원전1세기경, 로마 시인

**절문근사:** 간절하게 묻고 가까운 데서 생각하다.

끊을 **절**

절실하게 묻되 높고 먼 이상보다는 자기 몸 가까이 있는 현실, 일상생활과 관련된 생각부터 차근차근 풀어나가는 것이 순서임을 뜻한다.

공자의 제자 자하子夏가 말하길 "널리 배우고, 뜻을 돈독히 하며, 간절히 묻고, 가까이 생각하면 어짊이 그 가운데 있다博學而篤志 切問而近思 仁在其中矣"고 했다. 네 가지 모두 지혜를 구하여 얻는 길이며 인仁으로 귀결된다.

물을 **문**

복잡다양한 삶의 현상에 대처하려면 알아야 한다. 배우면 배울수록 더 모르는 것이지만, 문제는 배움이 학문에만 국한되지 않는다는 점이다. 질문은 배움의 시작이며 먼저 나를 향한 질문들을 던져야 한다. 나를 둘러싼 환경과 나의 선택을 분별해야 세상을 헤쳐 나갈 대답을 얻을 수 있다.

모든 가능성을 배제하지 않는다는 것은 사실은 가까운 데서 찾는다는 뜻이다. 공허한 이론보다는 몸으로 직접 부딪쳐 얻은 살아 있는 지식의 절실함을 수시로 환기시켜야 한다. 모든 문제 안에 답이 있다.

가까울 **근**

생각할 **사**

**출전**　　『논어論語』「자장子張」

---

## 기하학(학문)에 왕도는 없다.

There is no royal road to geometry.

• 에우클레이데스 기원전300년경, 그리스 수학자

갈림길 기

길 로

잃을 망

양 양

**기로망양** 갈림길에서 양을 잃다. 학문의 길이 여러 갈래여서 진리를 얻기 어려움을 비유한다.

양자楊子의 이웃이 잃어버린 양을 찾는 일에 도움을 청했다. 겨우 양 한 마리 잃은 것 가지고 웬 소란이냐고 묻자, 갈림길이 많아 그렇다고 대답했다. 이웃이 돌아온 후 양을 찾았느냐고 묻자, 못 찾았다고 답했다. 양자가 재차 찾지 못한 이유를 묻자, 갈림길 속에 또 갈림길이 있어 못 찾았다고 대답했다. 양자가 종일 웃지도 않고 심란해 하자 집안 사람이 그 까닭을 물었다. "큰 길에는 갈림길이 많아서 양을 잃어버리고, 학문의 길도 여러 방면이어서 본성을 잃기 쉽다大道以多岐亡羊 學者以多方喪生"고 양자가 대답했다.

학교 공부나 세상 공부나 선택은 필수다. 선택의 미로에서 방황하거나 그릇된 선택으로 돌이킬 수 없는 지경에 이르면 결과적으로 진리를 왜곡하고 인생을 낭비하게 된다. 진퇴양난에 빠져 궁즉통窮則通의 막바지 생존전략이 최종 선택이 되어선 피곤하다. 길이 아니면 가지 말아야 하는데 뻔히 알면서도 모르는 척 곁길로 새는 것이 문제의 본질이다.

**출전** 『열자列子』「설부說符」

**같은 말** 다기망양多岐亡羊, 망양지탄亡羊之歎

**삶의 곤란함은 답이 없음에 있지 않고 답이 너무 많다는 데 있다.**

The trouble with life isn't that there is no answer, it's that there are so many answers.

• 루스 베네딕트 1887~1948, 미국 인류학자

**제강설령** 그물의 벼리를 잡고 옷깃을 쥔다.

提
끌 제

綱
벼리 강

挈
이끌 설

領
옷깃 령

벼리란 그물코를 꿰어 한꺼번에 그물을 잡아당길 수 있게 한 동아줄이다. 그물코가 벼리에 의해 통제되듯 일이나 사물을 총괄하여 규제함을 뜻한다. 옷깃은 의복의 목에 둘러대어 앞으로 여미는 부분이다. 옷깃이 옷의 중심인 것처럼 가장 요긴한 곳을 뜻한다. 강령綱領은 일의 으뜸 되고 근간이 되는 큰 줄거리를 뜻하니, 제강설령은 요점 파악에 집중함을 말한다.

입구는 보이는데 출구가 안 보인다면 핵심 줄거리로 돌아가야 한다. 정곡을 찔러야 효과가 극대화된다. 정곡이 곧 강령이다. 지위가 높고 사안이 중대할수록 가치지향적인 사고가 필요하다. 그물코를 매만지기보다는 벼리를 낚아채는 일이, 소매를 걷어붙이기보다는 옷깃을 여미는 일이 우선이다.

강령의 본질은 단순성에 입각한 함축적 진리다. 진리를 추구할 때 비로소 스스로 벼리와 옷깃 같은 인물이 될 수 있다.

**출전**  『한비자韓非子』「외저설우하外儲說右下」, 『순자荀子』「권학勸學」
**같은 말**  강거목장綱擧目張, 제요구현提要鉤玄
**반대말**  부득요령不得要領, 요령부득要領不得

**오류에 이르는 길은 수없이 많다. 그러나 진리에 이르는 길은 오직 하나뿐이다.**
Falsehood has an infinity of combinations, but truth has only one mode of being.

• 장 자크 루소 1712~1778, 프랑스 철학자

**筆** 붓 **필**

**墨** 먹 **묵**

**紙** 종이 **지**

**硯** 벼루 **연**

**필묵지연** 붓·먹·종이·벼루 등 글방의 네 가지 물건.

글방의 네 가지 필수품으로 붓·먹·종이·벼루를 꼽았는데 의인화하여 '문방사우'라고도 부른다. 옛 선비들은 글자 한 자 쓰려 해도 의관을 정제하고 책상 앞에 곧추 앉아 마음가짐부터 가다듬었다. 그런 연후에 용도에 맞게 종이를 자르고 적당한 붓을 고르고 벼루에 물을 따라 먹을 가는 번거로운 과정을 마다하지 않았다. 굳은 심지로 학문에 임하는 자세가 진솔하고 눅진하다. 밥상 차려 놓았으니 알아서 먹으면 될 것을 일일이 입에다 떠 넣어주는 것도 모자라 소화까지 시켜줘야 하는 기계적 교육 현실과 대비된다. 배움의 의미와 방법을 새로이 세우고 절제력과 응용력을 길러주는 것이 교육의 지향점이자 경쟁력이 되어야 한다.

배워야 도리를 안다고들 하지만, 배운 사람일수록 편협한 사람이 많음을 본다. 지식 위주의 교육이 초래한 폐단이다. 배움의 중요성을 누구보다도 강조한 공자도 "인간의 도리를 행하고 남은 힘이 있거든 학문을 하라行有餘力 則以學文"(『논어』「학이」)고 말했다. 이처럼 사람 되는 공부가 가장 중요하다.

**같은 말**　문방사우文房四友, 문방사보文房四寶

---

**인생의 위대한 목적은 지식이 아니라 행동이다.**

The great end of life is not knowledge but action.

• 토머스 헉슬리 1825~1895, 영국 동물학자

**식자우환** 글자를 아는 것 또는 옅은 지식이 도리어 걱정거리가 된다는 뜻이다.

북송北宋의 시인 소동파는 "인생은 글자를 앎으로써 우환이 시작된다. 이름자나 대충 쓸 줄 알면 쉴 수 있다人生識字憂患始 姓名粗記可以休"고 말했다. '안다는 것' 또는 '지식인의 고충'을 토로한 말이다.

지식인 노릇이 힘든 이유는 살아 있는 지식을 소망하기 때문이다. 지적 풍토가 척박할수록 최소한의 상식에 입각한 사리분별이 절실하다. 제대로 알지 못하거나 알면서도 현실에 적용할 수 없다면 차라리 모르는 게 낫다.

지식인의 사명은 세상을 바꾸는 데 있다. 상품화된 지식 위에 자신만의 세상을 가꾸는 것은 지식인의 참모습이 아니다. 세상 속에서 자신의 사상과 정체성을 발견하지 않는다면 성찰이나 상상력은 허상에 불과하다. 진정한 지식인이라면 최악의 무지인 거짓 지식과 맞서 싸워야 한다.

지식과 실천은 서로 다른 영역이다. 지식과 지성의 힘으로 누군가에게 영향을 주려면 어떤 형태로든 수고와 희생이 따른다. 앎은 곧 사랑이며 사랑은 곧 실천이기 때문이다.

識
알 식

字
글자 자

憂
근심 우

患
근심 환

**출전** 소식蘇軾 「석창서취묵당시石蒼舒醉墨堂詩」

---

**만족한 돼지가 되느니 불만족한 인간이 되는 편이 낫고,
만족한 바보가 되느니 불만족한 소크라테스가 되는 게 낫다.**

It is better to be a human being dissatisfied than a pig satisfied; better to be Socrates dissatisfied than a fool satisfied.

• 존 스튜어트 밀 1806~1873, 영국 경제학자

# 錦

비단 **금**

# 囊

주머니 **낭**

# 佳

아름다울 **가**

# 句

글귀 **구**

**금낭가구** 비단주머니 속의 아름답고 빼어난 시구.

이하李賀는 중당中唐의 천재 시인으로 어려서부터 시작에 몰두했으며 자字는 장길長吉이다. 항상 오래된 비단 주머니를 등에 멘 채 말을 타고 다니면서 영감이 떠오르면 즉시 써서 주머니 속에 넣었다. 저녁에 집에 돌아와서는 낮 동안 모은 시상을 정리하여 시를 지었다. 메모를 최고의 시작 노트로 활용한 좋은 예다.

매순간 명멸하는 생각들로 삶은 전개되며 인간의 지각은 언어 체계에 의존한다. 도대체 무슨 생각을 하고 사는 건지 가끔씩 적어봐야 한다. 메모는 기억의 물류창고이자 생각의 전진기지다. 무딘 붓 서툰 글씨일망정 메모하는 습관이 평생 전략이 되어야 한다. 정신적 소산인 창작 행위 또한 마찬가지다. 다행히도 영감이라는 벗이 있어 고독하지 않다. 종이 위에 씨 뿌린 아이디어가 예술혼을 불태운다.

상상력은 작가정신의 원형질로 아무나 범접할 수 없는 영역이다. 관념의 껍질과 언어의 틀을 깨뜨려야 자궁 속에서 생명이 잉태되듯 자기만의 상상력으로 새로운 세계를 창조할 수 있다.

**출전**　　이상은李商隱 「이장길소전李長吉小傳」

**같은 말**　　금낭가제錦囊佳製

---

## 모든 민족의 주된 영광은 그들이 가진 작가로부터 나온다.

The chief glory of every people arises from its authors.

• 새뮤얼 존슨 1709~1784, 영국 시인

**조충전각** 벌레를 조각하고 도장에 글자를 새기듯, 글을 지을 때 수식만을 일삼는 것을 비유한다.

새길 **조**

전한의 문인 양웅이 한문 문체의 하나인 한부漢賦의 군더더기 묘사를 비평한 말이다. 학문이나 기예가 자잘하고 보잘것없음을 가리킨다.

글쓰기에는 고통과 즐거움이 따른다. 고통이 큰 만큼 즐거움도 크다. 그러나 기교의 덫에 빠져 상투적 표현과 미사여구를 남발하거나, 사변적 지식을 늘어놓거나 객쩍은 언어 유희로 뜬구름 잡는 이야기만 하면 현실감도 떨어지고 금방 식상해진다. 글재주는 날렵하되 글덕의 후덕함은 없는 셈이다.

벌레 **충**

구양수歐陽修는 좋은 글을 쓰기 위해 널리 읽고看多, 많이 써보고做多, 깊이 사색하는商量多 삼다三多를 권했다. 삶의 핵심 쟁점을 파악하고 직관과 상상력을 숙성시킨 다음 깔끔한 사색 공간을 제공하는 것이 문학의 본령이다.

篆

전자 **전**

절실하면 진실해진다. 진한 감동의 여운이 밀려오는 생명력 있는 글은 애틋하고 참되다. 일상적 언어로 유현한 진리를 나타내기는 어렵지만, 누구나 알기 쉽게 쓴다면 속뜻도 깊어진다.

刻

새길 **각**

**출전**    양웅揚雄 『법언法言』 「오자吾子」

**같은 말**    조충소기雕蟲小技

---

## 위대한 영혼만이 간결한 문체를 가질 수가 있다.

Only great minds can afford a simple style.

• 스탕달 1783~1842, 프랑스 작가

右 오른 우

軍 군사 군

習 익힐 습

氣 기운 기

**우군습기** 왕희지의 분위기라는 뜻으로, 필법의 티나 흉내를 벗어나지 못함을 비유한다.

왕희지王羲之는 동진東晉 사람으로 우군장군右軍將軍을 지낸 탓에 세칭 왕우군王右軍으로 불린다. 맑고 웅혼한 기상과 전아한 품격이 어우러진 예술 세계는 정신과 기교의 조화를 이루어 서성書聖으로 추앙받는다. 작품으로는 탁본으로 전하는 『난정서蘭亭序』가 유명하다.

고금을 통틀어 최고로 칭송받는 왕희지의 글씨에서 느껴지는 분위기나 기색인 우군습기는, 뜻이 바뀌어 단지 흉내에만 그치고 새로운 풍격과 차원으로는 탈화脫化하지 못함을 의미한다.

동양 문화의 진수인 서예書藝는 중국에서는 서법書法, 일본에서는 서도書道라고 부르며, 법첩을 모방하는 임서臨書에서 시작된다. 이후 평생수련, 일생정진의 지난한 과정을 통해 옛것을 본뜨는 단계를 넘어서야 문향文香과 서기書氣 그윽한 기운생동氣韻生動의 서체에 도달할 수 있다.

손으로 하는 것 중 서예가 가장 어려운 까닭은 모필의 맛을 한껏 살리되 정신이 깃들어야 하기 때문이다. 감동을 주는 글씨는 먹빛부터 다르다. 혼백이 서린 찬연한 광채는 먹의 영역이 아니라 사람이 만드는 것이다.

**출전**　　송조宋曹『서법약언書法約言』

---

## 독창성은 사려 깊은 모방이다.

Originality is nothing but judicious imitation.

• 볼테르 1694~1778, 프랑스 철학자

**의양호로** 모형대로 호리병박을 그린다는 뜻으로, 남의 것을 독창성 없이 흉내 내는 일을 비유한다.

의양화호로依樣畵葫蘆의 준말로서, 독창성이라곤 전혀 없는 단순 모방을 뜻한다.

모든 사람이 창의적일 수는 없다. 모방에 철저히 길들여진 탓도 있지만, 그만큼 창작이 힘들기 때문이다. 생명과 우주의 탄생 같은 창조의 기적은 신비 그 자체다.

자신만의 이미지로 존재감을 드러내려면 먼저 모방을 위한 모방을 끝내야 한다. 독자적인 접근방식으로 기존 요소의 배열과 결합을 달리하여 아이디어의 형질 자체를 변화시켜야 한다. 메마른 상상력을 복원하기 위해 고정관념과 편견 대신 새로운 관점으로 상상의 날개를 펼치는 발명적 사고의 일상화가 요청된다. 탁월한 업적들은 주로 실패에서 일구어졌다. 전혀 다른 차원의 양식과 척도를 발견할 때까지 포기란 있을 수 없다.

창조적 소수가 세상을 바꾼다. 개성이 넘치는 아이디어도 근본의 재발견에 불과하다. 끊임없이 자기의 세계와 언어를 개발해야 한다는 점에서 상상력은 생활이다.

의지할 **의**

모양 **양**

호리병박 **호**

갈대 **로**

**출전**  위태魏泰 『동헌필록東軒筆錄』

---

## 상상력이 지식보다 중요하다.

Imagination is more important than knowledge.

• 알베르트 아인슈타인 1879~1955, 미국 물리학자

黔
검을 **검**

驢
나귀 **려**

技
재주 **기**

窮
궁할 **궁**

**검려기궁** 볼품없는 재간마저 그 바닥을 드러냈다.

검주에 사는 당나귀처럼 그나마 졸렬한 기능조차 다했음을 뜻한다. 지금의 귀주성貴州省 일대인 검주黔州는 원래 나귀가 없는 땅인데 어떤 사람이 나귀를 들여와서 산 아래 풀어놓았다. 지나가던 호랑이가 나귀를 처음 보고 신수神獸라 여겨 대단히 무서워했으나, 그 후 나귀가 서투른 뒷발질밖에는 아무런 재주가 없음을 알아채고 마침내 잡아먹었다는 이야기에서 온 말이다.

세상은 남의 약점을 동물적 감각으로 간파한다. 인간미 없이 유능한 것도 문제지만 분수를 모르고 주제넘게 나서면 능력이 탄로 난다. 남이 나를 알아주지 않는 것은 내가 증명한 것이 없기 때문이다. 자신의 무능을 확인하는 것은 아픈 일이다. 하지만 이상과 목표에 비해 창의력과 실천력이 뒤진다면 눈을 낮추고 손이 수고해야 한다. 없는 재능보다 있는 재능에 매달리되, 전혀 차원이 다른 기술 개발에 주력해야 한다.

**출전**   유종원柳宗元『삼계三戒』「검지려黔之驢」

**같은 말**   검려지기黔驢之技

거의 모든 사람들이 있지도 않은 자질을 드러내고
유지할 수도 없는 칭찬을 얻으려고 애쓰는 데 인생을 낭비한다.
Almost every man wastes part of his life in attempts to display qualities which he does not possess, and to gain applause which he cannot keep.

• 새뮤얼 존슨 1709~1784, 영국 시인

**족려괄우** 화살촉을 숫돌에 갈고 깃털을 가다듬다.

각고의 노력으로 학문과 지혜를 갈고 닦아 훌륭한 사람이 됨을 뜻한다. 공자가 자로子路에게 "군자라면 불가불 배울 수밖에 없다君子不可不學"고 말했다. 자로가 "남산의 대나무는 바로잡지 않아도 저절로 곧으니 베어서 쓰면 무소의 가죽도 능히 뚫을 수 있거늘, 굳이 배워야 할 필요가 있겠습니까?"라고 묻자, 공자는 "만약 화살 끝에 깃털을 꽂고 화살의 살촉을 예리하게 간다면 화살을 더 멀리 더 깊게 쏠 수 있지 않겠는가括而羽之 鏃而礪之 其入之不亦深乎"라고 답했다.

그저 그렇게 보낸 시간들로 삶은 빗나간다. 활과 화살 및 궁수의 역량을 통합해야 금빛 과녁 정중앙을 꿰뚫을 수 있다. 삶의 핵심을 정조준하는 것이다. 삶의 질을 향상시키려면 목표를 향해 정신을 집중해야 한다. 역으로 몰입의 열정이 삶의 질을 측정하는 지표가 된다. 선천적 능력과 후천적 노력의 완벽한 조화를 위한 예리하고도 유연한 자기성찰은 순수한 환희를 제공하고 새로운 가능성을 열어준다.

鏃
살촉 족

礪
숫돌 려

括
묶을 괄

羽
깃 우

**출전**　　　『공자가어孔子家語』「자로초견子路初見」

---

**공부하는 방법을 아는 사람은 그로써 이미 많은 것을 아는 셈이다.**
They know enough who know how to learn.

• 헨리 애덤스 1838~1918, 미국 작가

# 溫
따뜻할 온

# 故
옛 고

# 知
알 지

# 新
새 신

**온고지신** 옛것을 터득하여 그것을 토대로 새것을 알다.

옛 지식을 익히거나 전에 배운 것을 복습하여 새로운 이치를 밝히는 것을 말한다. 비단 교육에 국한된 문제는 아니다. 공자는 『논어』「위정」편에서 "옛것을 익혀 새것을 알면 남의 스승이 될 수 있다溫故而知新 可以爲師矣"고 말했다. 한편 『예기』「학기學記」편에는 "단순 암기의 잡학지식으로는 남의 스승이 되기에 부족하다記問之學 不足以爲人師"고 했다.

전통과 현대의 조화는 학습의 기본이다. 동시에 옛것에 기초하여 새롭게 응용하는 사고력이 스승의 자격이다. 학생과 스승의 길에는 공히 옛것과 새것을 두루 섭렵하는 노력이 요구된다.

과거는 현재의 거울이며 옛것은 새것의 원동력이니, 과거와 현재의 융합이 새로운 질서를 창조한다. 과거를 무시하거나 연연해서도 안 되며, 박제된 전통이 아닌 제삼자적 관점에서의 철저한 자기 갱신으로 시행착오를 통제해야 한다.

결국은 생각이다. 생각은 생각보다 많은 것을 안겨준다. 시대의 흐름을 유추하고 관찰하며 추체험하는 가운데 미래를 통찰할 수 있게 된다.

**출전**　『논어論語』「위정爲政」

---

**인간은 알려진 것으로부터 알려지지 않은 것으로 나아가지 않으면 아무것도 배울 수 없다.**

Man can learn nothing unless he proceeds from the known to the unknown.

• 클로드 베르나르 1813~1878, 프랑스 생리학자

**자아작고** 나로부터 처음으로 새로운 전례를 만들어
내다.

自
스스로 **자**

옛일에 얽매이지 않고 고사선례古事先例가 될 새로운 표본을 나
로부터 창시함을 말한다.

전거典據로 삼을 신례新例를 만들기 위해서 고도의 창의성과 노
력이 요구된다. 또한 다음 세대의 고례古例 및 전범典範이 되어 후
세들에게 유산을 남겨준다는 차원에서 전통문화의 계승 못지않
게 중요한 일이다.

미지의 영역을 탐구하거나 자기만의 독특한 이론을 구축하는 것
은 발견 또는 발명에 비견된다. 모든 게 완벽하다고 생각해서는
창조의 즐거움을 누릴 수 없으며, 남의 흉내나 내서는 꿈과 소망
을 이룰 수 없다. 원조가 되려면 남과 더불어 가되 과감하게 자신
만의 길을 개척해야 한다. 물질보다 정신적 가치를 지향하되, 선
구자로서의 업적 및 독창성 보전을 위한 다양한 조치들이 함께
할 때 역사에 길이 남을 확고한 터전을 다질 수 있다.

옛것도 처음 시작될 때는 새로운 것이었다는 점을 상기한다면,
누구든지 무에서 유를 창조할 수 있다.

我
나 **아**

作
지을 **작**

古
예 **고**

**출전**    『사통史通』 「칭위稱謂」, 『송사宋史』 「예지禮志」 4권四卷
**참조**    법고창신法古創新

---

**한 번도 실수를 해보지 않은 사람은 한 번도 새로운 것을 시도한 적이 없는 사람이다.**
Anyone who has never made a mistake has never tried anything new.

• 알베르트 아인슈타인 1879~1955, 미국 물리학자

# 換

**바꿀 환**

# 骨

**뼈 골**

# 奪

**빼앗을 탈**

# 胎

**아이밸 태**

**환골탈태** 뼈를 바꾸고 태를 빼앗다.

옛사람의 시문에 참신함을 더해 자기 것으로 삼거나, 면모를 일신하여 몰라보게 좋아지는 것을 말한다.

북송의 문인 황정견이 "그 뜻을 바꾸지 않고 그 말만 만드는 것을 환골법, 그 뜻을 살펴서 그것을 표현하는 것을 탈태법이라 한다然不易其意而造其語 謂之換骨法, 窺入其意而形容之 謂之奪胎法"고 정의한 데서 온 말이다.

혁신은 통념에 도전하고 때로는 논리를 뛰어넘어야 가능하다. 현실의 뼈아픈 되새김질로 인습을 타파하고, 생애 첫 날갯짓하는 심정으로 체험의 새 지평을 열어야 한다. 그러자면 끊임없는 자기부정을 통한 외연 확대와 함께 실험정신에 충만한 창조적 패러다임을 구축해야 한다. 공인된 천재란 대체로 생산성 대비 창조성의 고통이 과소평가된 사람이다.

탈바꿈하려면 기본으로 돌아가는 수고가 필수적이다. 오류의 역학구도를 청산하고 제대로 새출발하는 것이다. 나를 옭아매는 유치한 틀, 곧 그릇된 사고의 바탕을 과감하게 바꿔야 전진할 수 있다.

**출전**　석혜홍釋惠洪 『냉재야화冷齋夜話』 「환골탈태법換骨奪胎法」

**같은 말**　탈태환골奪胎換骨

---

**천재란 고통을 참아내는 탁월한 능력이다.**

'Genius' (which means transcendent capacity of taking trouble, first of all.)

• 토머스 칼라일 1795~1881, 영국 역사가

**절류이륜** 동료들보다 아주 두드러지게 뛰어나다.

끊을 **절**

당의 한유는 「진학해」에서 맹자와 순자가 "범상한 무리를 떠나 넉넉히 성역에 들어섰음絕類離倫 優入聖域"에도 불구하고 그들이 세속적인 출세와는 거리가 멀었던 상황을 자신의 처지에 빗대어 말했다.

무리 **류**

일은 좋아서 하는 열정의 산물이어야 하며 목마른 만큼 내 것이 된다. 그 누구도 흉내 낼 수 없는 나만의 달란트를 가급적 일찍 찾아내어 집중 연마하는 습관이 절실하다. 흔히 10년 또는 1만 시간이 언급되는 것처럼 탁월에는 오랜 내공이 쌓여야 한다. 수련이 극에 달하면 방법이나 도구를 초월하고, 일이 나를 위해 존재하는 도통道通의 경지에 들어선다. 오직 연습의 대가만이 시간이 멈춘 듯한 무아지경을 제공한다.

떠날 **리**

최고가 인정하는 최고, 거장의 반열에 우뚝 선 사람들 모두 처음부터 순탄했던 것은 아니다. 도전을 포기했다면 어땠을까? 재능과 창의력 못지않게 언제나 배우려는 자세와 피나는 노력이 절류絕倫의 비결이다.

인륜 **륜**

**출전**　한유韓愈 「진학해進學解」

**같은 말**　절륜絕倫, 절등絕等, 계군일학鷄群一鶴, 출류발군出類拔群, 출류발췌出類拔萃

---

**재능은 당신이 소유한 것, 천재는 당신을 소유한 것이다.**

Talent is what you possess; genius is what possesses you.

• 맬컴 카울리 1898~1989, 미국 시인

青
푸를 **청**

出
날 **출**

於
어조사 **어**

藍
쪽 **람**

**청출어람** 쪽에서 나온 푸른 물감이 쪽보다 더 푸르다.

제자가 스승보다 뛰어남을 말한 것으로, 교육의 가장 중요한 목표다.

『순자』「권학」편에 이르기를 "배움이란 멈춰서는 안 된다. 푸른 물감은 쪽에서 취하지만 쪽보다 더 푸르고, 얼음은 물이 이루는 것이지만 물보다 더 차갑다學不可以已 靑取之於藍 而靑於藍 氷水爲之 而寒於水"고 했다.

제자한테 배워야 할 형국이라면 자신의 나태와 자만을 돌아보아야 한다. 참스승이라면 좋은 제자 둔 것에 감사하되, 혹 스승의 권위에 도전하는 것으로 아니꼽게 여긴다면 선생 자격이 없다.

스승과 제자의 아름다운 만남은 서로를 동료로 인정하고 존중할 때 성립된다. 좋은 의미에서 청출어람은 스승의 보람이고, 또한 제자에게는 스승의 은혜에 대한 최상의 보답인 동시에 도달해야 할 영원한 과제다.

스승이 있고 제자가 있듯이, 목표가 있을 때 사회는 발전한다. 사제동행의 영롱한 빛깔이 오래도록 남아야 하는 이유다.

**출전**　　　『순자荀子』「권학勸學」
**같은 말**　　출람出藍, 출람지예出藍之譽

---

**내가 더 멀리 볼 수 있었다면, 그것은 거인들의 어깨 위에 섰기 때문이다.**

If I have seen further, it is by standing on the shoulders of giants.

• 아이작 뉴턴 1642~1727, 영국 물리학자

**후생가외** 뒤에 태어난 사람은 두려워할 만하다.

뒤 후

공자가 수제자 안회顏回의 훌륭함을 칭송한 말로, 젊은이의 무한한 잠재력과 가능성을 역설한다.

공자는 "뒤에 태어난 사람은 두려워할 만하다. 그들의 미래가 지금 사람만 못할 줄 어찌 알 수 있으랴. 40세, 50세가 되어서도 알려짐이 없다면 이 또한 족히 두려워할 것이 없다後生可畏 焉知來者之不如今也 四十五十而無聞焉 斯亦不足畏也已"며 젊을 때부터 배움에 힘쓸 것을 권면하는 동시에 선배들의 겸손한 학문 자세를 권고했다.

날 생

나이가 들수록 젊음이 최대의 기회임을 실감한다. 쏜살같은 시간을 허송세월로 보내면 청년의 꿈도 노년의 수확도 물거품이 된다. 더러는 만년의 성취도 있지만, 도전하는 젊음의 패기에 경력이 쌓일 때 위력은 배가된다.

옳을 가

젊음의 가능성은 경이로움 그 자체이며 다음 세대로 이어지는 힘의 근원이다. 기왕이면 나보다 남의 유익을 구하는 데 힘쓰는 깨어 있는 젊은이가 필요하다.

두려워할 **외**

**출전**　『논어論語』「자한子罕」

---

## 위대한 일은 대부분 청년기에 이룩되었다.

Almost everything that is great has been done by youth.

• 벤저민 디즈레일리 1804~1881, 영국 작가·정치가

**필 발**

**분할 분**

**잊을 망**

**밥 식**

**발분망식** 무슨 일을 해내려고 분발하여 끼니조차 잊고 열중하다.

섭공葉公, 즉 초나라 섭현葉縣의 장관 심제량沈諸梁이 공자의 사람됨에 대해 자로에게 물었을 때 자로는 답하지 않았다. 이에 대해 나중에 공자가 자로에게 말하길 "학문에 분발하여 먹는 것도 잊고, 도를 즐거워하여 근심을 잊고서 늙음이 장차 다가오는 줄도 모른다고 왜 말하지 않았느냐發憤忘食 樂以忘憂 不知老之將至云爾" 고 했다. 진리에 대한 공자의 노력과 열정이 순수의 경지에 이르렀음을 보여주는 일화다.

똑같은 탄소결정체라 해도 다이아몬드와 숯이 판이하듯 삶의 형성 과정도 마찬가지다. 심혈을 기울여 압력과 온도를 가해야 한다. 한계를 인식하되 기꺼이 대가를 지불할 용기만이 자신 안의 숨은 원석을 값진 보석으로 가공할 수 있다.

날 때부터 아는 자는 없다. 학문은 인격수양의 일환일 뿐 현실에서의 모든 일이 배움의 연속이다. 어차피 해야 할 일이라면 즐거운 마음으로 몰아의 경지에 빠져야 한다. 꾸준한 열정의 길 끝에 자신의 세계가 확장되고 남을 깨우쳐주는 기쁨이 있다.

**출전**  『논어論語』 「술이述而」

---

**인간이 무한한 열정을 품으면 무슨 일이든 성공할 수 있다.**

A man can succeed at almost anything for which he has unlimited enthusiasm.

• 찰스 슈왑 1862~1939, 미국 경영가

**맹모삼천** 맹자의 어머니가 맹자의 교육을 위해 세 번 이사한 일.

맏 **맹**

맹자의 어머니가 묘지 근처로 이사를 갔는데 어린 맹자가 장사 지내는 흉내만 내었다. 자식 기를 곳이 못 된다 하여 시장 근처로 이사 갔더니 장사꾼의 흉내만 내었다. 이곳도 자식 기를 곳이 아니라 하여 세 번째로 학궁學宮(향교) 근처로 이사 갔더니 맹자가 글 읽는 흉내를 내므로 비로소 그곳에 안주했다.

이 고사는 자녀 교육에 있어 환경의 중요성을 강조한다. 맹자가 어렸을 때 학업을 중단하고 돌아오자 어머니가 짜던 베를 잘라 훈계했던 맹모단기孟母斷機 고사 또한 빼놓을 수 없다. 학문을 중도에 그만두면 아무 쓸모가 없음을 깨닫게 해준 것이다.

어미 **모**

훌륭한 어머니가 없었다면 맹자도 없었을 것이다. 모태로부터 인격 형성까지 어머니의 역할과 가치관이 안 미치는 곳이 없다. 어머니야말로 자녀 교육의 가장 중요한 환경이다.

어머니의 가르침은 성장 과정의 핵심이다. 뜨거운 모정이 인간을 사랑하게 하고 인생을 신뢰하게 한다.

석 **삼**

옮길 **천**

출전　　『열녀전列女傳』「모의母儀」
같은 말　　맹모삼천지교孟母三遷之教
참조　　맹모단기孟母斷機

---

## 자식의 운명은 어머니가 만든다.

The future destiny of the child is always the work of the mother.

• 나폴레옹 1세 1769~1821, 프랑스 황제

螢 개똥벌레 **형**

窓 창 **창**

雪 눈 **설**

案 책상 **안**

**형창설안** 반딧불 비치는 창과 눈빛 비치는 서재로, 어려운 환경 가운데 학문에 힘씀을 비유한다.

동진시대 차윤車胤과 손강孫康은 형설지공螢雪之功의 고사로 유명하다. 가난 때문에 차윤은 반딧불로, 손강은 눈빛으로 독서했다고 전한다. 여름밤 반딧불 수십 마리를 잡아 하얀 명주 주머니에 넣어서 책을 읽은 차윤은 이부상서吏部尚書에 올랐고, 겨울밤 쌓인 눈빛에 비추어가며 책을 읽은 손강은 어사대부御史大夫에 올랐다.

가난을 활용한다는 것이 버거운 현실이지만 젊어 공부 안 하면 늙어 후회한다. 학창시절을 돌이켜 생각하면 대부분 능력보다 노력이 부족했던 것을 후회한다. 배우려는 열성이 강한 사람은 역경을 즐긴다. 형설의 한 줄기 빛이 품성을 가꿔줌을 익히 알기 때문이다.

책갈피 속에 미래가 있다. 한창때 공부가 평생 공부의 밑거름이다. 창밖 푸른 구름 너머 밝은 세상을 꿈꾸는 자는 행복하다.

**출전**　　『진서晉書』「차윤전車胤傳」

**같은 말**　형설지공螢雪之功, 차형손설車螢孫雪, 차윤성형車胤盛螢, 손강영설孫康映雪

**젊을 때에 배움을 소홀히 하는 자는 과거를 상실하고 미래도 없다.**

Whoso neglects learning in his youth, loses the past and is dead for the future.

• 에우리피데스 기원전484~기원전406, 그리스 시인

**한우충동** 수레로 운반하면 소가 땀을 흘리고, 쌓아 올리면 들보에 닿을 만큼 많은 장서.

책 속의 무한광맥이 자연의 황홀경 못지않다. 필생의 역작은 문명의 결정체로 재탄생한다. 지성들의 지혜와 시대정신이 담긴 고전을 한물간 유행쯤으로 여겨선 곤란하다. 독서의 균형이 중요하되, 건강에 해로운 음식처럼 나쁜 책은 시간낭비다.

책은 사고력과 인격 형성의 기초이며, 인생을 성숙으로 이끄는 등불이자 처방전이다. 책과 독서 전반에 대한 인식을 체계화하고 일생의 독서 계획을 수립하여 창조적 독서 생활을 해야 한다. 어린 시절부터 책을 읽고 스스로 생각한 국민과 그렇지 않은 국민 사이에는 현격한 차이가 존재한다. 독서를 통해 국민의식을 고양해야 한다.

책은 마음을 다스리는 힘을 준다. 지식 위주의 실용적 독서 못지않게 문사철文史哲로 대변되는 인문교양에 대한 이해가 필요하다. 삶의 변화를 이끌어내는 양서는 평생의 지기로 삼기에 합당하다. 책의 발명이 저자의 의무라면 책의 발견은 독자의 특권이다.

땀 한

소 우

찰 충

마룻대 동

**출전** 유종원柳宗元『육문통묘표陸文通墓表』

**참조** 남아수독오거서男兒須讀五車書

---

**양서를 읽는 것은 지난 수세기 동안 가장 뛰어난 인물들과 대화하는 것과 같다.**

The reading of all good books is like conversation with the finest men of past centuries.

• 르네 데카르트 1596~1650, 프랑스 철학자

晝
낮 주

耕
밭갈 경

夜
밤 야

誦
욀 송

**주경야송** 낮에는 농사짓고 밤에는 독서한다. 곤궁한 여건 속에서도 학문에 정진함을 뜻한다.

북위의 명신인 최광의 어린 시절 고사에서 유래했다. 최광의 본명은 효백孝伯으로 어질고 성실하며 효심이 깊었다. 광光은 효문제孝文帝가 하사한 이름이다. "집안이 가난했지만 학문을 좋아하여 낮에는 밭을 갈고 밤에는 책을 읽었으며, 남에게 고용되어 글씨를 쓰는 일을 하면서 부모를 봉양했다家貧好學 晝耕夜誦 傭書以養父母"고 전해진다.

일과 학업의 병행은 말처럼 쉽지 않지만 향학열을 불태우는 불우 계층 또한 적지 않다. 못 배운 한을 녹이고도 남을 배움의 열정 그리고 피땀 어린 노력의 결실은 언제나 경건한 마음을 갖게 한다. 강한 체력과 정신력으로 밤낮을 도와가며 고독한 수행을 완수할 즈음, 자신감은 책임감으로 바뀐다.

일신의 영달을 추구하는 양적 성공은 외형에 불과하다. 참된 구슬땀과 눈물겨운 인내는 하늘이 반드시 알아준다. 다른 사람은 몰라도 자신만은 그 사실을 느낄 수 있다는 것이 미래 개척의 견인차가 된다.

**출전** 『위서魏書』「최광전崔光傳」

**같은 말** 주경야독晝耕夜讀

---

**너 자신을 최대한 활용하라. 왜냐하면 그것이 너에게 주어진 전부이기 때문이다.**

Make the most of yourself, for that is all there is of you.

• 랠프 월도 에머슨 1803~1882, 미국 사상가

천자를 읽어 천하를 알다

**인추자고** 송곳으로 넓적다리를 찔러가며 잠을 쫓듯, 고통을 참고 각고의 노력으로 학문에 힘쓰다.

引 끌 **인**

錐 송곳 **추**

刺 찌를 **자**

股 넓적다리 **고**

장의張儀와 더불어 전국시대 종횡가縱橫家의 책사로 유명한 소진蘇秦에 관한 고사다. 후에 소진은 진秦을 제외한 동방 6국의 재상을 역임했다.

통증은 순간이지만 게으른 아픔은 평생 간다. 노력 없이 얻어지는 것이 없음을 생각할 때, 생존경쟁에서 살아남기 위한 성장통이 곧 자구책이다.

육체적 고통과 정신력은 소통한다. 구체적 추진력이라 할 인내의 체화 과정 없이는 경쟁 자체를 극복하기 힘들다. 성찰과 희생을 통해 인내의 경쟁력을 갖춰야 사람의 마음을 얻을 수 있다.

의지가 없다면 목석과 다름없다. 인생의 목표와 방향이 간절할수록 인내의 차원도 달라진다. 강인한 의지의 자기 통제력이 성공을 좌우하며 인격을 만든다. 매사에 좀 더 인내하고 좀 더 분발할 일이다. 간과해선 안 될 것은 옆에서 지켜보는 고통도 산고 못지않다는 점이다. 인내의 영광을 누구한테 돌려야 할지를 아는 것이 진정한 인내다.

**출전** 『전국책戰國策』「진책秦策」

**같은 말** 현량자고懸梁刺股, 자고현량刺股懸梁, 현두자고懸頭刺股, 자고독서刺股讀書

---

#### 인내는 쓰지만 그 열매는 달다.

Patience is bitter, but its fruit is sweet.

• 장 자크 루소 1712~1778, 프랑스 사상가

鐵
쇠 철

杵
공이 저

磨
갈 마

針
바늘 침

**철저마침** 쇠공이를 갈아서 바늘을 만든다.

포기하지 않고 미력하나마 꾸준히 노력한다면 언젠가는 성공할 수 있다는 말이다.

시성詩聖 두보杜甫와 함께 중국 최고 시인으로 추앙받는 시선詩仙 이백李白에 관한 고사에서 나왔다. 이백이 어렸을 때 공부보다 놀기를 좋아했는데 어느 날 바위에 쇠절굿공이(일설에는 도끼)를 열심히 갈고 있는 백발 노파를 만났다. 이백이 까닭을 묻자 노파는 "바늘을 만들려고 한다欲作針"고 대답했다. 이백은 이 말을 듣고 크게 깨달았고, 열심히 공부하여 마침내 대시인이 되었다.

시간과 공을 들이지 않고 제대로 되는 것이 없다. 목적 달성에만 신경 쓰다 보면 시야가 좁아져 시행착오를 겪게 된다. 순발력과 지구력의 조화로 자원과 시간의 낭비를 최소화하고 지혜를 총동원하여 최상의 결과물을 탄생시켜야 고생한 보람이 있다.

쉽게 이루어지는 일은 꿈이라 부르지 않는다. 능력은 좀 모자라도 의욕과 끈기로 업적을 이루려면 처음 품은 뜻을 끝까지 관철해 마침표를 찍어야 한다.

**출전**    『잠확류서潛確類書』

**같은 말**    마저작침磨杵作針

**참조**    우공이산愚公移山, 적수천석滴水穿石

---

**인간의 능력은 시간과 인내의 혼합물이다.**

All human power is a compound of time and patience.

• 오노레 드 발자크 1799~1850, 프랑스 작가

**우공이산** 우공이 산을 옮기듯, 끊임없이 노력하면 반드시 그 목적이 이루어짐을 비유한다.

어리석을 우

옛날에 태행산太行山과 왕옥산王屋山 사이에 우공愚公이란 노인이 살았는데, 두 큰 산이 자유로운 왕래를 가로막자 둘 다 깎아서 멀리 떨어진 발해渤海까지 갖다 버리기 시작했다. 주위에서 이를 보고 비웃자, 우공은 정색하며 "내가 죽어도 아들이 있고, 아들은 또 손자를 낳고 손자가 또 자식을 낳고 … 자자손손 끊임이 없을 것이다. 산이 더 커지지 않을 테니 어찌 평평해지지 않겠는가雖我之死 有子存焉 子又生孫 孫又生子 子又有子 子又有孫. 子子孫孫 無窮匱也. 而山不加增 何苦而不平"라고 말했다.

공변될 공

하고자 마음먹어 끊임없이 노력한다면 뭔들 못하겠나. 타의 추종을 불허하는 열정은 무모해 보이는 일을 위해 존재한다. 균형감각만 보탠다면 경쟁력이요, 달관으로 극복한다면 더 이상 몽상가가 아니다. 단 하나의 목적을 위해 끝장을 보겠다는 각오로 실행하면 기다린 보람은 기적이 된다. 좋은 것일수록 시간을 들여 차곡차곡 쌓아가는 일이 중요하다. 합당한 방향과 현실적 대응이 관건이다. 멀고도 험한 인생도 같은 이치니, 정작 자신은 그 과실을 못 거둘지라도 의지의 유전자가 조만간 목표를 이룰 것이다.

옮길 이

뫼 산

출전　　『열자列子』「탕문湯問」
참조　　마저작침磨杵作針, 적토성산積土成山

---

**목적을 향한 부단한 노력이 성공의 비결이다.**

The secret of success is constancy to purpose.

• 벤저민 디즈레일리 1804~1881, 영국 작가·정치가

# 跛鼈千里

절름발이 **파**

자라 **별**

일천 **천**

마을 **리**

**파별천리** 절름발이 자라가 천 리를 간다.

둔하고 미련한 자도 쉬임 없이 정진하면 결국 성공한다는 말이다. 『순자』「수신」편에 "반걸음씩이라도 쉬지 않고 걸으면 절뚝거리는 자라가 천 리를 가고, 흙 쌓기를 쉬지 않으면 언덕과 산을 이룬다故蹞步而不休 跛鼈千里, 累土而不輟 丘山崇成"고 했다.

부지런한 둔재가 게으른 천재보다 낫다. 처음엔 백지 한 장 차이지만 시나브로 하늘과 땅 차이가 되고 만다. 따라서 천재란 길이 참으며 한 걸음 한 걸음 끝간 데까지 가보는 독보적 실행자다.

절망적인 처지여도 불굴의 의지만 있다면 중도 포기란 없다. 오히려 악조건들이 삶의 새로운 지경을 개척하는 돌파구가 된다. 이는 곧 힘없고 볼품없는 자를 들어 쓰는 하늘의 섭리와도 통한다. 지금 자존감이 부족하다고 느낀다면 용기를 가져야 할 충분한 이유가 된다.

온갖 조롱과 멸시를 뒤로하고 자신만의 하늘을 바라보며 묵묵히 나아가는 사람만이 마지막 영광의 깃발을 휘날릴 수 있다. 극복하기 힘든 장애일수록 성취감도 크며, 더디 가도 쉼 없는 발자취를 따라 세상도 전진한다.

**출전**    『순자荀子』「수신修身」

---

**천천히 꾸준히 가는 자가 승리한다.**

Slow and steady wins the race.

• 로버트 로이드 1733~1764, 영국 시인

**승당입실** 마루에 올라 방으로 들어간다.

학문이나 예술이 점차 높은 수준으로 나아가 심오한 경지에 다다름을 뜻한다. 문인門人들이 자로를 존경하지 않자, 공자는 "자로의 학문이 마루에는 올랐으되 아직 방에는 들어오지 못했을 뿐由也升堂矣 未入於室也"이라며 자로를 옹호했다.

일에는 순서가 있게 마련이다. 밑바닥부터 차근차근 단계를 밟아 올라가면 어느덧 정미한 경지에 이른다. 바둑으로 말하자면, 입문 그리고 승단에서 입신까지 오랜 기다림이 있어야 한다.

숙성시켜야 성숙해진다. 어느 분야든 체제 전반을 섭렵하고 핵심 이론을 터득해서 기반을 구축하면, 점차 독자 영역을 확장시키는 과정을 밟게 된다. 배움에 끝이 없음은 목적지가 아닌 과정이기 때문이다. 목표에 도달한 뒤에도 기득권에 안주하지 말고 도전자의 자세로 끊임없이 정진해야 한다.

투지와 열정이 만나는 지점에서 꿈이 이루어진다. 행운도 꿈의 일부라는 점이 꾸준함의 매력이다. 천부적인 기질을 타고나는 것보다 노력과 성품으로 이룩한 것들이 더욱 소중한 이유는 그 자체로 인간 승리의 전범典範이기 때문이다.

오를 **승**

집 **당**

들 **입**

집 **실**

**출전**    『논어論語』「선진先進」

**오랜 기간에 걸쳐 형성되는 것은 무엇이든지 서서히 그의 성숙에 도달한다.**

Whatever is formed for long duration arrives slowly to its maturity.

• 새뮤얼 존슨 1709~1784, 영국 시인

忠 ———— 4장
孝　　　　충효

대나무와 비단에 이름을 새기다

충성 충

효도 효

마디 절

옳을 의

**충효절의** 충성과 효도 및 절개와 의리.

충효忠孝는 충성과 효도로서 국가·군주 및 부모에 대한 도덕적 의무를, 절의節義는 절개와 의리로서 절조나 바른 도리를 꿋꿋하게 지키는 것을 말한다. 삼강오륜과 더불어 유교사상의 핵심인 인仁을 실현하기 위한 예교 및 도덕준칙으로 옹호되어 왔다. 시대 조류에 따라 차이는 있어도 오늘날의 실정에 걸맞게 계승해야 할 덕목이다.

자고로 충효양전忠孝兩全이 어렵다지만, 마음속에서 우러나오는 참다운 충성인 단충丹忠과 깊은 효심에 하늘과 땅이 감동한다는 효감孝感은 일맥상통한다. 자신의 위치에서 책임을 다하는 사람이 드문 현실에서 홀로 꿋꿋하려면 외로움을 이겨내야 한다. 열악한 상황에서 마땅히 지켜야 할 것들은 이익이 아닌 정의다. 효는 백행의 근본인 바, 고령화 사회로의 이행은 노년층을 위해 젊은이들이 헌신해야 할 일들이 그만큼 많아졌음을 의미한다.

일편단심의 표상 또는 하늘이 내려준 효자효녀의 삶은 존경과 순종의 정신적 바탕 위에 한결같은 희생이 따른다.

**출전** 『봉신연의封神演義』

**본질적으로 자기희생의 절대적 원칙이 없는 충성은 아무런 의미도 없다.**

Loyalty means nothing unless it has at its heart the absolute principle of self sacrifice.

• 우드로 윌슨 1856~1924, 미국 28대 대통령

**정표문려** 동네 어귀에 문을 세워 착한 행실을 드러내어 밝히다.

기 **정**

정표旌表란 기치旗幟로서 선행을 드러내어 밝히는 것을 말한다. 문려門閭란 집과 마을 어귀에 세운 문을 말한다. 충신, 효자, 열녀 등의 업적이나 덕을 기려 정문旌門을 세우는 것은 가문의 영광이나 조상의 후광에만 머물지 않고 만인의 귀감이 되니, 구시대의 유물로만 인식되어서는 안 될 것이다.

겉 **표**

역사도 그렇고 은혜도 그렇고, 사람들은 자주 잊는다. 어찌 보면 망각은 자연스런 현상이지만 중요한 걸 잊고 있으면 난감하다. 그래서 기념비를 세운다. 후손들에게 교훈을 남기는 일은 중요하다. 결코 잊어서는 안 될 것들의 의미를 오래도록 가르쳐야 하기 때문이다. 그것은 과거를 반성하고 현재에 감사하며 미래를 다짐하는 교육적 가치 외에도, 인간의 가능성을 향해 열린 문이다.

문 **문**

한 번뿐인 삶을 죽음의 문턱을 넘나들면서 자신을 비우고 남과 나누었던 인물들의 기념비는 마음속에 세워진다. 진리와 양심에 부끄럽지 않은 삶을 산다면 비록 평범한 사람일지라도 이미 문려에 정표한 것이다.

마을 **려**

**출전**　『서경書經』「주서周書」필명畢命
**같은 말**　절효정문節孝旌門

---

**존엄성은 명예를 소유하는 것이 아니라, 명예를 누릴 자격이 있다고 의식하는 것 속에 있다.**
Dignity consists not in possessing honors, but in the consciousness that we deserve them.

• 아리스토텔레스 기원전384~기원전322, 그리스 철학자

誹 헐뜯을 비

譽 기릴 예

在 있을 재

俗 풍속 속

**비예재속** 헐뜯음과 칭찬함은 세속에 맡긴다. 자신의 본바탕을 지켜 흔들림이 없음을 뜻한다.

비예誹譽는 헐뜯음과 칭찬함을 말하고, 속俗은 당시의 풍속을 말한다. 『회남자』「제속훈」에 "고로 진퇴는 같더라도 비방과 명예는 세속에 속하고, 의도와 행실이 고르더라도 빈궁과 영달은 시세에 달려 있다故趣舍同 誹譽在俗 意行鈞 窮達在時"고 한 데서 비롯한 말이다.

자연인으로서 자신과 세상을 가지런히 하려면 성聖과 속俗의 분별력을 갖춰야 한다. 양자의 경계선이 모호해져 삶의 얼개가 뒤엉켜버리면 나쁜 아니라 주변에도 고통을 초래한다. 가변적인 시속의 논리에 함몰되지 않기 위해 군건한 신념을 가져야 하며, 그 바탕은 양심에 있다. 지조를 지키는 일은 개인적 취향의 문제가 아니라 상식의 문제다.

한낱 필부도 그러할진대 국가 지도자라면 더욱 중심을 잘 잡아야 한다. 때로는 욕을 먹더라도 소신을 가지고 묵묵히 자기 길을 가는 것이 진정한 애국이다. 국민의 뜻에 바탕을 두고 바르고 겸손하게 나라를 사랑해야만 진정한 애국자라 할 수 있고, 국민의 차가운 심판 대신 따뜻한 신뢰를 얻게 된다.

**출전** 『회남자淮南子』「제속훈齊俗訓」

**어느 시대나 애국자는 바보다.**

A patriot is a fool in every age.

• 알렉산더 포프 1688~1744, 영국 시인

**국궁진췌** 몸과 마음을 다 바쳐 나랏일에 힘쓰다.

鞠 기를 국
躬 몸 궁
盡 다할 진
瘁 병들 췌

선주 유비가 죽고 그 아들 유선劉禪이 제위에 오르니 바로 촉의 후주後主다. 제갈량이 대를 이어 받들면서 위를 토벌코자 출병할 때 후주 유선에게 전·후「출사표」를 지어 바쳤다. 출사표란 '군대를 일으킴에 그 뜻을 적어 임금에게 올리는 글'이다.

제갈량은 「후출사표」 말미에서 "몸을 굽혀 모든 힘을 다하고 죽은 후에 그만둘 것鞠躬盡瘁 死而後已"이라고 토로했다. 공명의 출사표를 읽고 옷깃에 눈물을 적시지 않는다면 충신이 아니란 말도 있다. '만세萬世의 승상丞相'으로 평가받는 그의 우국충정은 두보杜甫의 칠언율시「촉상蜀相」에도 잘 묘파되어 있다.

우국憂國은 언제나 나보다 남을 위하는 희생정신에 담겨 있다. 겨레와 나라를 위해 혼신의 힘을 다하려면 뛰어난 능력보다는 욕심과 안일을 버리고 그늘에서 궂은일을 마다 않는 자세가 먼저다. 그렇지 않고서야 나라가 위기에 처했을 때 달리 방도가 없을 것이다. 애국은 자율 실천의 결과물이지 거창한 수사가 아니다. 각기 맡은 분야에서 매순간 최선을 다하는 것이 애국의 첫걸음이다.

**출전**    제갈량諸葛亮「후출사표後出師表」
**같은 말**  국궁진력鞠躬盡力
**비슷한 말** 진충보국盡忠報國, 갈충보국竭忠報國

---

**국가가 당신을 위해 무엇을 할 수 있는지 묻지 말고, 당신이 국가를 위해 무엇을 할 수 있는가 물어보라.**

Ask not what your country can do for you; ask what you can do for your country.

• 존 F. 케네디 1917~1963, 미국 35대 대통령

왼 **좌**

나라 **국**

역사 **사**

漢

한나라 **한**

**좌국사한** 중국의 대표적인 역사서 『춘추좌씨전』·『국어』·『사기』·『한서』의 병칭.

중국 역사서인 『좌전左傳』·『국어國語』·『사기史記』·『한서漢書』는 생생한 묘사와 흥미진진한 내용으로 서사체 고문의 압권이다. 『좌전』은 『춘추春秋』의 주석서로 노魯의 좌구명左丘明이 편찬했고, 『국어』는 춘추시대 나라별 사서를 한대에 편집한 것으로 추정된다. 『사기』는 최초의 기전체紀傳體 통사로 황제로부터 한무제까지의 역사를 전한의 사마천이 편찬했고, 『한서』는 전한의 역사를 기록한 책으로 후한의 반고班固가 편찬했다.

뿌리 없는 나무를 생각할 수 없듯이, 역사가 없으면 민족도 국가도 없다. 세계사의 한 고리로서 조국의 역사를 직시할 때 민족혼과 애국심을 고취할 수 있다. 역사가 바로 서야 정치도 바로 서고 건전한 시민사회를 만들 수 있다. 전후 프랑스의 나치 부역자 청산의 예처럼, 자랑스러운 역사와 함께 부끄러운 역사에서도 배울 점이 많다. 역사의 무게는 반성에 있다. 같은 실수를 반복하지 않기 위해서 역사 왜곡이나 은폐는 용납될 수 없다.

제대로 된 역사 인식을 위해 역사의 빗장을 풀어야 한다. 여기에는 역사 교육과 해석이 중요하다. 과거에 현재를 비추고 미래를 지향하는 올바른 역사 의식이야말로 민족의 긍지와 국가의 명운이 달린 문제이기 때문이다.

---

**역사에서 배우는 단 한 가지는 역사로부터 아무것도 배우지 못한다는 것이다.**

The only thing we learn from history is that we learn nothing from history.

• 게오르크 헤겔 1770~1831, 독일 철학자

천자를 읽어 천하를 알다

**명수죽백** 이름을 죽백에 드리운다.

이름 **명**

죽백竹帛은 죽소竹素로 책, 특히 사서史書를 말한다. 종이가 발명되기 이전에는 대쪽·비단·명주 등에 글씨를 썼던 데서 비롯했다. 후한의 조엽趙曄은 『오월춘추』에서 "소리는 악기에 의탁하고, 이름은 죽백에 머무른다聲可托于弦管 名可留於竹帛"고 했는 바, 명수죽백은 역사에 공을 남겨 명성이 청사에 길이 유전됨을 말한다.

많은 사람들이 평범한 삶, 아니 '평범함'으로부터 탈출하고자 발버둥 친다. 무명에서 유명으로, 자기 이름 앞에 별도의 수식어가 필요 없는 존재가 되고 싶은 것이다. 그래서 수다한 노력으로 후대의 평가 지표를 남겨 자기 분야의 큰 별이 되려고 한다.

그러나 허명만 쌓아서는 정신적 지주가 되는 길이 요원하다. 이름이 곧 삶이며 행동이 그 이름을 증명한다. 역사의 한 획을 긋고 세상의 귀감과 소망이 되려면 삶을 바치고 때로는 목숨까지 걸어야 한다. 어둠 속에서 남의 삶을 밝혀주는 희생 없이 사후명성을 기대할 수 없다. 평범한 이들의 선한 삶을 우리는 기억해야 한다.

드리울 **수**

대 **죽**

비단 **백**

**출전**　　　『오월춘추吳越春秋』「구천벌오외전句踐伐吳外傳」

**같은 말**　저어죽백著於竹帛, 유방백세流芳百世

---

**불멸의 명성을 구하는 젊은이에게 보내는 나의 충고는**
**인기 없는 대의에 일생을 바치라는 것이다.**

My advice to a young man seeking deathless fame would be to espouse an unpopular cause and devote his life to it.

• 조지 윌리엄 커티스 1824~1892, 미국 작가

陸

뭍 륙

績

자을 적

懷

품을 회

橘

귤 귤

**육적회귤** 육적이 귤을 품에 넣다.

삼국시대 손권孫權의 참모였던 육적陸績은 이십사효二十四孝의 한 사람으로 유명하다. 이십사효란 원元의 곽거경郭居敬이 선정한 중국의 24명의 효자 또는 그들의 이야기다. 육적의 회귤 고사는 부모에 대한 지극한 효심 그 자체다.

육적이 여섯 살 때 원술袁術의 집에서 귤을 대접받았는데, 원술이 잠시 자리를 비운 사이에 품속에 세 개를 감추었다. 집을 나올 때 그만 바닥에 귤이 떨어졌다. "육랑은 손님으로 와서 어찌 귤을 품속에 넣었는가陸郞作賓客而懷橘乎"라고 원술이 물었다. 육적이 꿇어앉아 "돌아가서 어머니께 드리려고 그랬다欲歸遺母"고 대답했다. 아이의 갸륵한 효성에 원술은 크게 감격했다. 필시 대성할 재목임을 알았음은 물론이다.

맛난 음식을 대할 때면 부모를 떠올리게 된다. 하지만 기다려줄 부모님이 안 계시다면 한탄의 눈물만 흘러내릴 것이다. 효란 거창하고 어려운 것이 아니다. 작은 것 하나라도 부모를 정성껏 섬기는 마음이 먼저이다. 바로 그 점이 효의 어려움이겠지만, 평소의 효심이 평생의 효도를 품는다.

**출전**　　『삼국지三國志』「오지吳志」,『이십사효二十四孝』

자식들이 네게 해주길 바라는 것과 똑같이 네 부모에게 행하라.

Conduct yourself towards your parents as you would have your children conduct themselves towards you.

• 이소크라테스 기원전436~기원전338, 그리스 수사가

**백유읍장** 백유가 매를 맞으며 울다.

맏 백

그러할 유

울 읍

杖

지팡이 장

한나라 때 한백유韓伯愈란 사람이 있었다. 어느 날 백유가 잘못을 저질러 어머니에게 종아리를 맞았는데, 전과 달리 울었다. 어머니가 의아해하며 그 까닭을 물었다. 백유는 "지난날 제가 잘못했을 때는 매가 항상 아프더니만, 지금은 늙고 쇠약해진 연고로 어머니의 매가 전혀 아프지 않으니 슬퍼서 울었습니다他日愈得罪 笞嘗痛 今母力衰 不能使痛 是以泣"라고 답했다. 효도의 귀감으로서 어버이에 대한 눈물 젖은 효성이 애틋하다.

부모가 늙고 쇠약해져가는 것을 지켜보는 마음은 안타깝기 그지없다. 자식 위한 어머니의 눈물에 비할 수는 없지만, 될 수 있는 한 오래 부모에게 효도하고자 하는 자식의 가슴은 타들어간다.

어릴 적 부모의 근실한 징계 역시 사랑이며 덕이다. 커서도 부모의 뜻을 받들어 행하되 자기 몸을 지켜 부모에게 걱정을 끼치지 않아야 한다. 나아가 부모가 잘못되지 않도록 조언하는 것도 자식된 도리다.

부모 뜻에 순종하는 것이 효의 기본이다. 부드러운 말과 낯빛으로 부모를 공경하되, 부모 마음 헤아려 편안하게 해드려야 한다. 겉으로 효자효녀라 칭찬받는 이들이 사실상 부모 속을 가장 많이 썩이고 있지는 않은지 자문해 볼 일이다.

출전    『설원說苑』「건본建本」

---

## 어린이의 공경심이 모든 덕행의 기초다.

The dutifulness of children is the foundation of all virtues.

• 마르쿠스 툴리우스 키케로 기원전106~기원전43, 로마 정치가

烏
까마귀 오

鳥
새 조

私
사사 사

情
뜻 정

**오조사정** 까마귀 새끼가 자라서 어미새에게 먹이를 물어다 주다.

속설 또는 『본초강목本草綱目』에 의하면 까마귀는 자라서 어미새에게 먹이를 물어다 줌으로써 길러준 은혜에 보답한다고 하여 자오慈鳥, 자조慈鳥 또는 반포조反哺鳥라 부른다.

오조사정은 자식이 커서 부모를 봉양함으로써 부모의 길러준 은혜에 보답하는 것으로 이밀의 고사에서 유래했다. 이밀은 생후 6개월 때 부친을 여의고 네 살 때 외숙부의 권유로 개가한 모친 대신 조모 유劉씨의 손에서 자랐으며, 효심이 매우 두터웠다. 진무제晉武帝 사마염司馬炎이 이밀을 관직에 불렀으나 96세인 조모의 봉양을 위해 사양했다. 이때 황제에게 올린 상소문인 「진정표」에서 "까마귀가 어미의 은혜에 보답하려는 사사로운 마음으로 조모가 돌아가실 때까지 봉양하게 해주시기를 원합니다烏鳥私情 願乞終養"라고 간청했다. 이밀의 효심에 감복한 무제는 노비와 식량을 하사했다.

효도 보려면 먼저 효도해야 한다. 부모에겐 자식이 전부이며, 자식은 언젠가는 부모가 된다. 자식들이 그대로 보고 배운다는 사실을 잊어서는 안 될 것이다.

**출전**   이밀李密 「진정표陳情表」
**같은 말**   반포지효反哺之孝, 자오반포慈鳥反哺

---

**부모가 자식에게 너무 많은 것을 해줄 경우, 자식들 스스로 하는 일은 적어진다.**
Where parents do too much for their children, the children will not do much for themselves.

• 앨버트 허버드 1856~1915, 미국 작가

**혼정신성** 저녁에 어버이의 잠자리를 보아드리고 아침 일찍이 문안드린다.

자식이 조석으로 부모의 안부를 물어서 살핀다는 뜻으로, 예전에는 어버이를 받들어 모시는 일상적인 예절에 속했다. 『예기』「곡례상」의 "무릇 사람의 자식된 자의 예법은 겨울에는 따뜻하고 여름에는 시원하게 해드리며, 밤에는 자리를 보아드리고 새벽이면 안부를 살펴야 한다凡爲人子之禮 冬溫而夏淸 昏定而晨省"는 구절에서 비롯했다.

핵가족화를 넘어 1인 가구가 증가 추세이며 독거노인 문제가 사회 현안이 된지 오래다. 부모를 가까이 모시면서 받들어 섬기는 일이 더욱 절실해진 요즘이다.

효도를 다함에는 예로부터 부모 공경이 첫째다. 부모를 사랑하지 않고는 공경할 수 없으며, 부모의 조건 없는 사랑에 눈시울이 뜨거워진다. 공자는 『논어』「위정」편에서 "요즘의 효는 물질로써 부모를 봉양함을 이른다. 개나 말도 집에 두고 길러줌이 있으니, 공경하는 마음이 없다면 무엇으로써 구별하라今之孝者 是謂能養 至於犬馬 皆能有養 不敬 何以別乎"라고 하여, 부모에 대한 사랑과 존중이 부모의 권위에 합당한 효의 본질임을 밝혔다.

어두울 **혼**

정할 **정**

새벽 **신**

살필 **성**

**출전**　『예기禮記』「곡례상曲禮上」
**같은 말**　온정정성溫淸定省, 동온하정冬溫夏淸

---

**부모로 하여금 자기 자녀에게 재산이 아닌 존경의 마음을 유산으로 남기게 하라.**
Let parents bequeath to their children not riches, but the spirit of reverence.

• 플라톤 기원전427~기원전347, 그리스 철학자

修德

修德

修德

5장

수덕

썩은 나무는 조각할 수 없고
거름흙 담장은 손질할 수 없다

지날 **과**

같을 **유**

아닐 **불**

미칠 **급**

**과유불급** 지나침은 미치지 못함과 같다.

과불급過不及이 없는 중용지도中庸之道를 강조한 말이다. 자공, 자장, 자하는 모두 공자의 제자이다. 자공이 "자장과 자하 중 누가 더 낫습니까"라고 공자에게 묻자 "자장은 지나치고 자하는 미치지 못한다"고 답했다. 자공이 "그러면 자장이 낫습니까"라고 다시 물었을 때, 공자는 "지나침은 미치지 못함과 같다過猶不及"고 대답했다.

지나치면 역효과 모자라면 비효과로, 극과 극은 통한다. 행불행의 분수령인 과불급의 모호한 경계에서 적정선을 유지하면 선택의 폭이 넓어진다. 때로는 가만히 있는 것도 좋은 방법이다. 모자람과 지나침의 탓을 나로부터 찾는 것이 인생 신조가 되어야 한다. 그러자면 자신에게 말하는 법부터 배워야 한다. 고도의 절제와 노력이 필요한 만큼 인격 수양은 필수적이다.

과유불급은 인간사 전반에 적용되는 원칙이자 질서이며, 사람됨과 무관하지 않다. 인간관계에서도 최선의 거리를 유지할 수 있다면 성인군자의 경지에 이르렀다 할 것이다. 적어도 탈, 많아도 탈. 매사 정도程度를 벗어나면 정도正道가 아니다. 과유불급을 달리 표현하면, '항상 염두에 둘 말'이라고 할 수 있다.

**출전**　『논어論語』「선진先進」

---

**만사에서 중용이 으뜸이다. 과도한 모든 것은 고통을 초래한다.**

In everything the middle course is best; all things in excess bring trouble.

• 티투스 마키우스 플라우투스 기원전254~기원전184, 로마 희극작가

**윤집기중** 진실로 그 중도를 잘 잡아서 행하라.

진실로 **윤**

지나치거나 모자람이 없이 또는 한쪽으로 치우침이 없이 중용지도를 잡으라는 뜻으로, 요임금이 순임금에게 선양할 때 성인지도聖人之道로 당부한 말이다.

『중용』은 공자의 손자 자사子思가 지었다는 실천 도덕의 지침서로, 『예기』의 일부였으나 후대의 주희朱熹가 사서四書에 포함시켰다. 또한 중용은 유교철학의 핵심 주제로서, 중中은 편벽되거나 치우치지 않고 과불급이 없음을 말하며, 용庸은 떳떳하고 변함없음을 말한다. 평범한 사람이 중용을 철저하고도 절도 있게 실천하기란 어렵다. 공자의 지적처럼, 군자는 중용을 몸소 체득하여 실행하지만 소인은 반대로 하는 경향이 있다.

잡을 **집**

세상을 보는 눈부터 균형을 잡아야 한다. 좌우로 치우치지 말고 때에 맞게 떳떳한 중심을 잡아야 자연스럽다. 마땅히 지켜야 할 것들이 관건이며 혼자 있을 때에도 도리에 어긋남이 없는 신독慎獨의 자세를 견지해야 한다.

그 **기**

삶은 안팎으로 대립과 이해관계가 충돌하는 유기체다. 덕성이 중용을 확보한 상태로서의 중화中和를 실현하려면 진실한 마음이 전제되어야 한다.

가운데 **중**

**출전**　　『서경書經』「대우모大禹謨」, 『논어論語』「요왈堯曰」, 『중용中庸』
**같은 말**　　윤집궐중允執厥中, 집중執中

---

## 절대로 지나치지 말고, 중용이 너의 안내자가 되도록 하라.

Never go to excess, but let moderation be your guide.

• 마르쿠스 툴리우스 키케로 기원전106~기원전43, 로마 정치가

# 外

밖 외

# 柔

부드러울 유

# 内

안 내

# 剛

굳셀 강

**외유내강** 겉으로는 부드러우나 마음속은 꿋꿋하다.

한마디로 군자의 덕은 부드럽다. 부드러움으로 강인함을 배가시키니 부드러움과 강함의 조화에서 오는 넉넉함이야말로 덕성의 향기이자 유연한 생존전략이다. 부드러운 것이 강한 것을 제압하듯 겸손한 자가 진정 강자라는 사실은 알 만한 사람은 다 아는 이치다.

그럼에도 불구하고 주변에서 외유내강형 인물을 찾아보기 힘든 까닭은 보통 품격과 강단剛斷이 아니고는 감히 흉내 낼 수 없는 실속만점, 반전 매력의 주체이기 때문이다. 속부터 바뀌어야 겉도 바뀐다. 강인한 미소처럼 내적인 견고함이 외적인 온유함으로 나타나려면 힘을 조절할 힘이 있어야 한다.

부드러움은 강자의 표징이다. 거친 말투보다 부드러운 말씨가 힘 있듯이 온유함이 강함을 이긴다. 속 좁은 사람은 결코 이해하거나 흉내 낼 수 없는 경지다. 겉으론 온유하되 속으론 강건한 사람은 태산과도 같아 흔들림이 없다. 강함은 약함에서 오며, 약하고 낮아질 때 정신과 영혼이 새롭고 강건해진다.

출전　『진서晉書』「감탁전甘卓傳」
반대말　내유외강內柔外剛
참조　유능제강柔能制剛

---

**벨벳 장갑 속의 강철 손.**

Iron hand in a velvet glove.

• 카를 5세 1500~1558, 신성로마제국 황제

**굴확구신** 굽힘으로써 몸을 편다. 무릇 자기를 낮추는 자는 높아진다는 뜻이다.

屈
굽힐 굴

蠖
자벌레 확

求
구할 구

伸
펼 신

물러섬은 나아감의, 웅크림은 뛰어오름의 책략임을 비유한 말이다. 『역경』 「계사하」에 "자벌레가 몸을 움츠리는 것은 펴고자 하는 것尺蠖之屈 以求信也(信=伸)"이라고 했다. 해와 달이 순환하는 우주의 원리처럼, 굽히고 펴는 것이 상응하여 이로움이 생기니 자신의 몸을 안정시켜 때를 기다리는 것이 미덕이란 뜻이다.

개구리의 도약 또는 돌돌 말아 숨겨둔 카멜레온의 혀처럼 정중동靜中動, 동중정動中靜의 지혜는 낯선 삶의 익숙한 생존 법칙이다. 현실적으로 험난한 세상을 건너는 길이자 몸을 숨기는 도피처가 된다. 굽힐 때가 있고 펼 때가 있다. 벼도 익을수록 고개 숙이는데, 굴신屈身으로 신전伸展(늘이어 펼침)을 얻음은 겸손의 열매다. 스스로를 낮추는 능력이 지배력의 원천이자 도약의 발판임을 알아야 지성인이다.

자기를 내세우지 않는 것이 진정한 자존심이고 정신적 행복이다. 자신을 직시하지 않으면 욕망을 포기할 수 없다. 나도 살고 남도 사는 가장 확실한 길은 나보다 남을 낮게 여겨 자신을 낮추는 것이다. 겸손을 터득한 자가 큰 자이며, 사람의 마음을 얻는다.

**출전**　　『역경易經』 「계사하繫辭下」

---

**위대한 인물은 항상 기꺼이 자신을 낮춘다.**

A great man is always willing to be little.

· 랠프 월도 에머슨 1803~1882, 미국 사상가

참여할 **참**

앞 **전**

기댈 **의**

衡

저울대 **형**

**참전의형** 앉으나 서나 충신독경을 마음에 새기며 실천하다.

충신忠信은 충성과 신의를 뜻하고, 독경篤敬은 말과 행실이 착실하고 공손함을 뜻한다.

떳떳이 행하려면 어떻게 해야 하는지 자장이 묻자 공자가 대답했다. "말이 미덥고 행실이 도타우면 비록 오랑캐 나라라도 행해지려니와, 그렇지 못하다면 자신의 동네라 한들 행해지겠는가? 서 있을 때도 그것이 눈앞에 있나 살펴보고, 수레를 탈 때도 그것이 멍에에 걸려 있나 살펴본 후에야 행해질 수 있다言忠信 行篤敬 雖蠻貊之邦 行矣. 言不忠信 行不篤敬 雖州里 行乎哉? 立則見其參於前也 在輿則見其倚於衡也 夫然後行." 자장이 그 말을 허리띠에 적었다.

생각도 없고 느끼지도 않고 고민조차 없는 것은 마음이 아니다. 그로 인한 행동은 물어보나 마나다. 참된 생각이 몸에 배야 언제 어디서든 통하고 인정받는다. 능력보다 태도가 중요한 까닭이다. 앎은 행함의 시작이고 행함은 앎의 완성이니, 남들이 보건 안 보건 일상 속의 사소한 언행조차 미덥고 도타워야 한다. 방종의 굴레를 벗어던지고 참지식의 결연한 의지로 올곧게 살아간다면 어느 것에도 구속되지 않는 자유분방에 도달할 수 있다.

**출전**    『논어論語』 「위령공衛靈公」

**한 사람의 도덕성은 그의 노력이 아니라 그의 일상생활로 평가해야 한다.**

The strength of a man's virtue must not be measured by his efforts, but by his ordinary life.

• 블레즈 파스칼 1623~1662, 프랑스 철학자

**규장특달** 예물로 규장 하나만 보내다.

홀 **규**

규장珪璋은 제후가 천자를 알현할 때 소지했던 옥기玉器 또는 예식에서 장식용으로 쓰는 귀한 옥이다. 규장을 소지하면 다른 폐백 없이도 천자를 알현할 수 있었다. 특달特達은 타의 추종을 불허할 만큼 특별히 뛰어남을 말한다. 규장특달은 인품이 고결하고 탁월함을 뜻하며, 자질이 우수하고 덕이 출중한 인물을 비유한다.

홀 **장**

중국에서는 찬란한 광택과 다양한 조형미를 자랑하는 옥을 귀히 여겼다. 공자는 옥의 자연적 특성과 인간의 윤리적 가치를 비교하면서, 오직 규장 하나만 있으면 별도의 예물을 갖추지 않아도 예를 이루므로 "규장이 홀로 통달한 것은 덕이다珪璋特達 德也"라고 했다. 옥의 따사로움에 군자의 덕을 견준 것이다.

덕성은 인격의 바탕이다. 덕 없는 사람은 남의 삶까지 왜곡시킨다. 반면 훌륭한 인격은 타인의 인격 형성에도 기여한다.

특별할 **특**

됨됨이가 영향력의 전부라 해도 과언이 아니다. 입신立身과 양명揚名이 별개이듯 인격도 세속적 성공과 무관하다. 오히려 조건이나 배경이 장식에 불과한 경우가 많다. 도덕적 탁월함과 영적 순결함을 추구하려면 정성스레 옥을 깎고 다듬듯 몸소 덕을 실천함이 마땅하다.

통할 **달**

출전　　『예기禮記』「빙의聘義」

---

**사람의 가치는 가진 것이나 하는 일이 아니라, 오직 그 사람됨을 통해 직접적으로 드러난다.**

It is not what he has, nor even what he does, which directly expresses the worth of a man, but what he is.

• 앙리 프레데릭 아미엘 1821~1881, 스위스 철학자

썩을 후

나무 목

똥 분

담 장

**후목분장** 썩은 나무는 조각할 수 없고 거름흙 담장은 흙손질할 수 없다.

정신상태가 썩어 빠져 아무짝에도 쓸모없는 사람을 가리킨다. 공자의 제자 재여宰予가 낮잠을 즐겼다. 공자가 "썩은 나무로는 조각할 수 없고, 더러운 흙담은 흙손질할 수 없다朽木不可雕也 糞土之牆不可杇也"고 나무라며, "처음엔 내가 남에 대하여 그 말을 듣고 그 행동을 믿었지만, 이제는 남에 대하여 그 말을 듣고서 그 행실까지 살펴보게 되었다始吾於人也 聽其言而信其行 今吾於人也 聽其言而觀其行"고 말했다.

언제 어디서나 성실은 기본이다. 언변과 용모는 얼마 가지 못한다. 성실치 못한 사람은 말이 앞서는 것쯤 개의치 않는다. 자기관리는 성실과 절제의 생활방식을 평생 유지하는 것이다. 권리를 행사하고 의무를 이행할 때 신의성실의 원칙에 입각하여 자기를 엄격히 다루어야 훌륭한 업적을 이룰 수 있다.

현명한 사람은 평소 뒤틀린 언행을 하지 않는다. 결국 사람을 평가할 때 사소한 것들이 증거가 된다는 사실을 한시도 잊어서는 아니 된다.

출전　　『논어論語』「공야장公冶長」
같은 말　후목난조朽木難雕, 후목분토朽木糞土

---

## 성실은 도덕의 핵심이다.

Veracity is the heart of morality.

• 토머스 헉슬리 1825~1895, 영국 동물학자

**금성옥진** 음악을 연주할 때 금으로 소리를 퍼뜨리고 옥으로 거둔다.

쇠 금

아악雅樂을 연주할 때 먼저 종으로 소리를 베풀고 끝에 옥경玉磬으로 운韻을 거두는 데서 사물을 집대성함을 뜻한다.

맹자는 "공자를 집대성이라 이르니, 집대성은 금속으로 소리를 퍼뜨리고 옥으로 울림을 거두는 것孔子之謂集大成 集大成也者 金聲而玉振之也"이라고 평했다. 공자가 여러 성인들의 장점을 모두 지녔음을 말한 것으로, 시종始終이 조리에 맞아 지혜와 성덕을 완비함을 비유한다. 금은 종鐘, 성은 선宣, 옥은 경磬, 진은 수收를 뜻한다.

소리 성

낮은 단계의 욕구만 충족되면 그만인 사람은 일상의 불협화음을 애써 조율하지 않는다. 하나의 소우주로서 삶 전체에 대한 앎이 체계적이지 못하기 때문이다. 강물이 발원하여 바다로 흘러가듯 처음부터 끝까지 완벽을 지향해야 지덕의 조화가 달관의 경지에 다다른다. 비록 옛 성현에는 못 미칠지라도 겸허한 자세로 인생 여정의 집대성을 시도해봄직하다. 힘들고 지칠 때 귓전에 여운이 감도는 음악처럼 그 투명한 동기에 화답하는 것은 인생에서 만나는 뜻밖의 즐거움이다.

구슬 옥

떨칠 진

**출전**　『맹자孟子』「만장장구하萬章章句下」
**참조**　집대성集大成

인간은 노력하는 한 방황한다.

Man errs as long as he strives.

・요한 볼프강 폰 괴테 1749~1832, 독일 작가

從
좇을 종

吾
나 오

所
바 소

好
좋을 호

**종오소호** 자기가 좋아하는 바대로 좋아서 하다.

자기가 좋아하는 일을 좋아서 하려면 일단 탐색 과정을 거쳐야한다. 『논어』「술이」에서 공자는 "부富를 구하여 얻을 수 있다면 비록 말채찍을 드는 일일지라도 내 또한 할 것이다. 만일 얻을 수 없다면 내가 좋아하는 바를 따르리라富而可求也 雖執鞭之士 吾亦爲之 如不可求 從吾所好"고 말했다. 천한 일을 해도 부귀를 얻을 수 없다면 하고 싶은 일을 하면서 사는 것이 낫다는 말이다.

나그네 인생길의 하고많은 길 중에 걷고 싶은 길은 따로 있다. 가장 중요한 일을 선택하고 실천함은 본질적 가치관의 문제다. 사랑에 빠진 것처럼 심장이 뛰는 일이 무한 통찰과 에너지를 이끌어낼 것이다. 일이 곧 나다. 남과 비교하지 않고 나의 역할 및 천성 계발에 매진할 때 보람과 기쁨을 누리게 된다.

현실에 안주하지 않고 모험적인 삶을 산다면 후회 없이 살 수 있다. 단 달란트가 부족하면 합목적적 성과를 끌어내기 어렵다. 미래를 내 것으로 만들기 위해서는 특별한 전문성이 요청된다. 시대에 뒤떨어진 자기 만족은 구속일 뿐이다.

**출전**    『논어論語』「술이述而」

## 뜻이 있는 곳에 길이 있다.

Where there's a will, there's a way.

• 조지 버나드 쇼 1856~1950, 영국 작가

**숭덕광업** 높은 덕과 큰 사업 또는 덕을 숭상하고 사업을 넓히다.

높을 **숭**

학업이나 사업 등이 번창함에 있어 덕으로써 하지 않으면 사상 누각에 불과하다는 사실을 깨우쳐준다. 흔히 기업에서 창업 이념 및 경영 철학의 바른 길을 제시할 때 사용하는 말로, 특히 기업 윤리를 지킬 때 공신력을 얻을 수 있다.

공자는 "무릇 역易은 성인이 덕을 숭상하고 그 업을 광대하게 하기 위함夫易, 聖人所以崇德而廣業也"이라고 말했다. 고결한 지성과 겸손한 인품의 도덕적 가치관을 표방한 것이다.

덕 **덕**

도덕적 가치관은 명분과 실리 사이에서 흔들린다. 분명한 것은 물건보다 그 물건을 만든 사람이 중요하다는 사실이다. 덕이 업의 선결 조건이다. 자기 위치에서 제 몫을 다하며 타인의 삶을 아름답게 만드는 자기 변화의 덕업德業을 삶의 우선순위로 삼아야 한다. 지식이나 재산과 상관없이 한마음 한뜻으로 자중하고 헌신하며 서로의 존재 가치를 확인해나가는 가운데 인류애를 실천할 수 있다.

넓을 **광**

업 **업**

출전　　『역경易經』「계사상繫辭上」

---

**세상에서 높이 서는 것보다 더 높은 야망이 있다.**
**아래를 내려다보면서 인류를 조금 더 높이 끌어올리는 일이다.**
There is a loftier ambition than merely to stand high in the world. It is to stoop down and lift mankind a little higher.

• 헨리 반 다이크 1852~1933, 미국 시인

# 五倫

## 6장

# 오륜

물 뿌리고 비질하며 대답하고 응하다

廢
폐할 **폐**

蓼
클 **륙**

莪
자칭개 **아**

篇
책 **편**

**폐육아편** 부모의 은혜와 자신의 불효를 생각한 나머지 『시경』'육아의 시'를 읽지 못하고 폐하다.

육아지시蓼莪之詩는 『시경』「소아」'육아蓼莪'에 나오는 시로, 효자가 부모를 뜻대로 봉양하지 못함을 슬퍼하여 읊은 시이다.

폐육아편은 '육아'의 "슬프고 슬프다 부모여! 나를 낳아 수고하셨도다哀哀父母 生我劬勞"라는 내용에 이르러 문인으로서 미상불未嘗不 세 번 외우며 눈물을 흘리지 않는 자가 없었으므로, 모두 "육아편을 폐하고廢蓼莪之篇" 읽지 않았던 데서 비롯한 말이다. 구로劬勞는 '자식 낳아 기르는 수고'다.

부모가 없으면 나도 없으며, 나 또한 부모가 된다. 자식을 낳아야 부모 심정을 알게 된다지만 자식에 대한 조건 없는 사랑은 물 흐르듯 오직 한마음이다. 효도는 마음에서 우러나야 한다. 부모 사랑의 많고 적음을 따지고 나서 효도하려 든다면 늦다. 애당초 그럴 단계란 없다. 효도란 부모를 위한 것이라기보다 바로 자신을 위한 것이란 점을 일찌감치 깨닫는 사람은 지혜롭다.

신앙처럼 효란 단순한 것이다. 결코 끊을 수 없는 부모의 사랑, 다 갚을 수 없는 부모의 은혜에 감사하는 마음 그리고 순종으로 부모의 존재와 권위를 인정하는 것이 바로 효다.

**출전**    『진서晉書』「효우전孝友傳」

---

**부모가 되어서야 비로소 부모의 사랑을 알 수 있다.**

We never know the love of the parent till we become parents ourselves.

• 헨리 워드 비처 1813~187, 미국 종교인

**반호벽용** 어버이의 죽음을 당하여 땅을 치고 울부짖으며 가슴을 치고 몸부림치면서 애통해 하다.

攀
더위잡을 반

號
부르짖을 호

擗
가슴칠 벽

踊
뛸 용

반호攀號는 땅을 치며 울부짖음을, 벽용擗踊은 가슴을 치고 펄쩍 뛰며 슬퍼함을 말한다.

존재만으로도 견고한 울타리가 되어주는 부모, 낳아주고 길러주신 어버이를 여읜 상실감은 하늘이 무너지는 고통에 비길 수 있다. 한 인간으로서 천신만고를 끝맺고 다시 못 올 길로 가신 아픔이 평생을 간다. 빈소 영정 앞에서 느끼는 몽환적 감정은 근본을 잃은 상실감 때문일까. 새록새록 되살아나는 그리움은 풍수지탄의 눈물로 바뀐다. 생전의 뜻과 발자취를 헤아리며 그 빈자리가 크게 느껴짐은 홀로서기를 해야 할 때가 왔기 때문이다.

늘 그 자리에 계시리라 착각했던 부모님이 돌아가신 후에 후회해봐야 소용없다. 애오라지 자식을 위한 어버이의 사랑도 자식의 효도를 기다려주지 않는다. 보은의 날이 짧음을 깨닫고 '평생에 고쳐 못 할 일'이 되지 않도록 살아생전에 효를 다해야 한다.

부모는 생명의 근원이고, 효는 생명 존중 정신의 근간이다. 부모와 함께 하는 나날들이 인생의 전성기이며, 함께했던 기억만으로도 행복하다는 사실에 감사해야 한다. 언젠가는 이별해야 할 부모님께 사랑한다는 말 한마디 못했다면 한이 될 것이다.

---

**부모가 느끼는 기쁨은 드러나지 않는다. 부모의 슬픔과 두려움 또한 마찬가지다.**

The joys of parents are secret, and so are their griefs and fears.

• 프랜시스 베이컨 1561~1626, 영국 철학자

# 萬

일만 **만**

# 機

틀 기

# 親

친할 친

# 覽

볼 람

**만기친람** 임금이 온갖 정사를 친히 보살피다.

만기萬機는 정치의 온갖 중요한 일로 임금의 정무를 뜻한다. 만기친람은 『서경』「우서」 '고요모'의 "하루 이틀 사이에 일의 기미가 1만 가지나 생긴다一日二日 萬幾"에서 유래한 말로, 나랏일의 방대함을 짐작케 한다.

국정 책임자는 난항 중인 선박의 키를 쥔 선장에 비유된다. 국정 관리 시스템이 완벽하다고는 해도 지도자 혼자서 모든 것을 잘할 수는 없다. 소소한 일에 집착하거나 공복公僕 아닌 제왕처럼 군림하는 태도는 위기를 부른다.

지도자의 인간적 자질로서 도덕성 외에 신뢰와 존중의 소통 능력을 꼽을 수 있다. 유연한 지도력은 권위를 높여주고 전문적 식견과 냉철한 결단력은 문제 해결 및 위기 대처 능력의 지표가 된다. 공개公開·공평公平·공정公正, 제갈량의 삼공정신三公精神이 존중되어야 한다.

명확한 비전을 제시하고 꿈과 희망을 일깨우는 지도자가 용기 있는 지도자다. 자신을 낮추고 채찍질하는 따뜻한 지도자만이 민심을 움직이는 막중한 소임을 감당할 수 있다.

**출전**　『서경書經』「우서虞書」고요모皐陶謨

---

**대통령의 가장 어려운 과제는 올바른 일을 하는 것이 아니라, 무엇이 올바른지 아는 것이다.**

A President's hardest task is not to do what is right, but to know what is right.

• 린든 존슨 1908~1973, 미국 36대 대통령

**보결습유** 신하가 임금을 보좌하여 그 허물을 바로잡아 고치다.

기울 **보**

보결補缺은 결함을 보충하는 것이고 습유拾遺는 빠짐이나 실수를 복구하는 것이니, 신하가 주군을 도와 부족함이나 잘못을 지적하고 바로잡아 고치는 것을 말한다.

역사상 중요한 순간에는 늘 중책을 맡은 신하의 충간忠諫이 국운을 좌우했다. 반면 정상배나 간신배는 감언이설로 국정을 농단하고 사리사욕을 채운다. 『사기』「유후세가留侯世家」에 "양약은 입에 쓰나 병에 이롭고, 충언은 귀에 거슬리나 행함에 이롭다良藥苦口利於病 忠言逆耳利於行"고 했다. 때로는 신상의 위험을 감수하면서까지 바른말 쓴소리를 아끼지 말아야 한다. 나아가 실질적인 대안을 마련해 확실하게 도와야 제대로 보필하는 것이다.

충고를 듣고 이득을 본 경험이 있는 사람은 그 위력을 무시하지 않는다. 못마땅하더라도 값비싼 대가를 치르지 않으려면 충고의 나침반을 보는 것이 현명하다. 상대방을 배려하는 마음이 없다면 충고의 의미는 반감된다. 혼자 힘으로는 벅찬 세상이기에 진심 어린 충고와 애정 어린 조언이 절실하다.

이지러질 **결**

주울 **습**

남길 **유**

**출전**　　『후한서後漢書』「복담전伏湛傳」

**같은 말**　보과습유補過拾遺, 보궐습유補闕拾遺

누군가에 대한 애정이 크면 클수록 겉치레 말을 하기 어렵다.
진실한 애정의 증거는 비평에 인색하지 않다는 것이다.
The greater one's love for a person the less room for flattery. The proof of true love is to be unsparing in criticism.

• 몰리에르 1622~1673, 프랑스 작가

比

견줄 **비**

翼

날개 **익**

連

이을 **연**

理

결 **리**

**비익연리** 비익조와 연리지.

비익조比翼鳥는 암수의 눈과 날개가 각각 하나씩이어서 짝을 지어야만 날 수 있다는 전설의 새이며, 연리지連理枝는 두 나무의 가지가 맞닿아 나뭇결이 서로 통한 것을 말한다. 이를 합치니 연인 또는 부부 사이의 애정이 깊어 더할 나위 없이 화락함을 뜻한다.

백거이는 당 현종과 양귀비의 사랑을 노래한 「장한가」에서 "하늘에서는 비익조가 되고 땅에서는 연리지가 되기를 원하노라在天願作比翼鳥 在地願爲連理枝"라고 읊었다.

순수한 의미에서 남녀가 사랑에 빠짐은 일체감을 얻기 위해서다. 비록 이상형이 아니어도 감정을 쌓아가면서 의지적 행동이 뒤따를 때 가능한 일이다.

사랑한다면 존중해야 한다. 상대를 용납하고 불가분의 운명 공동체가 되려면 상호 신뢰의 용기가 필요하며, 그 바탕은 거짓 없는 사랑이다. 일심동체가 되려면 부족함을 채워주고 결점까지 사랑하며 상대의 행복을 위해 포기할 줄도 알아야 한다. 참사랑이란 할 수 있는 모든 것을 녹여내는 애틋하고 간절하고 장구한 사랑이다.

**출전** 백거이白居易 「장한가長恨歌」

**같은 말** 여고금슬如鼓琴瑟, 쌍숙쌍비雙宿雙飛

---

**바람직한 결혼에서는 서로가 상대방을 고독의 수호자로 임명한다.**

A good marriage is that in which each appoints the other the guardian of his solitude.

• 라이너 마리아 릴케 1875~1926, 독일 시인

**동방화촉** 신방을 환하게 밝히는 촛불.

洞
골 **동**

房
방 **방**

華
빛날 **화**

燭
촛불 **촉**

동방洞房은 깊숙한 데 있는 방이니 곧 부인의 침실을 말한다. 화촉華燭은 혼례를 뜻한다. 이를 합쳐 신방을 환하게 밝히는 촛불을 뜻하니, 혼례를 치른 후에 신랑이 신부의 침방에서 첫날밤을 치르는 의식이다.

신혼의 단꿈은 잠깐, 결혼은 살아봐야 알게 되는 냉엄한 현실이다. 부모 슬하를 떠나 부부라는 이름 아래 하나가 된 이상 정신적·육체적·물질적 의무를 나눈다. 그저 스쳐지나가는 인연이 아니다.

행복한 가정을 위해 스스로 변화하고 적응하여 돕는 배필이 되어야만 시련 속에서도 흔들리지 않는 부부애로 서로를 굳건히 지켜줄 수 있다. 애정 표현과 의사소통에 신경 쓰되 상대를 신뢰하고 존중하며 비판보다는 격려하고 작은 일에도 감사해야 한다. 결혼은 종신대사終身大事이며 이상형의 배우자란 결혼생활 만족도가 높은 경우를 말한다. 부부는 결혼을 유지하고 가정을 수호할 책임을 가진다. 부부 갈등을 극복하기 위해 생사고락을 함께 하는 동반자로서 인내심이 필요한데 결국 마음의 교류에 달려 있다.

**출전**　　유신庾信「화영무시和詠舞詩」

---

**훌륭한 결혼만큼 아름답고 정답고 매력적인 인간관계나 교감 또는 동반은 없다.**

There is no more lovely, friendly and charming relationship, communion or company than a good marriage.

• 마르틴 루터 1483~1546, 독일 신학자

# 窺
엿볼 **규**

# 御
어거할 **어**

# 激
부딪칠 **격**

# 夫
지아비 **부**

**규어격부** 남편의 수레 모는 모습을 엿본 아내가 남편을 격려한 고사로, 아내의 내조를 이른다.

안자晏子는 춘추시대 제나라의 명재상으로 이름은 영嬰이다. 하루는 안자가 행차하는데 마부가 언제나처럼 의기양양하게 수레를 몰았다. 마침 그 광경을 엿본 마부의 아내가 집에 돌아온 남편에게 이혼을 요구했다. 왜소한 체구의 안자는 일국의 재상으로 존경받고 겸손하지만, 팔척장신인 남편은 남의 마부인 주제에 우쭐하여 뽐내는 기색이 만면에 가득하다는 것이 이유였다. 마부는 크게 깨달아 자신의 잘못된 태도를 고쳤다. 안자가 이상히 여겨 묻자 아내와의 일을 솔직하게 고했다. 이에 안자는 마부를 칭찬하며 대부 벼슬에 추천했다.

용렬한 사내는 아내의 충고나 조언에 자존심을 내세우며 반발한다. 진정 아내를 위한다면 아내의 말을 경청하는 현명한 남편이 되어야 한다. 핀잔이나 면박 대신 격려하고 존중함으로써 남편의 자신감을 회복시키는 일이 내조 중 으뜸이다. 남편의 인생을 바꾸는 것은 아내의 직관이다. 아내의 한마디가 남편과 가정을 일으킨다.

**출전**    『사기史記』「관안열전管晏列傳」

**같은 말**    안어양양晏御揚揚, 안자지어晏子之御

**어쨌든 결혼하라. 선한 아내를 얻는다면 행복해질 것이며, 악한 아내를 얻는다면 철학자가 될 것이다.**

By all means, marry. If you get a good wife, you'll become happy; if you get a bad one, you'll become a philosopher.

• 소크라테스 기원전469~기원전399, 그리스 철학자

**침변교처** 아내를 가르침에는 베개를 베고 함이 좋다.

베개 **침**

침변枕邊은 베갯머리이니, 침변교처는 베갯머리의 누운 자리에서 남편이 아내를 가르치는 것이 스스럼없고 부드러워서 효과가 좋다는 다소 해학적인 내용이다.

한편 부부가 한자리에 잘 때에 아내가 자기의 원하는 바를 이루기 위해 남편에게 속살거리는 것을 '베갯머리송사'라고 한다. 부작용도 만만치 않지만 전연 대화가 없는 것보다는 낫다. 서로 의논 상대가 되어 이로운 방향으로 공통의 관심사를 풀어감이 지혜롭다.

가 **변**

'돌아누우면 남남'이라는 말처럼 부부 갈등은 그때그때 해소하고 치유해야지, 사소한 오해도 쌓이면 감정의 골만 깊어진다. 결코 해서는 안 될 말을 삼가며 위로와 감사의 말을 아끼지 말아야 한다. 따지기보다는 있는 그대로의 상대를 배려하고 체면을 살려주는 쪽이 좋을 때가 많다. 가장 믿음직스러운 친구로서 부부의 역할 분담 및 역할 교환이 이해와 애정을 깊게 한다. 관점의 차이를 극복하고 갈등 속의 조화를 지향하는 부부 사이에서는 지는 것이 이기는 것이다.

가르칠 **교**

아내 **처**

---

**결혼이란 권리를 반감시키고 의무를 배가하는 일이다.**

To marry is to halve your rights and double your duties.

• 아르투르 쇼펜하우어 1788~1860, 독일 철학자

兄

형 **형**

肥

살찔 **비**

弟

아우 **제**

瘦

파리할 **수**

**형비제수** 형제간에 사랑하여 서로 돕는 일 또는 형제의 신분이 다름을 말한다.

한의 조효趙孝와 조예趙禮는 우애 깊은 형제였다. 한나라 말엽 천하에 큰 난리가 나서 극심한 흉년이 들자 도적떼가 동생 조예를 납치해 잡아먹으려 했다. 이때 조효가 도적들을 찾아가서 "동생은 오랫동안 굶어서 말랐고 나는 살쪘으니 나를 대신 잡아가라"고 했다. 이에 형제끼리 한사코 자기가 죽겠다고 다투자 도적들이 크게 감동하여 형제를 풀어주었다.

아이들은 싸우면서 큰다고 하지만, 형제끼리 의좋은 집안은 그 우애가 저절로 생기는 것이 아님을 보여준다. 하지만 현실에서는 동기라 하여도 우애가 없다면 남과 다를 바 없거나 남보다도 못한 관계로 전락하는 경우가 많다.

형제간에는 오로지 우애할 따름이다. 협력과 경쟁의 상호작용 속에 개성을 존중하되 서로 돕고 이해하고 용서해야 한다. 가슴 뭉클한 형제애를 원한다면 형은 형다워야, 동생은 동생다워야 한다.

**출전**　　『후한서後漢書』「조효전趙孝傳」

---

**자비는 가정에서부터, 정의는 이웃에서부터 시작한다.**

Charity begins at home, and justice begins next door.

• 찰스 디킨스 1812~1870, 영국 작가

**자두연기** 콩대를 태워서 콩을 삶는다.

煮
삶을 **자**

豆
콩 **두**

燃
사를 **연**

萁
콩대 **기**

혈족끼리 서로 미워하고 해치는 것을 의미한다. 조조는 맏아들 조비보다 문재가 출중한 셋째 아들 조식을 총애했다. 조조가 죽은 후 조비는 후한의 헌제를 폐하고 제위에 올라 문제文帝라 칭했다. 어느 날 조비는 조식에게 일곱 걸음을 떼는 동안에 시를 짓지 못하면 중벌을 내릴 것이라고 했다. 명이 떨어지기 무섭게 조식은 걸음을 옮기며 형을 콩대에 자신을 콩에 비유한 「칠보시七步詩」를 지었다. "콩대 태워 콩을 삶으니, 가마솥의 콩이 우는구나. 본디 한 뿌리에서 났건만, 삶기가 어찌 이리도 급한고煮豆燃豆萁 豆在釜中泣 本是同根生 相煎何太急."

대화가 부족하거나 족보가 복잡할수록 혈육의 정과 가족의 끈을 놓쳐서는 안 된다. 이유야 어떻든 형제간 반목은 모두가 패자일 수밖에 없는 싸움으로 부모가 가장 비통해 하는 일이다. 장성해서까지 부모 앞에서 싸우는 것은 큰 불효. 부모가 돌아가신 후에도 천륜을 저버려서는 안 된다. 부모가 그렇게 가르쳤을 리 만무하다.

태생적 차이에도 불구하고 가족은 가장 가까운 이웃이자 이웃 사랑의 출발점이다.

**출전**     『세설신어世說新語』「문학文學」
**같은 말**   골육상잔骨肉相殘, 형제혁장兄弟鬩牆

---

**모든 행복한 가정은 서로 비슷하고, 불행한 가정은 제각각의 이유로 불행하다.**
Happy families are all alike; every unhappy family is unhappy in its own way.

• 레프 톨스토이 1828~1910, 러시아 작가

灼

사를 **작**

艾

쑥 **애**

分

나눌 **분**

痛

아플 **통**

**작애분통** 자기 몸에도 뜸질을 하여 고통을 함께 나눈다.

송나라 태조太祖 조광윤趙匡胤이 아우이자 후계자인 태종太宗이 병이 심하여 뜸을 뜨게 되자 자기 몸에도 친히 뜸질을 하여 그 고통을 함께 나누었다는 고사에서 온 말이다. 두터운 형제애를 비유한다. 작애灼艾는 뜸질을 위해 쑥을 태우는 것이다.

눈빛 하나로 호흡이 척척 맞는 형제라면 얼마나 좋을까. 다행히 그런 형제는 많으며, 당연히 열정적이고 용감한 형제일 터.

함께 있는 것만으로도 기대 이상의 힘이 솟는 가족, 그중에서도 형제의 끈끈한 정은 가족애 실천의 원동력이다. 모든 인간관계에 적용되겠지만, 정서적 소통이 있어야 정체성의 공유가 가능하다. 각자의 관점과 개성을 존중하는 것이 인정이고 감정과 갈등을 조정하는 것이 교감이다.

형제간 화평이 효다. 나를 진심으로 걱정해줄 형제자매가 있는 사람은 행복하다. 형제를 내 몸처럼 소중히 여기지 않고는 형제의 아픔이 나의 아픔이 될 수 없고 형제의 기쁨도 나의 기쁨이 될 수 없다. 형제를 사랑하지 않고서 이웃을 사랑한다는 것은 앞뒤가 맞지 않는다.

**출전**　　『송사宋史』「태조기太祖紀」

**형제의 고통은 형제의 동정을 요구한다.**

A brother's sufferings claim a brother's pity.

• 조지프 애디슨 1672~1719, 영국 작가

**양조추리** 대추와 배를 사양하고 권한다.

사양할 **양**

형제간의 우애가 돈독함을 비유한다. 『남사』 「왕태전」에 전하는
이야기로, 왕태가 어렸을 때 할머니가 대추와 밤을 상 위에 올려
놓자 다른 손자들이 서로 먼저 먹으려고 다투었다. 하지만 왕태
만은 할머니가 나누어 줄 때까지 꼼짝 않고 기다렸다고 한다.

『후한서』 「공융전」은 일곱 형제 중 여섯째인 공융이 네 살 때 형
제들과 배를 먹는데 매번 작은 것만 골라서 먹기에 형들이 까닭
을 묻자 자기는 나이가 어리니 마땅히 작은 것을 먹어야 한다고
대답하여 사람들을 깜짝 놀라게 한 일을 전한다.

대추 **조**

어린 왕태와 공융의 태도가 당돌하다. 모든 이가 왕태와 공융 같
다면 권력과 재산을 둘러싼 형제간 시기와 분쟁도 없을 것이다.
콩 한 쪽이라도 나눠 먹어야 더불어 산다고 말할 수 있다. 늙어서
까지 화락한 형제자매로 남으려면 사리 판단을 흐리게 하는 철
부지 욕심부터 버려야 한다.

밀 **추**

배 **리**

**출전**　　『남사南史』 「왕태전王泰傳」, 『후한서後漢書』 「공융전孔融傳」

**같은 말**　추리양조推梨讓棗

---

**나는 아주 어린 사람들 다음으로 아주 나이든 사람들이 이기적이라고 생각한다.**

Next to the very young, I suppose the very old are the most selfish.

• 윌리엄 새커리 1811~1863, 영국 작가

灑

물뿌릴 쇄

掃

쓸 소

應

응할 응

對

대할 대

 물 뿌리고 비질하며 대답하고 응하다.

어린아이가 집 안팎을 깨끗이 청소하며 웃어른의 부름이나 물음에 공손히 응하는 것은 실천적 인성 교육의 첫걸음이다. 주자학을 집대성한 주희가 「대학장구서」에서 "사람이 나서 8세가 되면 왕공으로부터 서민의 자제에 이르기까지 모두 소학교에 입학하게 해서 그들에게 물 뿌리고 쓸고 응하고 대답하게 하며人生八歲 則自王公以下 至於庶人之子弟 皆入小學 而敎之以灑掃應對"라고 한 데서 온 말이다.

인성이 결여된 아이들을 양산함은 개인 차원을 넘어 사회문제로 비화된다. 인사성은커녕 자기밖에 모른다면 성인이 되어서도 사회에서 인정받기 힘들다. 부모 역시 내 아이 소중하면 남의 아이도 소중함을 알아야 한다.

지식 교육에 앞서 사람의 기본 자세를 가르치는 것이 공부의 시작이다. 어려서부터 보고 듣는 것이 정서 발달과 인격 형성의 기초가 되는 만큼 어린이의 생활 속 귀감은 어른의 책임이다.

사람을 사람답게 만드는 것이 교육의 본질이다. 과잉보호나 자유방임 또는 무관심이 아닌, 사랑을 듬뿍 받고 자란 아이들이 사랑을 보다 잘 베풀 줄 아는 훌륭한 인격체로 성장한다.

출전    주희朱熹 「대학장구서大學章句序」

---

**인생에서 배운 그 어떤 것보다 심오한 진리가 어린 시절에 들은 옛이야기에 있다.**

Deeper meaning resides in the fairy tales told to me in my childhood than in the truth that is taught by life.

• 프리드리히 실러 1759~1805, 독일 작가

**구상유취** 입에서 젖비린내가 난다.

말이나 행동이 아직 어림을 일컫는다. 유방이 항우와 천하를 다투던 때 자기를 배신한 위왕魏王 표豹의 장수 백직柏直을 한신韓信과 비교하면서 한 말이다.

감수성이 예민한 어린 시절에는 곧잘 방황도 하고 실수도 한다. 그러나 자라서도 사태 파악이 안 된다면 차제에 따끔한 본때가 필요하다. 실제에 미치지 못하는 과잉된 주체의식의 결과는 상상을 초월하기 때문이다.

젖비린내가 꼭 나이만을 뜻하는 것은 아니다. 나이가 들어도 오히려 식견이나 경험이 부족한 경우가 많다. 남에게 비교 또는 무시당하는 신세가 되지 않으려면 최소한 자중할 줄 알아야 한다.

인생의 의미는 주어진 자리에서 책임을 다하는 데 있다. 흔히 말하는 나잇값이다. 사회라는 큰 틀에서는 노장청老壯靑의 조화가 경륜의 상승 효과를 가져온다. 나이에 걸맞는 인격과 실력을 갖추되 나이대로만 세상 살 것도 아니니, 지혜와 더불어 인을 체득해야 올바른 대접을 받을 수 있다.

口 입 구
尚 오히려 상
乳 젖 유
臭 냄새 취

**출전**　　『한서漢書』 「고제기高帝紀」

**아이들에게는 비평보다 귀감이 필요하다.**

Children need models rather than critics.

• J. 주베르 1754~1824, 프랑스 작가

대롱 **관**

절인어물 **포**

갈 **지**

사귈 **교**

**관포지교** 관중과 포숙아의 사귐이란 뜻으로, 절친한 친구 사이를 비유한다.

춘추시대 제나라 관중管仲과 포숙아鮑叔牙는 죽마고우로서 빈부를 떠나 서로에 대한 믿음이 두터웠다. 훗날 왕실의 왕위 다툼으로 정적 관계가 되었을 때도 우정이 변치 않았으니, 관포지교란 시기와 질투를 초월한 향기로운 사귐을 비유한다.

포숙아는 환공桓公을 설득해 관중의 목숨을 구해주었고, 관중은 "나를 낳아준 분은 부모지만 나를 알아준 사람은 포숙아生我者父母 知我者鮑叔也"라고 술회했다.

친구 사이에는 역사가 있어야 한다. 그릇이 작은 자에게 관중과 포숙, 다윗과 요나단 같은 위대한 우정은 언감생심이다. 심신이 고양되고 삶이 개선되는 심우心友는 타고났다 할 밖에. 나를 인정해준다는 것이 별것 아닌 것 같아도 속내를 털어놓고 흉허물까지 감싸줄 변함없는 친구가 있는 한 결코 혼자가 아니다.

친구란 이해관계를 떠나 이해하는 관계이다. 건강한 관계, 멋진 공동체로 남으려면 서로를 용서해야 한다. 우정의 궁극적 목표는 영혼의 교류이기 때문이다.

**출전**　　『열자列子』「역명力命」, 『사기史記』「관안열전管晏列傳」
**같은 말**　문경지교刎頸之交, 금란지교金蘭之交

---

### 친구란 무엇인가? 두 몸에 깃든 하나의 영혼이다.

What is a friend? A single soul dwelling in two bodies.

• 아리스토텔레스 기원전384~기원전322, 그리스 철학자

**붕우유신** 친구 사이에는 신의가 두터워야 한다.

삼강오륜은 유교 도덕의 기본이 되는 세 가지 강령綱領과 다섯 가지 인륜人倫을 말한다. 삼강은 군위신강君爲臣綱·부위자강父爲子綱·부위부강夫爲婦綱이요, 오륜은 부자유친父子有親·군신유의君臣有義·부부유별夫婦有別·장유유서長幼有序·붕우유신朋友有信이다. 붕우유신은 벗의 도리는 믿음에 있다는 뜻이다. 인간관계에서 믿음을 빼면 무엇이 남겠는가. 신뢰란 우선 나부터 지킴과 동시에 주고받는 것으로 인간관계의 마중물이다. 오륜의 끝자를 모두 '信'으로 바꾸어도 하등 이상하지 않다.

친구를 보면 그 사람을 알 수 있다. 친구는 나를 비추는 거울이기 때문이다. 가까운 친구일수록 예의를 지켜야 우정을 지속할 수 있다. 특히 말에 의한 상처는 치명적이다. 친구를 배려하는 마음이 우정의 버팀목이다.

평생에 친구 하나 반 사귄다는 말이 있다. 그 하나는 아내를 말하니, 그만큼 진실한 친구는 사귀기도 어렵고 되기는 더욱 어렵다는 뜻이다. 영원한 우정의 비밀은 한결같은 믿음에 있다.

朋 벗 붕

友 벗 우

有 있을 유

信 믿을 신

| | |
|---|---|
| **출전** | 『맹자孟子』 「등문공장구상滕文公章句上」 |
| **참조** | 삼강오륜三綱五倫, 삼강오상三綱五常 |

---

## 친구를 믿지 않는 것은 친구에게 속는 것보다 더 부끄러운 일이다.

It is more shameful to distrust one's friends than to be deceived by them.

• 프랑수아 드 라 로슈푸코 1613~1680, 프랑스 작가

# 仁
# 義

몸을 죽여 인을 이루다

# 克
이길 극

# 己
몸 기

# 復
돌아올 복

# 禮
예도 례

**극기복례** 자기를 이기고 예로 돌아간다.

사사로운 욕심을 버리고 예절을 좇는다는 뜻으로, 유가의 근본 사상인 인仁을 얻기 위한 방법이다. 공자는 제자 안연이 인에 대해 묻자 "자기의 욕심을 이기고 예로 돌아가는 것이 인이다. 하루라도 사욕을 극복하고 예로 돌아가면, 온 천하가 인으로 돌아갈 것이다. 인의 실천이 자기에게 달려 있지 남에게 달려 있겠느냐 克己復禮爲仁 一日克己復禮 天下歸仁焉 爲仁由己 而由人乎哉"라고 답했다. 나의 진정한 라이벌은 나 자신이다. 그 숙명의 맞대결 최대 하이라이트는 나의 참모습을 송두리째 보여주는 것이다. 나를 극복하는 순간 '자타공인 나'로 각인된다.

자신의 삶을 사랑한다면 먼저 자신을 향한 내적 성찰이 있어야 한다. 자기의 부족함을 깨닫고 마음을 돌이켜 인의의 열매를 맺고자 날마다 새롭게 힘써야 한다. 그런 의미에서 지킬 건 지켜가면서 살자는 공자의 조목은 단순하기 그지없다.

"예가 아니면 보지 말고, 예가 아니면 듣지 말고, 예가 아니면 말하지 말고, 예가 아니면 움직이지 말라非禮勿視 非禮勿聽 非禮勿言 非禮勿動."

**출전**　『논어論語』 「안연顏淵」

**같은 말**　극복克復

---

## 극기가 최대의 승리다.

Self-conquest is the greatest of all victories.

• 플라톤 기원전427~기원전347, 그리스 철학자

**살신성인** 몸을 죽여 인을 이룬다. 옳은 일을 위하여 자기 몸이나 생명을 바침을 뜻한다.

죽일 **살**

『논어』「위령공」에서 공자가 "뜻 있는 사람과 어진 사람은 살기를 구하여 인을 해침은 없되, 몸을 죽여서라도 인을 이루는 일은 있다志士仁人 無求生以害仁 有殺身以成仁"고 한 말에서 비롯했다.

사람을 수단 아닌 목적으로 대할 때만 혼탁하고 이기적인 세상에서 남 또는 대의를 위해 자기 몸이나 생명을 대신 바칠 수 있다.

몸 **신**

평상시 인의를 말하지만 비상시 안위와 실리를 따르는 것이 일반적이다. 자신의 모든 것을 내어던져 남을 구하려다 한 떨기 꽃망울로 화한 의인들의 삶은 세인들에게 감동을 전한다.

모든 사람이 위대한 고난과 자기희생을 감당할 수 있는 것은 아니다. 먼저 자기 자신에 최선을 다할 때 누군가의 가슴속에 기억될 수 있다. 버스 좌석 하나를 양보하는 일처럼 사소한 일상에서 희생을 실천하며 따뜻한 사회를 열어가야 한다.

이룰 **성**

사랑으로 충만한 인생이 성공한 인생이다. 절박한 심정으로 살아갈 이유를 찾는다면 언제 어디서나 온몸으로 실천하는 참사랑의 열매를 맺을 수 있다.

어질 **인**

**출전**　　『논어論語』「위령공衛靈公」

---

## 죽음보다 강한 것은 이성이 아니라 사랑이다.

It is love, not reason, that is stronger than death.

• 토마스 만 1875~1955, 독일 작가

# 化 性 起 偽

化 화할 화

性 성품 성

起 일어날 기

偽 거짓 위

**화성기위** 인간의 악한 본성을 인위적으로 선하게 변화시키다.

인간의 본성과 관련하여 맹자는 성선설을, 순자는 성악설을 주장했다. 성선설은 천성적 양지양능良知良能에 입각한 인의예지仁義禮智를 강조하고, 성악설은 선을 인위적인 것으로 보아 교육을 통한 후천적 교정 노력을 강조한다.

화성기위는 성악설의 명제로서, 작위적 노력들이 예의와 법도를 생성하여 인성을 교화한다고 본다. 성性이란 하늘이 사람에 부여한 것으로 곧 본성이며, 위偽란 성과 대비되는 것으로 실행 및 인식 가능한 인위다.

뿌리 깊은 죄의 속성 때문에 어찌할 바를 모르는 것이 인간 존재의 적나라한 실상이다. 삶의 격전장에서 영혼의 구원 대신 영혼이 힘든 나날을 보내는 사람들이 부지기수다. 자꾸 마음에 걸리는 것은 결국 마음의 가시가 된다. 날마다의 삶 속에서 무차별적으로 찾아오는 마음 한구석 선하지 못한 생각부터 물리쳐야 한다. 대적하고 훼방하고 유혹하는 온갖 악한 것들로부터 나를 지키려면 선한 양심과 더불어 신앙이 필요하다.

**출전**　『순자荀子』 「성악性惡」

잘못을 저지르는 것은 인간이요, 용서하는 것은 신이다.

To err is human; to forgive, divine.

• 알렉산더 포프 1688~1744, 영국 시인

**한사존성** 삿된 것을 막아서 정성스럽고 참된 마음을 보존하다.

올바르지 못한 것을 멀리하고 참된 것을 마음에 간직한다는 말이다. 공자가 군덕君德에 대해 "말을 미덥게 하고 행실을 삼가며, 간사한 생각을 막아서 그 정성스러운 마음을 보존하며, 착한 일을 하되 제 공을 드러내어 스스로 자랑하지 아니하고 덕을 널리 베풀어 세속을 교화한다庸言之信 庸行之謹 閑邪存其誠 善世而不伐 德博而化"고 한 데서 온 말이다.

마음은 선과 악의 싸움터다. 산다는 게 가치 판단의 연속이며, 항상 바른 편에 서기 위해 지혜와 용기가 필요하다. 때로는 각종 불이익과 생명의 위협까지 감내해야 한다. 단 한 번의 그릇된 판단이 삶을 공중분해할 수도 있다. 깊은 고뇌가 필요한 대목이다.

살다 보면 두 다리 쭉 뻗고 잔다는 말의 의미를 절감할 때가 온다. 결코 낙심하거나 교만치 않고 감사하며 청결한 마음으로 살아간다면 그 무엇도 감당할 수 있는 견고한 사람이 된다. 인간을 인간이게 하는 정신의 고뇌는 인간의 본질적 속성에 속한다. 감성, 이성, 영성의 조화로 거룩한 인격이 되어야 할 사명이 우리 모두에게 있다.

막을 **한**

간사할 **사**

있을 **존**

정성 **성**

**출전**　『역경易經』「건乾」문언文言

---

**위대한 자각과 심오한 심정의 소유자에게 괴로움과 번민은 언제나 필연적이다.**

Pain and suffering are always inevitable for a large intelligence and a deep heart.

• 표도르 도스토옙스키 1821~1881, 러시아 작가

검을 **흑**

흰 **백**

섞을 **혼**

뒤섞일 **효**

**흑백혼효** 흑백이 어지럽게 섞여 있다.

선악 또는 정사正邪의 구분이 명확하지 않은 부조리한 상황을 말한다. 후한의 문인 양진楊震이 조정의 기강이 문란해지자 "흑백이 뒤섞여 청탁의 근원이 같아졌다白黑溷淆 淸濁同源"고 안제安帝에게 상소한 데서 나왔다. 정론이 실종되고 돈이 상석을 차지한 부패한 현실을 지적한 것이다.

인간의 마음에는 선과 악이 공존한다. 아니, 뒤죽박죽되어 어디서 어디까지가 진실이고 거짓인지 갈피를 잡을 수 없다. 일일이 핀셋으로 골라내야 할 만큼 어지러운 세상은 분노를 넘어 허탈감을 자아낸다. 가짜가 진짜 행세하며 뭇사람의 판단을 흐린다. 순진한 착각 속에 상식을 외면하고 일말의 양심조차 부정하다 급기야 선을 핍박하는 구제불능의 상태에 빠진다.

세상을 보는 눈이란 옳고 그름을 가리는 것이다. 선과 악의 경계가 모호할수록 근본과 핵심에 집중하여 판단할 일이다. 선악의 분별은 매순간 어려운 과제다. 이를 위해서 빛 가운데 진리의 삶을 살도록 깨어 있어야 한다. 하늘이 알고 땅이 알고 나도 알고 너도 알듯이, 악은 결코 선을 이길 수 없다.

**출전**  『후한서後漢書』「양진전楊震傳」, 『관장현형기官場現形記』
**같은 말**  옥석혼효玉石混淆, 흑백전도黑白顚倒

---

**빛이 스스로 자신과 어둠을 드러내는 것과 같이, 진리는 참과 거짓을 판별하는 기준이다.**

Even as light displays both itself and darkness, so is truth a standard both of itself and of falsity.

• 바뤼흐 스피노자 1632~1677, 네덜란드 철학자

**목욕재계** 제사나 중대사를 앞두고 부정을 멀리하며 몸을 깨끗이 하고 마음을 가다듬는 일.

머리감을 **목**

맹자가 말하길 "서시西施라 해도 더러운 것을 뒤집어쓰고 있으면 사람들은 모두 코를 막고 지나갈 것이다. 비록 추하게 생긴 사람이라도 재계하고 목욕한다면 상제에게 제사 지낼 수 있을 것이다西子蒙不潔 則人皆掩鼻而過之, 雖有惡人 齋戒沐浴 則可以祀上帝." 서시는 미인의 대명사다. 아무리 뛰어난 자질을 지녔어도 수양을 게을리하면 허물을 고쳐 착하게 된 사람만 못함을 지적한 것이다.

목욕할 **욕**

은수저를 입에 물고 금빛 유전자로 태어난들 마음 공부가 덜 되면 소용없다. 일회적 삶에 헝클어진 내면의 자화상은 곤혹스럽다. 세속에 오염되어 타락의 늪에 빠지지 않도록 허물을 깨달아 고침이 옳다. 마음의 때부터 벗겨 순결하고 온전한 인격이 되도록 노력해야 한다.

재계할 **재**

내가 누구인지 알려면 붙들고 사는 것이 무엇인지 보면 된다. 겉치레를 삼가고 정결한 정신세계를 살다 보면 나는 물론 남도 살리는 놀라운 목표에 도달할 수 있다. 본질에 대한 문제의식을 갖고 날마다 내면을 가꾸는 일을 게을리하지 말아야 한다.

경계할 **계**

**출전**　　『맹자孟子』「이루장구하離婁章句下」
**같은 말**　　재계목욕齋戒沐浴

---

**밖으로 향하지 말고 네 자신의 내부로 돌아가라. 진리는 속사람 속에 깃든다.**
Do not go outward; return within yourself. In the inward man dwells truth.

• 성 아우구스티누스 354~430, 초기 그리스도교 철학자

頑

완고할 **완**

廉

청렴할 **렴**

懦

나약할 **나**

立

설 **립**

完廉懦立 다른 사람의 기품에 감화되어, 완악한 자도 청렴해지고 나약한 자도 뜻을 세우게 된다.

은말주초殷末周初의 백이伯夷와 숙제叔齊는 망국의 한을 품고 수양산首陽山에 숨어 살며 고사리를 캐먹고 지내다 굶어 죽은 것으로 유명하다. 맹자는 "백이의 풍도를 들은 자들은 탐욕스런 사내도 청렴해지고 나약한 사내도 뜻을 세우게 된다聞伯夷之風者 頑夫廉 懦夫有立志"고 하여 고매한 절조와 남을 감화시키는 역량을 칭송했다.

무개념과 파렴치함으로 정평이 나 있거나 숨겨왔던 양파껍질 본능을 발산하는 인사들은 특권의 향유 및 세습에 눈이 멀었음을 반증한다. 특권의식을 타파하고 고결한 봉사정신으로 사회에 보답할 때, 계층 대립을 해소하고 존경과 지지를 얻을 수 있다. 높은 자리에 오를수록, 남보다 많은 것을 누릴수록 사회로부터 받은 만큼 되돌려주고 남보다 앞장서서 희생할 각오가 필요하다. 부와 권력 등 사회적 지위에 상응하는 도덕적 의무를 의미하는 노블레스 오블리주의 척도가 불분명한 사회는 건강한 사회라하기에 부족하다.

**출전** 『맹자孟子』「만장장구하萬章章句下」

당신 등 뒤에서 사람들이 하는 말이 그 사회에서 당신의 명망이다.

What people say behind your back is your standing in the community.

• 에드거 왓슨 하우 1853~1937, 미국 작가

**함양훈도** 사람을 가르치고 이끌어서 재주와 덕을 이루게 하다.

젖을 **함**

함양涵養은 은덕을 베풀어 길러내거나 학식을 넓혀 마음을 닦는 것, 훈도薰陶는 흙을 다져 질그릇을 빚어내듯 사람을 교화하는 것이다. 이를 합치니 사람을 가르치고 이끌어서 탈선을 예방하고 배움과 사람됨을 이루고자 한다는 뜻이다.

기를 **양**

사도師道의 본령은 인성 교육이다. 제자를 아끼고 가르치는 것이 스승의 임무라면, 스승을 존경하고 그 은혜에 감사하는 것은 제자의 자세다. 부모는 사랑으로 자녀에게 자존감과 안정감을 심어주고 애정 결핍과 정서 불안을 막아준다. 무엇보다도 대화가 중요하다. 양육자와의 관계에서 가슴과 가슴이 마주치는 인격적 신뢰가 자아를 기른다. 스스로를 교육시킬 수 있을 때까지는 결국 기본 원칙들이 일관성 있게 몸에 배도록 해야 한다.

향풀 **훈**

미래 세대에게 무엇을 남겨줄 것인가? 물질이 아니라 정신이다. 국가 백년대계의 초석으로서 진정한 교육이란 사람의 가치, 사람됨의 가치를 가르치는 것이다. 한결 밝은 세상을 유산으로 물려주기 위해 올바른 인성을 갖춘 다음 세대를 길러내야 한다.

질그릇 **도**

---

**젊은이를 가르치고 일깨우는 것보다 더 위대하고 좋은 선물을 국가에 바칠 수 있겠는가?**

What greater or better gift can we offer the republic than to teach and instruct our youth?

• 마르쿠스 툴리우스 키케로 기원전106~기원전43, 로마 정치가

# 隱惡揚善

숨길 **은**

악할 **악**

오를 **양**

착할 **선**

**은악양선** 악은 감추고 선은 드러낸다.

남의 허물을 덮어주고 잘한 일을 널리 드러낸다는 뜻으로 공자가 순임금의 지혜를 칭송한 말이다.

자신의 큰 허물에 관대하고 남의 작은 허물에 엄격한 이유로 무지와 교만을 들 수 있다. 선악의 판단 기준이 자신이라고 확신한 나머지 옳고 그름을 가리지 못 한다면 자기의 욕망과 죄를 확대 재생산하는 우를 범하게 된다.

착한 일은 권장하고 나쁜 일은 징계함이 마땅하다. 이는 뿌린 대로 거둔다는 말과도 일맥상통한다. 그럼에도 불구하고 악을 감싸주고 용서하며 피난처를 제공함은 잘못을 두둔하려 함도 아니요, 권선징악의 공정한 도리와도 모순되지 않는다. 오히려 자신의 잘못을 스스로 깨닫게 함으로써 반성의 기회를 주고자 하는 적극적 노력이자 관용이다. 그렇다고 아무렇게나 허물을 덮는 것은 능사가 아니며, 악에 대한 징계가 더디다고 마음 놓고 악을 쌓는다면 어리석기 짝이 없다.

은악양선은 악을 악으로 갚지 않고 선으로 갚고자 함이다. 은혜 안에 회개가 있다는 사실을 안다면 정죄감에 시달리지 않을 것이다. 사람을 부끄럽게 하는 것은 경책警責이 아니라 사랑이다.

**출전**　『예기禮記』「중용中庸」

---

**하늘의 칼은 서둘러 찌르지 않으나 머뭇거리는 법도 없다.**

The sword of Heaven is not in haste to smite, Nor yet doth linger.

• 단테 알리기에리 1265~1321, 이탈리아 시인

**고두사죄** 머리를 조아려 지은 죄의 용서를 빌다.

크든 작든, 작위든 부작위든 죄 안 짓고 사는 사람은 없으며 범한 죄는 언젠가 반드시 드러난다. 알게 모르게 지은 죄로 마음 한구석 죄의식 속에 살아가는 사람이 어디 한둘이랴. 드러나지 않았을 뿐, 소싯적 불찰로 인하여 회한의 고통과 악몽에 시달리는 경우도 적지 않다. 내가 남에게 준 상처는 트라우마가 되어 양심의 가책으로 되돌아온다.

인생에 오점을 남기지 않으려면 무엇보다도 마음에 뿌리내려 자라나고 전염되고 파멸케 하는 죄의 속성을 알아야 한다. 잘못을 회개하지 않는 것이야말로 수치요 과오다. 자기합리화나 변명 등 형식적인 사과가 아니라 진심어린 사과가 필요하다. 사과를 막는 것은 강한 자존심이 아니라 약한 자존감이다. 반성, 사과, 책임의 삼박자가 맞아야 한다.

근본적인 문제가 해결되지 않고는 다음 단계로 이행할 수 없다. 죄는 근본적인 문제이므로 늦기 전에 반드시 해결해야 한다. 그 중에서도 죄인의 회심回心을 보는 것처럼 기쁜 일은 없다. 뜨거운 참회의 눈물과 함께 죄의 사슬과 멍에로부터 자유로워질 때 인간의 존엄성이 회복되고 평화가 찾아온다.

조아릴 **고**

머리 **두**

사례할 **사**

罪

허물 **죄**

---

**나는 인간이 사악함을 보고는 결코 놀라지 않지만,
그들이 부끄러워하지 않음을 보고 자주 놀란다.**

I never wonder to see men wicked, but I often wonder to see them not ashamed.

• 조너선 스위프트 1667~1745, 영국 작가

# 群雄

## 8장

## 군웅

낭떠러지에 매달린 손을 놓아라

英
꽃부리 **영**

雄
수컷 **웅**

豪
호걸 **호**

傑
뛰어날 **걸**

**영웅호걸** 영웅과 호걸.

영웅은 용기와 지략이 탁월한 인물을 말하며, 호걸 역시 지용과 기개를 갖춘 도량이 넓은 인물을 말한다. 특히 기품이 호걸스러운 여장부에 걸傑자를 써서 여걸女傑이라고 한다.

시대가 영웅을 만들고 영웅이 또 시대를 만든다. 일세를 풍미한 불세출의 존재와 동시대를 산다는 것은 영광이다. 활화산처럼 타오르는 열정 자체가 동경의 대상으로 찬란한 영감을 자아낸다. 떠오르는 태양과 지는 태양 사이의 결전은 처절할수록 낭만적이며, 불꽃처럼 일다 사위어가는 뒷모습은 더욱 인간적이다.

진정한 영웅은 위대한 문제의식의 소유자다. 영웅심의 발로를 뛰어넘어 문제 해결의 원천인 성실함과 문제를 관통하는 통찰력으로 세상을 바꿔놓는 그들의 본색은 산파역産婆役으로 현재진행형이다.

자기 분야에서 노력과 기회의 두 마리 토끼를 잡아 미래를 현실에 옮긴 자들이, 너무나 평범한 오늘날의 영웅이다. 해야 할 일과 할 수 있는 일을 했을 뿐이라는 희생정신과 겸손함이 천하를 도모한다. 명불허전名不虛傳에 관한 한, 인재를 길러내는 것 못지않게 중요한 일이 스스로를 걸러내는 것이다. 섬기는 마음 없이 맹목적 추종만을 강요하는 독불장군에게 허락된 역사는 없다.

**같은 말** 영걸英傑

**이 세상의 어떤 위대한 것도 정열 없이 성취되지 않았다는 사실은 절대적으로 믿어도 된다.**

We may affirm absolutely that nothing great in the world has ever been accomplished without passion.

• 게오르크 헤겔 1770~1831, 독일 철학자

**현애살수** 낭떠러지에 매달린 손을 놓다.

懸
매달 **현**

崖
낭떠러지 **애**

撒
놓을 **살**

手
손 **수**

벼랑 아닌 인생이 얼마나 있으랴. 어차피 능력 밖이라면 놓아줄 때를 아는 것이 지혜요 용기다.

높아지려면 낮아져야 하듯이 심혈을 기울여 이룬 것들은 자기 정체성의 역방향으로 질주한다. 언제까지나 임기응변이 통하리란 보장도 없다. 강요당하기 전에 유무형의 기득권을 포기하는 전략을 세우는 것이 기사회생의 길이다.

인생절벽에서 두 손에 움켜쥔 욕심을 과감하게 내려놓는 것은 위기를 기회로 만드는 숭고한 사명이다. 교만과 두려움 등 온갖 배설물을 비우고 새롭고 선한 것들로 채우기 위해 힘써야 한다. 사고의 바탕을 180도 바꾸는 것은 자기표현의 극치로서, 아무나 할 수 없는 역설적 자기 승인이다.

벼랑 아래 무엇이 있을지 모르지만, 사랑한다면 모든 것을 다 내려놓을 줄도 알아야 한다. 그러면 한동안 고통을 겪겠지만 결국 평안에 도달한다. 한 알의 밀알처럼 많은 열매를 맺는 삶이 되려면 자기를 비우고 새롭게 태어나야 한다.

**출전**　　　『경덕전등록景德傳燈錄』

---

**우리 시대의 가장 위대한 발견은 인간은 마음자세를 바꿈으로써 자기 삶을 바꿀 수 있다는 사실이다.**

The greatest discovery of my generation is that a human being can alter his life by altering his attitudes of mind.

• 윌리엄 제임스 1842~1910, 미국 철학자

# 優
뛰어날 우

# 勝
이길 승

# 劣
못할 렬

# 敗
패할 패

**우승열패** 우월한 자는 승리하고 열등한 자는 패배한다.

인생 곳곳이 승부처이고, 개인이나 국가나 살아남기 위해서는 싸워 이겨야 한다. 힘의 논리가 지배하는 냉엄한 현실이 생태계 먹이사슬을 방불케 한다.

자신감이 승리의 원동력이라면 힘과 지략은 추동력이다. 승부수라면 지금 당장 해야 할 일을 하는 것이다. 필승의 신념과 열망으로 정정당당하게 싸워야 한다. 승리는 혼자만의 힘으로는 어려우며 상황은 언제든지 바뀔 수 있다. 승리에는 인내와 절제가 필요하며, 기도하는 마음으로 끝까지 최선을 다해야 한다.

패배의 빌미를 제공하는 자신이 최대의 적이며, 자만과 패배주의는 승부 세계의 아킬레스건이다. 스스로 포기하거나 지고서도 왜 졌는지 모른다면 통탄할 일이다. 패배를 인정하고 결과에 승복할 때 값진 경험이 된다.

진정한 성공이란 무엇일까. 예외 없이 사후 평가가 핵심이다. 과정을 무시하면 자신과 더불어 사는 법을 잊어버리게 되니 결과적으로 손해다. 때로는 지는 것이 이기는 것이다. 세속적 출세에 도취 또는 낙담하지 않고 그로부터 무엇을 얻느냐에 따라 승패가 바뀐다.

**출전**　　오옥요吳沃堯 『통사痛史』

**비슷한 말** 약육강식弱肉强食

---

## 나는 승리를 훔치지 않는다.

I will not steal a victory.

• 알렉산더 대왕 기원전356~기원전323, 마케도니아의 왕

**억강부약** 강한 자를 누르고 약한 자를 도와주다.

억강부약은 강자를 억누르고 약자를 거들어 도와주는 것인데, 현실에서는 오히려 정반대의 상황이 흔하다.

힘센 자가 약자를 보호하는 것은 법의 원칙 이전에 인지상정이다. 권력의 속성상 어느 조직에서나 기득권자의 권한 남용을 제지하기란 쉽지 않다. 특히 정치권력을 비판·견제함으로써 사회적 약자의 목소리를 반영하려면 비상한 용기가 필요하다. 소외감, 무관심, 차별, 선입견 등 별다른 죄의식 없이 행해지는 각종 병리적 현상 앞에서 개인은 무력해지기 일쑤다. 승자독식 사회에서 갑의 횡포가 심해지면 을의 폭발 위험성도 증가한다.

강자의 군림을 막아 약자를 억압하지 않도록 하는 것은 약자에 대한 최소한의 배려이자 갈등 해소 방안이다. 비록 자신과 무관한 일이라도 정의가 깃들도록 모순을 바로잡는 일이 각자에게 맡겨진 소임이다. 현실에 안주하지 않고 보편적인 진리에 입각하여 양심과 역할 행동에 충실해야 한다. 애민사상을 계승하고 인간존중을 추구함에 빈부귀천이 따로 없다. 삶의 각축장에서 불합리와 모순에 맞서 해결책을 제시하고 따뜻한 인간애를 실천하려면 인식의 차이를 뛰어넘어야 한다.

누를 **억**

굳셀 **강**

도울 **부**

약할 **약**

**출전**   원강袁康『월절서越絶書』「외전본사外傳本事」

---

**승리를 올바르게 사용할 줄 아는 사람보다 승리하는 방법을 아는 사람이 훨씬 많다.**

Those who know how to win are much more numerous than those who know how to make proper use of their victories.

• 폴리비우스 기원전200~기원전118, 그리스 역사가

위 **上**

군사 **병**

칠 **벌**

꾀할 **모**

**상병벌모** 최상의 병법은 미리 적의 계략을 간파하여 쳐부수는 것이다.

춘추시대 제의 병법가인 손무孫武는『손자병법』「모공」편에서 "최상의 책략은 적의 의도를 간파하여 치는 것이고, 그다음은 적의 동맹을 이간시켜 무너뜨리는 것上兵伐謀 其次伐交"이라고 말했다. 적의 모략을 사전에 봉쇄하고 외교를 통해 적을 고립시킴으로써 피해를 최소화하고, 궁극적으로 싸우지 않고 이기는 전승전략全勝戰略이 최고의 용병이자 전법임을 밝힌 것이다.

전쟁 같은 현실에서 상대의 속임수에 넘어가지 않고 명분과 실리 사이에서 방황하지 않으려면 치밀한 생존 전략이 필요하다. 번뜩이는 영감 못지않게 유연한 상황 대처 능력이 한계를 극복하는 지름길이며, 기꺼이 큰 그림을 그리려는 결단이 그 전환점이다. 기선을 제압당한 처지에 엎친 데 덮친 격으로 계략이 휘몰아쳐도 궁극적인 승리가 중요하다는 사실을 잊어서는 안 된다.

최소의 희생으로 최대의 효과를 거두려면 인간에 대한 통찰, 즉 마음을 먼저 공략해야 한다. 때로는 한 걸음 물러서거나 알고도 속아주는 게 위기를 기회로 삼는 전략이다. 인간관계의 갈등 속에서 작은 마음은 큰마음으로 극복할 수 있다.

**출전**　　『손자병법孫子兵法』「모공謀攻」

---

**전술은 전투에서 전투력 운용법을 가르치는 것이고,**
**전략은 전쟁 목적 달성을 위한 전투 운용법을 가르치는 것이다.**

Tactics teaches the use of armed forces in the engagement; strategy, the use of engagements for the object of the war.

• 카를 폰 클라우제비츠 1780~1831, 독일 군사사상가

**운주유악** 장막 안에서 작전 계획을 세우다.

運 옮길 **운**

籌 산가지 **주**

帷 휘장 **유**

幄 장막 **악**

운주運籌는 주판을 놓듯이 이리저리 꾀를 짜내는 것을, 유악帷幄은 군막軍幕으로 작전을 세우는 본진을 말한다. 운주유악은 장막 안에서 산가지를 놀린다는 뜻으로, 참모부에서 기밀·책략 등을 논의·수립함을 말한다.

유방이 천하를 얻게 된 이유는 뛰어난 인재를 중용했기 때문이다. 유방은 장량張良·소하蕭何·한신韓信의 한흥삼걸漢興三傑 중 장량을 가리켜 "군막 안에서 계획하여 천 리 밖에서 승리함이 짐이 장량만 못하다夫運籌帷幄之中 決勝千里之外 吾不如子房"고 칭찬했다.

힘으로 이기는 것은 한계가 있고 승부는 변화무쌍하다. 포괄적이고 항구적인 승리를 위해 다방면으로 대책을 세울 때는 발상의 전환이 해법이다. 조직의 목표를 달성하는 데도 새로운 아이디어로 미래를 선도하는 창의적 두뇌 집단이 절대적이다. 일당백 인재들이 번갈아가며 산가지를 놀려줄 때 승전보勝戰譜도 올라간다. 콜럼버스의 달걀 세우기처럼 결국은 기획력이다. 그중에서도 전략 기획이다. 결승천리決勝千里하려면 명견만리明見萬里해야 한다.

**출전**　　『사기史記』「고조본기高祖本紀」

---

### 하나의 훌륭한 머리가 일백의 강한 손보다 낫다.

One good head is better than a hundred strong hands.

• 토머스 풀러 1608~1661, 영국 성직자

돌이킬 **반**

손 **객**

할 **위**

主

주인 **주**

**반객위주** 손님이 도리어 주인 구실을 한다.

일이나 사물의 본말, 대소, 경중, 선후 등이 뒤바뀜을 뜻한다. 굴러온 돌이 박힌 돌 빼는 것은 결코 우연이 아니다. 문제는 주체와 객체가 누구냐는 것으로, 자칫 탁란托卵의 숙주가 되면 낭패를 볼 수 있다. 한쪽이 감개무량感慨無量할 때 다른 한쪽은 강개무량慷慨無量하는 제로섬 게임에서는 원상회복이 힘들다.

복종과 헌신이 지배력의 원천이다. 열심히 섬기다 보면 섬김을 받게 되는 것이 정석이다. 군사 전략상으로는 일단 객이 된 뒤 빈틈을 노려 주도권을 장악하는 계책이다.

남에게 과도한 신세를 지게 되면 공동 소유권을 용인하고 결국 선택권을 상실한다. 스스로 놓은 덫에 걸리는 셈이다. 이루기도 어렵지만 지키기는 더 어렵다. 내 것을 지키려면 남 탓, 남 무시하지 말고 실력을 길러야 한다.

현상 유지와 현상 타파의 인생 좌표에서 소심한 방관자 역할에 머물러서는 안 된다. 전혀 다른 차원의 결단력이 잠재력을 일깨운다. 약점을 강점으로 바꾸는 도전의식으로 목적 성취에 적극 매진해야 한다.

**출전** 나관중羅貫中 『삼국지연의三國志演義』

**비슷한 말** 주객전도主客顚倒

---

**운명은 기회의 문제가 아니라 선택의 문제다. 기다리는 것이 아니라 성취하는 것이다.**

Destiny is not a matter of chance; it's a matter of choice. It is not a thing to be waited for; it is a thing to be achieved.

• 윌리엄 제닝스 브라이언 1860~1925, 미국 정치가

천자를 읽어 천하를 알다

**이대도강** 자두나무가 복숭아를 대신해 넘어진다.

李 오얏 **리**

代 대신할 **대**

桃 복숭아 **도**

僵 쓰러질 **강**

「고악부시古樂府詩」의 한 구절로, 형제간에 고락을 나누고 서로 도와야 함을 뜻했다. 후에 남 대신 희생하거나 중요한 것을 위해 덜 중요한 것을 포기한다는 의미가 더해졌다.

> 우물가에 복숭아나무 서 있고 그 옆에 자두나무 자라네. 벌레들이 와서 복숭아나무 뿌리를 갉아먹자 자두나무가 대신하여 말라죽었네. 나무조차 몸을 버려 대신하거늘 형제간에야 어찌 서로 잊으리오.
> 桃生露井上 李樹生桃旁 蟲來齧桃根 李樹代桃僵. 樹木身相代 兄弟還相忘.
> -「고악부시」'계명'

대를 위해 소를 희생하는 사례는 부지기수다. 성공하면 절묘한 발상, 실패하면 자충수가 되는 현실적 대안으로서 실행에 따르는 기회비용이 최대 난제로 부상한다. 미봉책으로는 어림없다. 포기할 건 과감히 포기하는 것이 후회 없는 선택이다. 군사 전략상으로는 부분적 손실을 감수하고 승리를 거두는 고육책이다.
성공을 위해 경쟁 못지않게 공존과 협력도 중요하다. 아무런 조건 없이 남의 잘못을 대신 책임져주고 남을 위해 양보하는 것은 행동으로 신념을 증명하는 길이며 희생정신의 실천이다.

**출전**　　『악부시집樂府詩集』「계명雞鳴」

---

### 성공하는 사람이 되기보다는 가치 있는 사람이 되도록 하라.
Try not to become a man of success but rather try to become a man of value.

• 알베르트 아인슈타인 1879~1955, 미국 물리학자

蠻
오랑캐 **만**

夷
오랑캐 **이**

戎
오랑캐 **융**

狄
오랑캐 **적**

**만이융적** 고대 중국에서 주변 민족들을 오랑캐라 하여 일컫던 이름.

중화사상中華思想은 한족漢族이 세계의 중심이라는 자긍심에 근거하여 주변 민족들을 오랑캐라고 여긴 까닭에 화이사상華夷思想이라고도 불린다. 만이융적은 중국 변방 소수민족의 통칭으로 그 방위별 호칭은 남만南蠻·동이東夷·서융西戎·북적北狄이다. 허신許愼의 『설문해자說文解字』는 동이족을 "활을 메고 있는 동쪽 사람"이라 하여 활을 잘 쏘는 것과 관련지어 설명한다.

서진西晉·수隋·북송北宋·명明 등이 소위 변방 오랑캐에 의해 쇠하거나 망했다. 오랑캐로 오랑캐를 무찌른다는 이이제이以夷制夷 전략은 적들을 이간시켜 그 약화된 역학관계를 파고드는 중국의 전통적 외교 정책이다. '적 아닌 적'끼리 싸움 붙이는 묘책이 때로는 인간관계에도 적용된다. 그중에서도 상대편의 약자를 '적의 적'으로 활용해 상대편의 강자를 쓰러뜨리는 것은 라이벌 제거에 특효다. 허술해 보여도 칼자루를 쥐고 있는 자의 정교한 현실인식에 기반한 고도의 술책이다. 뻔히 알면서도 당하지 않도록 평소 서로 신뢰하고 화합할 수 있는 관계를 만들어야 한다.

**출전**　『국어國語』「주어周語」

---

**우리가 저들을 야만인이라고 부르는 이유는 그들의 풍습이 우리와 다르기 때문이다.**

Savages we call them, because their manners differ from ours.

• 벤저민 프랭클린 1706~1790, 미국 정치가

**준조절충** 술자리에서의 담소로 적의 창끝을 꺾는다.

준조樽俎는 '술통과 도마'로 공식 잔치를 뜻하며, 절충折衝은 '적의 창끝을 꺾음' 또는 '외교 담판'을 뜻한다. 이를 합쳐 외교에서 무력에 기대지 않고 유리하게 담판 짓는 것을 말한다. 춘추시대 제의 명재상 안영晏嬰이 연회에서 진晉 평공平公과 그의 사신 범소范昭의 침략 의도를 탁월한 외교술로 분쇄한 데서 온 말이다.

설득과 흥정, 무언의 압력 등 교섭을 통해 타협점을 찾기가 쉽지 않다. 협상 테이블에 가로놓인 인식의 벽을 허물기 위해 화려한 수사보다는 상호 신뢰 및 약속 이행의 자세가 우선이다. 장기적 관점에서 명분과 실리를 조율하고 현안에 대처하는 유연한 자세가 보다 실용적이다. 침착과 냉정을 유지하면서 예리한 판단력과 강한 호소력으로 당당하게 정면 돌파할 때, 역사의 흐름을 바꾸고 전쟁까지도 막을 수 있다.

협상에는 정답이 없다. 물리력에 의존하지 않고 대화로 문제를 풀어가자면 진심이 우러나와야 한다. 원하는 것을 얻기에 앞서 진정 원해야 할 것이 무엇인지 깨닫는 지혜와 용기가 필요하다.

樽 술통 준

俎 도마 조

折 꺾을 절

衝 찌를 충

**출전**　　『안자춘추晏子春秋』 「내편內篇」

---

**공포 때문에 협상하지 말고, 협상하는 것을 두려워하지도 말라.**

Let us never negotiate out of fear, but let us never fear to negotiate.

• 존 F. 케네디 1917~1963, 미국 35대 대통령

形

형상 **형**

格

격식 **격**

勢

형세 **세**

禁

금할 **금**

**형격세금** 형세가 막혀서 행동이 자유롭지 못하다.

격格은 버티어 막는 것이고 금禁은 못 하게 말리는 것이니, 형격세금은 형세가 저지 또는 제한을 받거나 행동의 자유가 구속되어 일이 마음먹은 대로 되지 않음을 뜻한다.

전국시대 제의 군사軍師 손빈孫臏이 위魏와의 싸움에서 "적의 급소를 치고 허점을 공격하면 형세가 막히고 행동이 구속되어 싸움은 저절로 풀리게 된다批亢搗虛 形格勢禁 則自爲解耳"고 한 데서 온 말이다.

온갖 어려움이나 장애물은 그것을 딛고 일어서라고 있는 것이다. 냉정함과 침착함을 잃지 않는다면 역경도 순경으로 물꼬를 돌릴 수 있고, 그 흐름을 파도 타듯 즐기게 된다. 인생의 복병을 만나 심신이 지쳐버리고 최소한의 욕구마저 좌절됐을 때 어떻게 엉킨 실타래를 푸느냐를 보고 그 인격을 가늠할 수 있다.

한 몸 바칠 각오 없는 신세 한탄은 아무도 들어주지 않는다. 자의든 타의든 환경의 제약 속 최선의 선택지는 잡초처럼 끈질긴 생명력이다. 고난이 깊을수록 깨달음도 깊어만 간다. 삶의 핵심에 근접하면 달라진 위상을 실감하며 자유의 몸이 될 수 있다.

**출전**    『사기史記』「손자오기열전孫子吳起傳」

---

**삶의 높은 지위는 두려운 상황을 품위 있게 헤쳐 나가는 용기에 의해 얻어진다.**

A high station in life is earned by the gallantry with which appalling experiences are survived with grace.

• 테네시 윌리엄스 1911~1983, 미국 작가

**피형참극** 가시나무를 헤치고 베어낸다.

헤칠 **피**

형극荊棘은 '나무의 가시' 또는 '가시나무'로서 고난을 뜻한다. 가시나무를 헤치고 베어낸다 함은 눈앞의 장애물이나 난관을 헤치고 앞으로 나아가는 일을 비유한다.

후한을 세운 광무제 유수劉秀가 군사를 일으킬 때, 후에 개국공신이 된 풍이가 유수를 도와 여러 장애물을 제거하며 관중 땅을 평정했다는 고사에서 온 말이다.

가시나무 **형**

어려움은 아무런 예고도 없이 닥친다. 하지만 극복 못 할 고난도 없다. 불평과 원망 대신 침묵을 택하고 환경보다 자신을 바꿈으로써 고난에 맞서려면 무엇보다 자신을 돌아보는 지혜가 필요하다. 돌이켜보면 나를 성장시킨 것은 인고의 역정이다.

벨 **참**

『맹자』「고자하告子下」편에도 "하늘이 장차 사람에게 큰 임무를 맡기려 할 때는 반드시 먼저 그 심지를 괴롭히고 그 근골을 수고롭게 한다天將降大任於是人也 必先苦其心志 勞其筋骨"고 했다. 하늘의 섭리를 헤아려야 하는 까닭에 고난은 소명이다. 남들에게도 그 열매가 돌아가도록 고난 앞에 사명자使命者로서의 확고한 의지와 겸허한 자세를 가져야 한다.

멧대추나무 **극**

**출전**　　『후한서後漢書』「풍이전馮異傳」

---

**역경은 진리로 통하는 으뜸가는 길이다.**

Adversity is the first path to truth.

• 조지 고든 바이런 1788~1824, 영국 시인

일곱 **칠**

넘어질 **전**

여덟 **팔**

넘어질 **도**

**칠전팔도** 일곱 번 구르고 여덟 번 거꾸러지다.

거듭된 실패 또는 극도의 고생으로 어려움을 겪는 것을 말한다. 한편 칠전팔기七顚八起는 여러 번의 실패에도 굴하지 않고 투혼을 발휘한다는 뜻이다.

자신 또는 외부 환경을 통제 못 해 혼란스런 상황이 연출되면 방향감각을 잃고 갈팡질팡하기 쉽다. 뒤죽박죽 현실보다 서글픈 것은 평상심의 상실이며, 이는 스스로의 의식을 지배하지 못 한 탓이다.

잠재적 두려움과 패배감을 극복함으로써 타성에 젖은 자아를 청산해야 한다. 목표와 능력 사이에 패인이 있다. 철저한 자기 반성으로 더 이상 같은 실수를 반복하지 말되, 심신이 고갈될수록 긍정적 자기 암시로 오뚝이의 회복력을 체질화해야 한다. 실패를 에너지로 다시 우뚝 서는 것이다.

성공의 척도는 절대 포기하지 않는 것이다. 심리적 압박을 떨쳐내고 때를 기다리며 보기보다 끈질기다는 소리를 들어야 한다. 불굴의 도전 정신은 미래의 디딤돌이다. 오늘 넘어져도 내일 일어나면 된다는 각오로 도전을 멈추지 말아야 할 이유는 도전의 궁극적 대상이 바로 자신이기 때문이다.

**출전**    『주자어류朱子語類』「51권五一卷」

**참조**    칠전팔기七顚八起

---

**현명한 자는 결코 앉아서 자신의 손실을 탄식하지 않고,
기꺼이 그 손해를 보상하는 방안을 강구한다.**

Wise men never sit and wail their loss, but cheerily seek how to redress their harms.

• 윌리엄 셰익스피어 1564~1616, 영국 작가

**마권찰장** 주먹과 손바닥을 비빈다.

摩 문지를 **마**

싸움이나 일 등을 시작함에 앞서 기세를 떨치어 거침없이 돌진할 채비를 하는 것을 말한다.

하루하루 견딜 힘조차 남아 있지 않을 때 힘찬 격려와 응원은 가뭄의 단비와도 같다. 달리 도와줄 사람이 없다고 맥 빠져 있을 게 아니다. 그럴수록 팔뚝을 걷어붙이고 주먹과 손바닥을 짝지은 배수진으로 결의를 다져야 한다.

拳 주먹 **권**

두려움에 맞서야 용기가 생긴다. 부정적인 상황과의 결별은 있는 그대로의 자신을 인정하는 데서 출발한다. 경쟁력 회복을 위한 현실적 판단에는 좀 더 연습이 필요하지만, 심기일전하여 부정적 감정을 떨쳐내고 긍정 에너지로 무장할 때 한 줄기 서광이 비쳐온다.

擦 문지를 **찰**

모든 것은 마음먹기에 달려 있다. 기가 막혀도 기가 살아야 기막힌 반전을 기할 수 있다. 적당한 열등감은 자신감의 동기 부여가 된다. 비장한 각오와 결연한 의지의 원천은 내면에서 비롯된 자신감이며, 유머 감각은 배짱 투혼의 확실한 증거다.

掌 손바닥 **장**

**출전**　강진지康進之 「이규부형李逵負荊」

---

## 자신감은 성공의 제1 비결이다.

Self-trust is the first secret of success.

• 랠프 월도 에머슨 1803~1882, 미국 사상가

包
쌀 포

羞
부끄러워할 수

忍
참을 인

恥
부끄러워할 치

 부끄러움을 감싸 안고 견디어 참다.

만당晚唐 시인 두목이 초패왕 항우를 추억하며 지은 「제오강정시」에 나오는 구절이다. 유방에게 패한 항우가 도망하다가 군사를 일으킨 강동江東으로 건너갈 면목이 없어 오강에서 자결한 것을 두고 "승패는 병가도 기약할 수 없으니 수치를 감싸 안고 참는 것이 남아다勝敗兵家事不期 包羞忍恥是男兒"라고 읊었다.

모멸감으로 인한 분노를 참아본 경험은 일종의 자산이다. 성격이 인격으로 승화되는 시점이다. 그 순간 침묵으로 대처하는 것은 인간적이다. 극한의 수모를 당해 폭발하기 직전이라도 웃어넘기며 굴욕의 채찍을 참아내야 한다. 자신을 모욕했던 사람들도 시간이 지나가면 그것을 인격으로 인정해주고 존경심을 표하니, 모진 사람일지라도 다 속이 있기 때문이다.

인내의 기준은 참기 힘든 것을 얼마나 오랫동안 잘 참느냐에 있다. 인복人福과 마찬가지로 인복忍福이 많은 것도 자기하기 나름이다.

---

**출전**　　두목杜牧「제오강정시題烏江亭詩」
**참조**　　권토중래捲土重來, 사면초가四面楚歌

---

**패배를 이겨내는 법을 배워야 한다. 그럴 때 당신의 인격이 성장한다.**
You've got to learn to survive a defeat. That's when you develop character.

• 리처드 닉슨 1913~1994, 미국 37대 대통령

**권토중래** 흙먼지를 휘날리며 다시 돌아오다.

말 권

어떤 일에 실패한 후에 좌절하지 않고 힘을 회복하여 새출발하는 것을 뜻한다.

두목이 초한지쟁楚漢之爭에서 패한 항우가 재기하지 않고 자결한 것에 대해 "강동의 자제들은 준재도 많았기에 흙먼지를 날리며 다시 돌아왔다면 뒷일을 알 수 없었으리라江東子弟多才俊 捲土重來 未可知"라고 탄식한 데서 온 말이다.

흙 토

오늘 실패했다 해서 내일 또 실패하란 법은 없다. 당연히 재기 여부가 초미의 관심사다. 절실한 것은 명예 회복을 위한 구체적 방안이다. 영광과 고통을 모두 맛봐야 오류를 수정하고 다시 도전할 수 있다. 겨우내 움츠렸던 싹을 틔울 수 있도록 도와준 사람들에게 갑절의 감동으로 보답하기 전까지는 역전의 명수를 논하기 이르다.

무거울 중

실패로부터 엄중히 배우면 다시 반등하게 마련이다. 위인이 존경받는 까닭은 추호의 흔들림 없이 온갖 시련과 좌절을 박차고 역전의 주인공으로 다시금 일어섰기 때문이다.

올 래

출전　두목杜牧 「제오강정시題烏江亭詩」
참조　포수인치包羞忍恥, 사면초가四面楚歌

---

**인간은 패배하도록 만들어지지 않았다. 파괴될 수는 있지만 패배당할 수는 없다.**

Man is not made for defeat. A man can be destroyed but not defeated.

• 어니스트 헤밍웨이 1899~1961, 미국 작가

# 臥
누울 **와**

# 薪
섶나무 **신**

# 嘗
맛볼 **상**

# 膽
쓸개 **담**

**와신상담** 섶에 눕고 쓸개를 맛보다.

원수를 갚기 위해 고통을 참거나 큰 뜻을 이루기 위해 각고의 노력을 하는 것을 말한다.

춘추시대 오吳의 부차夫差는 월越의 구천勾踐에 패한 부왕의 원수를 잊지 않으려고 일부러 섶 위에 누워 자면서 군사를 길러 마침내 월나라에 설욕했다. 구천 역시 패전 후 곁에 쓸개를 놔두고 수시로 쓴맛을 보며 복수를 다짐한 결과 굴욕을 씻었다.

남의 잘못에 집착하여 관용을 거부하면 남에게 상처주고 자신 또한 상처받는다. 최상의 복수는 용서이며, 나아가 사건 자체를 잊는 것이다. 내게 큰 고통을 안긴 사람일수록, 가까운 사이일수록, 어쩌면 사소한 잘못일수록 용서가 어렵다. 용서는 이론이 아니라 실천의 문제로, 감정을 내려놓고 상대방 입장에서 이해할 때 가능하다.

용서는 내적 치유 과정이다. 남을 용서해야 비로소 나도 용서받으니 결론적으로 정죄는 나의 몫이 아니다. 복수는 복수를 낳는다. 복수의 악순환을 끊고 용서하고 용서받는 용기가 멋지다. 용서는 인간관계의 절정으로 삶이란 작품의 완성도를 높여준다.

**출전**    『사기史記』「월왕구천세가越王勾踐世家」

**같은 말**    상담嘗膽

---

**용서는 인간이 가장 깊이 느끼는 필요이자 최고의 성취이다.**

Forgiveness is man's deepest need and highest achievement.

• 호러스 부슈널 1802~1876, 미국 신학자

**결초보은** 풀을 묶어서 은혜를 갚는다.

남의 은혜에 마음속 깊이 감사함을 비유한다. 진晉의 장수 위과 魏顆는 아버지 위무자魏武子가 죽자 그 첩을 순장하지 않고 개가 시켰다. 훗날 위과는 진秦과의 전쟁에 나가 위경에 처했으나, 오히려 풀에 걸려 넘어진 적장 두회杜回를 사로잡는 전공을 세웠다. 그날 밤 꿈에 한 노인이 나타나서 "나는 당신이 개가시켜 목숨을 구해준 여자의 아비인데, 오늘 그 은혜를 갚으려고 싸움터에서 풀포기를 묶어 적장을 넘어지게 했소"라 말하고 사라졌다는 고사에서 온 말이다.

가장 혐오스러운 부류는 배은망덕한 인간이다. 아무리 작은 은혜라도 은혜를 안다는 자체로 이미 훌륭하지만, 마음을 담아 갚고자 힘쓸 때 그것은 배가된다. 맑은 정신으로 은혜 갚고 베풀기에 힘써야 하며, 특히 원수를 은혜로 갚을 때 사랑의 통로가 된다. 인간의 이기적 본능에도 불구하고 구체적인 삶에서 확인된 은혜의 모습이 사랑이란 사실에 감사하지 않을 수 없다.

結 맺을 결

草 풀 초

報 갚을 보

恩 은혜 은

**출전**　『춘추좌씨전春秋左氏傳』「선공15년宣公十五年」

**같은 말**　결초結草, 결초함환結草衡環

---

**피해는 티끌에 써 넣되, 은혜는 대리석에 써 넣어라.**

Write your injuries in dust, your benefits in marble.

• 벤저민 프랭클린 1706~1790, 미국 정치가

**朱**

붉을 주

**脣**

입술 순

**皓**

흴 호

**齒**

이 치

주순호치 붉은 입술과 하얀 치아.

여자의 빼어난 미모를 가리킨다. 굴원의 『초사』「대초」에 "붉은 입술에 새하얀 이, 참 아름다운 미인이로다朱脣皓齒 嫭以姱只"라고 한 데서 온 말이다.

천편일률적 외모가 경쟁력인 풍조가 만연할수록 성형, 다이어트 등 상업주의와 결탁한 외모지상주의의 폐해도 커진다. 미적 개념의 지나친 단순화는 경박한 허영심만 자극할 뿐이다.

'제 눈에 안경'이라고 저마다 미의 관점이 다르다. 얼마든지 있는 그대로의 매력 발산이 가능하다는 뜻이다. 건강하고 편안한 자연미와 볼수록 매력 넘치는 개성미는 하나같이 똑같은 미모와는 깊이부터 다르다.

시대에 따라 미의 기준도 바뀌는 법이지만 외모는 단지 외모일 뿐이다. 예쁨과 착함은 전연 별개인데도 사람들은 가끔 겉과 속을 혼동한다. 진정한 아름다움은 화려하지는 않지만 은근한 내면에 있다. 혹 비단결에 수놓인 꽃송이처럼 덕성과 미모를 아우를 수 있다면 뭇사람들의 찬사와 사랑을 받게 될 것이다.

**출전**　　『초사楚辭』「대초大招」

**같은 말**　　단순호치丹脣皓齒, 명모호치明眸皓齒

---

**아름다움은 보는 사람의 가슴속에 있다.**

Beauty is in the heart of the beholder.

• 허버트 조지 웰스 1866~1946, 영국 작가

**녹빈홍안** 윤이 나는 검은 귀밑머리와 발그레한 얼굴.

푸를 **록**

젊고 고운 여자의 아리따움을 형용한 말이다.

오늘날엔 까다롭고 세련된 화장 기법으로 다른 사람들의 눈길 사로잡기가 보다 수월해졌다. 자신의 모습을 가꾸려는 시도는 당연한 일이나, 마음을 사로잡으려면 생각부터 가꿔야 한다.

미의 울림이 지나친 사람은 자칫 미적 교만의 추한 민낯을 드러내기 일쑤다. 눈부신 눈속임도 겸손의 미 앞에서는 맥을 못 춘다. 송대 최고 시인인 소식은 그의 칠언율시七言律詩『박명가인薄命佳人』에서 "자고로 미인의 운명은 기구함이 많다自古佳人多命薄"고 말했다. 얼굴이 예쁘다고 반드시 좋은 것만도 아니니, 그 혜택 못지않게 아름다움의 대가 또한 만만치 않다. 과거 후궁들의 쟁패나 작금에 이르러 연예가의 소문에서 보듯이 내면의 미가 부족할 때 파국을 초래함은 역사가 증명한다. 얼굴에는 정신이 담겨 있다. 박색일망정 얼굴에 투영된 고운 심성은 고결한 세련미를 자아낸다.

살쩍 **빈**

붉을 **홍**

얼굴 **안**

**출전**　　홍련원洪楝園『후남가後南柯』「단모檀謨」

**같은 말**　　운빈화용雲鬢花容, 설부화용雪膚花容

---

## 아름다움을 선이라고 추정하는 것은 참으로 기이한 환상이다.

What a strange illusion it is to suppose that beauty is goodness.

• 레프 톨스토이 1828~1910, 러시아 작가

太
클 태

液
진 액

芙
연꽃 부

蓉
연꽃 용

**태액부용** 태액지太液也의 연꽃.

당나라 수도 장안의 황궁 대명궁大明宮 연못에 함초롬히 핀 연꽃이란 뜻으로, 당나라 제6대 황제 현종의 애첩 양귀비 같은 미인을 의미한다.

양귀비의 본명은 옥환玉環이며 자질이 풍염豐艶하고 가무에 능했다. 애당초 선정을 펼치던 당 현종을 미혹시킨 장본인으로, 로마 제국의 두 영웅 카이사르와 안토니우스를 사로잡았던 클레오파트라와 함께 역사적 팜므파탈로 각인되어 있다. 나라가 기울어져도 모를 만큼의 절세가인을 경국지색傾國之色이라 한다. 동서양 미인의 대명사인 양귀비와 클레오파트라에 적절한 호칭이다. 모두 짧은 생애, 비극적 삶, 치명적 매력을 지니고 있다. 문학과 예술의 단골 소재이기는 하나 덕스럽다고 하기에는 미흡하다.

평범한 남자라도 여색은 경계해야 마땅하다. 이기심이 문제의 발단이며 그로 인해 패가망신하는 경우도 비일비재하다. 일반적으로 참다운 아름다움이란 남녀 공히 윤리관념에 바탕을 둔 것이어야 한다.

**출전**   백거이白居易 「장한가長恨歌」
**같은 말**   해어화解語花, 경국지색傾國之色

---

**클레오파트라의 코가 조금만 낮았더라면, 세계의 모든 형세가 달라졌을 것이다.**

If the nose of Cleopatra had been shorter, the whole face of the earth would have been changed.

• 블레즈 파스칼 1623~1662, 프랑스 철학자

천자를 읽어 천하를 알다

**침어낙안** 물고기가 물 아래로 숨고 기러기가 땅으로 떨어진다.

잠길 **침**

미인에 대한 가장 극적인 묘사다. 『장자』의 본뜻은 모장毛嬙과 여희麗姬 같은 미인도 짐승의 눈에는 두려움의 대상일 뿐임을 말한 것이지만, 흔히 여자의 용모가 미려함을 비유한다. 한편 중국 4대 미인으로 서시·왕소군·초선·양귀비를 꼽는다. 각각 침어沈魚·낙안落雁·폐월閉月·수화羞花로 불린다.

고기 **어**

넋을 잃을 지경의 완벽한 아름다움은 단지 그림에 불과하다. 안목을 낮춰야 안복을 누릴 수 있다. 자연계에 순도 100퍼센트가 드물듯이 과도한 미모는 비현실적이어서 오히려 매력을 반감시킨다. 파격인 듯 무질서한 듯 부족해 보이는 미가 보다 친숙하게 다가온다.

떨어질 **락**

제아무리 후광미인後光美人도 고운때 다 벗으면 그만인 것, 세월이 비켜갈 수는 있어도 세월을 비켜갈 수는 없다. 아름다운 마음이 소중한 아름다움을 알아본다. 가슴으로 느끼는 아름다움은 백발과 주름살마저도 애틋함으로 다가온다. 그런 의미에서 모든 여성은 어머니가 된다는 사실만으로도 위대하다.

기러기 **안**

**출전**　　『장자莊子』「제물론齊物論」
**같은 말**　폐월수화閉月羞花, 천향국색天香國色

---

**아름다운 것은 영원한 기쁨이다. 그 아름다움은 커가며 결코 무로 바뀌지 않는다.**

A thing of beauty is a joy forever; its loveliness increases; it will never pass into nothingness.

• 존 키츠 1795~1821, 영국 시인

君
子

## 9장

# 군자

아름다운 옥에도 티가 숨어 있다

君

**임금 군**

子

**아들 자**

豹

**표범 표**

變

**변할 변**

표범 무늬가 선명하고 아름답게 변하듯, 군자는 잘못을 깨달으면 뚜렷하고 빠르게 고친다.

『예기』「곡례曲禮」편에서 말하길 "지식이 많으면서도 겸손하고, 선행에 힘쓰되 게으르지 않은 사람을 군자라 일컫는다博文彊識而讓 敦善行而不怠 謂之君子." 표변은 언행이나 태도가 전에 비해 뚜렷이 달라지는 것을 뜻하는데, 본뜻에서 벗어나 나쁜 뜻으로 오용되기도 한다.

나이 들어 성격이 굳어지면 바뀌기를 꺼려하고 과오를 인정하지 않게 된다. 묵은 마음이 맑은 양심을 몰아내고 사리사욕이 사리 판단을 흐리는 것이다.

소인을 바른 길로 이끌어주는 정신적 지주로 자리매김하려면 성실성이 중요하다. 덕행과 학식 외에도 남에게 관대하고 자신에게 엄격해야 한다. "남과 화합하되 똑같지 않고和而不同, 말보다 행동이 앞설 것訥言敏行" 등 도덕 수양을 두루 갖춰야 한다.

군자는 소인과는 가는 길이 다른 사람이다. 그러나 외곬으로 치우치지 않고 융통성이 있다. 포용력도 커서 궁지에 몰릴수록 심지가 깊어진다. 언제 어디서나 자신을 돌아볼 수 있음은 천명을 두려워하고 사람의 도리에 목마르기 때문이다.

**출전** 『역경易經』「혁革」

**같은 말** 대인호변大人虎變, 소인혁면小人革面

---

**모두 세상을 바꾸려 들지만, 스스로를 바꾸려고는 하지 않는다.**

Everyone thinks of changing the world, but no one thinks of changing himself.

• 레프 톨스토이 1828~1910, 러시아 작가

**요조숙녀** 언행이 품위 있고 정숙한 여자.

요조窈窕란 부녀자의 으늑하고 아리따운 행실과 모양을 뜻하며, 숙녀淑女란 부덕婦德을 지닌 현숙한 여자를 뜻한다. 이를 합치니 동양의 전통적인 여인상을 나타낸다. 군자의 최고 신붓감으로 꼽히며 여전히 많은 남성들의 이상형으로 여겨진다. 중국 최초의 시가 총집인 『시경』「주남」편 첫 번째 시가인 '관저'에 "요조숙녀는 군자의 좋은 짝이로다窈窕淑女 君子好逑"라고 노래하고 있다.

1893년 뉴질랜드에서 여성참정권이 최초로 인정된 이래, 여성의 자각과 여권 신장으로 전반적인 생활 영역에서 여성의 사회적 지위가 향상되었다. 가정의 울타리를 벗어나 남녀 역할의 경계도 허물어졌다. 여성 차별의 문제점이 여전히 존재하지만, 여성 인력의 활용에 국가 발전이 달려 있다 할 만큼 여성상의 변화가 눈부시다.

여성적인 온유함은 강한 치유력을 발휘하며, 천하를 품을만한 배포로서 손색없다. 새벽이슬 같은 순결함, 한 줄기 빛 같은 생명력을 지닌 숭고하고 자애로운 구원의 여인상은 그리 멀리 있지 않다.

窈 그윽할 **요**

窕 으늑할 **조**

淑 맑을 **숙**

女 계집 **녀**

**출전**　　『시경詩經』「주남周南」관저關雎

## 영원히 여성적인 것이 우리를 이끈다.
The Eternal Feminine draws us upward.

• 요한 볼프강 폰 괴테 1749~1832, 독일 작가

難
어려울 난

得
얻을 득

糊
풀 호

塗
진흙 도

**난득호도** 어수룩한 척하기란 어렵다.

똑똑한 자가 바보처럼 보이기는 어렵다는 뜻으로, 난세를 살아가는 지혜다. 큰 지혜의 바보 정신을 강조한 것으로 심층적 달관을 묘파한 일급 처세훈이다. 청나라 건륭乾隆 연간의 서화가 정섭鄭燮(호는 판교板橋)이 한 말이다. "총명하기도 어렵고 어리숙하기도 어렵다. 총명한 이가 어리숙하게 보이기는 더욱 어렵다. 총명함을 내어주고 한 걸음 뒤로 물러서면 마음이 편안해지고 뜻하지 않게 나중에 복으로 돌아온다聰明難 糊塗難 由聰明而轉入糊塗更難. 放一著 退一步 當下心安 非圖後來福報也."

살아가면서 괜히 잘난 체했다가 자기 꾀에 넘어가지나 않으면 다행이다. 자신을 최대한 절제함으로써 위험하고 욕된 자리에 빠지지 말아야 한다. 잘났으면서 못난 체하는 것은 꾸민다고 되는 일도 아니며, 겸허한 인품이 아니고선 불가능한 영지英智에 속한다. 동시에 혼탁한 세상의 흐름을 대관大觀함으로써 자신의 쟁점으로 재구성하기 위한 여백의 확보다. 때로는 손해가 곧 복이기 때문이다.

남들이 무어라 하든 나의 실체는 변치 않으므로 굳이 자신의 존재를 과시할 필요도 없다. 제대로 활용한 어리석음은 지혜의 방패 역할을 한다.

---

**세상에서 성공하려면 겉으로는 바보처럼 보여야 하되,
속으로는 현명해야 한다는 것을 나는 늘 지켜봐 왔다.**

I have always observed that to succeed in the world one should appear like a fool but be wise.

• 샤를 드 몽테스키외 1689~1755, 프랑스 사상가

**담박영정** 깨끗하고 고요한 마음.

담박澹泊은 욕심이 없어 마음이 깨끗함을, 영정寧靜은 마음이 편안하고 고요함을 말한다. 제갈량이 54세 때 여덟 살 난 아들 첨瞻에게 써주었다는 「계자서」의 구절이다. "마음이 깨끗하지 않으면 뜻을 밝힐 수 없고, 평온함이 없으면 원대한 목표에 이를 수 없다 非澹泊無以明志 非寧靜無以致遠."

인생은 마음에서 왔다가 마음으로 간다. 마음먹기가 마음대로 안 될 뿐이다. 인품에 있어서나 일에 있어서나 한 치의 흔들림 없이 마음을 다스려야 한다. 시정잡배의 치졸함이 아니라 인격의 향기가 은은히 배어 나오는 선한 삶을 영위해야 한다. 나아가 자신에 대한 관조와 풍자는 정신건강에 이롭다. 인간 본연의 마음자세를 견지해야 부조리에 대처할 수 있다. 중요한 것은 정신력이다.

마음이 청결하지 않고는 마음을 지킬 수 없다. 청결한 마음은 마음의 평안을 선사한다. 불순한 것이 침범하면 스스로 드러나고야 마는 것이니, 자신을 바로잡는 잣대로 삼기에 적합하다. 남다른 자기 관리로 온누리에 끼치는 선한 영향력은 또 하나의 선물이다.

澹 담박할 담

泊 배댈 박

寧 편안할 녕

靜 고요할 정

**출전**　제갈량諸葛亮 「계자서誡子書」, 『회남자淮南子』 「주술훈主術訓」

**같은 말**　담박명지澹泊明志, 영정치원寧靜致遠

---

**훌륭한 정신을 갖는 것만으로는 충분치 않으며, 중요한 것은 그것을 선용하는 것이다.**

It is not enough to have a good mind; the main thing is to use it well.

• 르네 데카르트 1596~1650, 프랑스 철학자

# 暗渡陳倉

어두울 **암**

건널 **도**

베풀 **진**

곳집 **창**

**암도진창** 남몰래 진창을 건넜다. 군사적 기습 또는 남녀 간의 사통 등 뒷전에서 딴짓하는 행위.

한고조 유방이 전략 요충인 관중關中을 차지하기 위해 "겉으로는 잔도를 수리하는 것처럼 보이게 하고, 남모르게 진창으로 건너갔다明修棧道 暗渡陳倉"는 일에서 비롯한 말이다.

좀처럼 속마음을 알 수 없는가 하면, 전혀 안 그런 척 인격의 명암이 엇갈리는 사람이 있다. 의구심을 떨칠 수 없는 요주의 대상이다. 겉모습과 상관없이 빈 쭉정이뿐인 영악한 세태의 노림수에 당하지 않으려면 너나없이 주도면밀해야 한다.

영원한 비밀은 없다. 꼬리가 길수록 또 많을수록 들통나게 되어 있다. 거짓의 뒤안길이 적나라하게 드러날 때를 대비해 연기에 너무 몰입하지 않는 편이 좋다.

감추면 감출수록 진실은 드러나게 마련이다. 높은 위치에 있을수록 인격적으로 완벽해야 인정받는다. 특히 후미진 곳에서의 졸렬하고 궁상맞은 몰골은 자괴감이 들게 한다. 진실의 힘으로 자신을 지키는 것이 모두의 신뢰를 얻고 바른 삶을 영위하는 길이다.

**출전**　　『사기史記』「고조본기高祖本紀」

**같은 말**　성동격서聲東擊西

---

**성격은 마치 사진처럼 어둠 속에서 발현된다.**

Character, like a photograph, develops in darkness.

• 유서프 카쉬 1908~2002, 캐나다 사진가

무덤 사이에서 남은 음식을 구걸한다. 비속한 방법으로 허세 부림을 비유한다.

제나라 사람이 밖에만 나가면 술과 고기를 배불리 먹고 와서는 부귀한 사람들과 함께 먹었다고 자랑했다. 하루는 아내가 남편을 미행해보니 "무덤 사이를 돌아다니며 제사지내고 남은 음식을 빌어먹고 있었다 墦間之祭者 乞其餘." 허세의 비루한 실상을 예리하게 묘사하고 있다. 맹자는 "군자의 눈으로 보건대, 사람들이 부귀영달을 구하는 방법으로 그 처첩이 부끄러워하지 않고 서로 울지 아니할 것이 드물다 由君子觀之 則人之所以求富貴利達者 其妻妾 不羞也而不相泣者 幾希矣"고 신랄하게 꾸짖고 있다.

출세하면 모든 게 용서된다는 성공 신화는 신기루에 불과한데도 여전히 명예롭지 못한 성공이 판친다. 허세와 위선으로 부와 명예를 얻고 나서 뒷감당은 어찌하려는지. 막상 큰소리 쳐도 편법과 속임수의 이중 생활이 공중곡예처럼 아슬아슬하다.

거짓말이 늘면 점차 현실감각이 떨어져 과대망상 속에 살게 된다. 그러나 거짓의 수명은 짧다. 허울 좋은 가면이 벗겨지면 화려한 날은 가고 꽁꽁 숨겨왔던 추한 민낯만 남는다. 스스로를 속이지 말고 자신의 진정한 모습과 가치에 촉각을 곤두세워야 한다.

墦 무덤 **번**

間 사이 **간**

乞 빌 **걸**

餘 남을 **여**

출전　　『맹자孟子』 「이루장구하離婁章句下」

---

**자신의 명성이 자신의 진실보다 더 빛나지 않는 자는 복이 있다.**

Blessed is he whose fame does not outshine his truth.

• 타고르 1861~1941, 인도 시인

아름다운옥 근

아름다운옥 유

숨을 닉

瑕

티 하

**근유익하** 아름다운 옥에도 티가 숨어 있다.

아무리 어질고 덕망 있는 사람이라도 허물이 있게 마련이란 뜻이다. 또는 아무리 훌륭한 물건이라도 한 가지 결함은 있다는 뜻이다.『좌전』에 이르길 "내와 못이 오물을 받아들이고 산과 늪이 해충을 감추며 아름다운 옥에도 티가 있다川澤納汚 山藪藏疾 瑾瑜匿瑕." 바라던 보물을 손에 넣고 보니 그리 아름답지 않음을 알게 된다면 실망이 클 것이다. 하지만 누구에게나 허물은 있다. 오히려 결점을 보이지 않는다면 의심해봐야 한다. 원리 원칙만 따지면서 꼬투리 잡자면 한이 없다. 완벽주의를 자처하며 남을 판단하는 데만 몰두한다면 실로 피곤한 사람이 아닐 수 없다. 이것저것 가리고 따지면 사귈 사람, 따를 사람이 없다. 장점이 뚜렷할수록 단점도 부각된다. 서로의 장점에 민감해질수록 서로의 단점에 둔감해진다.

신이 아닌 이상 완벽한 인간은 없다. 성인군자가 아닌 이상 자기검열에서 자유로울 사람은 없다. 인간으로 말미암는 허물이나 결함은 어느 정도 용납해야 한다. 인간관계의 기본 전제는 일장일단이다.

**출전**    『춘추좌씨전春秋左氏傳』「선공15년宣公十五年」

**같은 말**    대순소자大醇小疵, 백벽미하白璧微瑕

---

**모든 사람은 달과 같아서 결코 아무에게도 보여주지 않는 어두운 면을 가지고 있다.**

Everyone is a moon, and has a dark side which he never shows to anybody.

• 마크 트웨인 1835~1910, 미국 작가

**대순소자** 가장 순수한 것일지라도 조금의 흠은 있다.

큰 대

당송팔대가인 한유가 말하길 "맹자는 순수하고 순수한 자이다. 순자와 양웅揚雄은 대체로 순수하나 조금 흠이 있다孟氏醇乎醇者也 荀與揚 大醇而小疵."

한 치의 오차 없이 세상을 살아가는 사람은 없다. 겉보기와 달리 누구라도 허실이 있게 마련이다. 그 사람이 그 사람이며, 허함이 실함보다 돋아 보인다.

전국술 순

소금도 간수가 빠져야 제맛이 나듯 불순물을 걸러내는 일이 급선무다. 완벽을 지향하되 전부 아니면 전무의 완벽주의를 배격하는 결함 관리가 요청된다. 생활에서 강박불안이나 결벽증의 수렁에 빠지지 않도록 적당히 빈틈도 있어야 한다. 오히려 작은 오점이 치명적 실수의 예방접종이자 대과 없는 인생의 전제조건이 될 수도 있다. 그 점을 모른다면 알긴 알아도 대충 아는 것이다. 어차피 불완전한 인간이 불안정한 삶을 살아간다. 좋은 인간성이

작을 소

란 완전에 가까워지도록 중심을 바로 세우는 것이다. 순수의 기준이 숙제로 남지만, 마음속 깊은 곳까지 구김살 없는 영혼, 해맑은 성정으로 가꾸어야 한다.

흠 자

**출전**  한유韓愈『독순자讀荀子』
**같은 말**  근유익하瑾瑜匿瑕, 백벽미하白璧微瑕

---

**종교적으로 나 자신에게 고백할 때,**
**내가 가진 최상의 미덕 속에 악덕의 기미가 있음을 발견한다.**
When I religiously confess myself to myself, I find that the best virtue I have has in it some tincture of vice.

• 미셸 드 몽테뉴 1533~1592, 프랑스 사상가

秤
저울 **칭**

斤
근 **근**

注
물댈 **주**

兩
두 **량**

**칭근주량** 사소한 것들을 견주어 살피느라 큰일을 돌아보지 않다.

도량이 협소하면 하잘것없는 일에 좀스런 이해타산을 밝힌다. 아량이 부족하면 언급할 가치도 없는 일에 과민하고 스트레스가 넘쳐난다. 바쁜 세상, 시시콜콜한 것까지 미주알고주알 따지다 보면 피곤해진다. 수용 가능한 것은 넘어가야 하는데 조급함 때문에 총기가 흐려진다. 숫자 놀음으로 주객이 전도되고, 빈약한 지식은 오차와 편차를 발생시킨다. 무엇인가를 관찰하고 측정하여 결론을 도출하는 일련의 탐구 과정은 과학에만 국한된 것이 아니라 세상사 전반에 걸쳐 있다. 삶의 불확실성을 줄이기 위해 간과해선 안 될 것이 간과해도 좋을 것에 좌우되지 않도록 무게 중심을 잘 잡아야 한다. 더 귀중하고 덜 귀중하고의 차이다.

군더더기에 집착하면 큰일을 할 수 없다. 사실 판단과 가치 판단을 막론하고 큰 틀에서 핵심만이라도 제대로 파악하는 것이 선결 과제다. 동시에 사소한 것들의 진정한 의미를 아는 사람은 내면적 진실을 외면하지 않으면서도 양자택일이 불가피한 상황에서 대범한 결단을 내리니, 이것이 바로 사소함의 재발견이다.

**출전**   『주자어류朱子語類』 「109권─百九卷」

---

**인생은 너무 짧아서 그것을 사소하게 만들 수 없다.**

Life is too short to be little.

• 벤저민 디즈레일리 1804~1881, 영국 작가·정치가

**왕척직심** 한 자를 굽히고서 한 길을 곧게 펴다.

枉 굽을 **왕**

尺 자 **척**

直 곧을 **직**

尋 찾을 **심**

1척尺(자)은 10촌寸(치)이고 1심尋(길)은 8척이다. 한 자를 굽혀 한 길을 똑바로 편다 함은 대도大道나 큰 이익을 위해서 소절小節이나 작은 이익을 희생시킴을 말한다. 맹자의 제자 진대陳代가 이와 같이 비유하면서, 백성을 구제하기 위해 맹자더러 제후에게 유세할 것을 권했다. 맹자는 도道를 굽혀 제후에게 아부하기를 거절하고, 자기를 굽힌 자가 남을 곧게 펴는 경우는 없다고 답했다.

인생의 굵직한 현안을 해결하려면 종합적 판단 능력이 필요하다. 단편적이고 고지식한 시각을 벗어나 유연하고도 미래적인 안목이 조화를 이루어야 한다. 단기적 이해타산보다는 인간의 가치와 잠재력을 세심하게 배려하는 장기적 비전이 중요하다.

세상에는 반드시 지켜야 할 최소한의 원칙과 정도가 있다. 수단 방법을 가릴 때 과정과 결과도 균형을 이룬다. 신념은 타협할 수 없는 것이지만, 예외적 경우도 있다. 상황 논리에 의한 판단 착오를 경계하되, 대의를 위해서라면 버려야 할 것은 버리고 자존심을 굽히고 손해를 감수해야 한다.

**출전**　　　『맹자孟子』「등문공장구하滕文公章句下」

---

## 삶은 대담한 모험이거나 아무것도 아니다.

Life is either a daring adventure or nothing.

• 헬렌 켈러 1880~1968, 미국 사회사업가

모 **방**

마디 **촌**

이미 **이**

어지러울 **란**

**방촌이란** 마음이 이미 혼란스러워졌다는 뜻으로, 일을 계속할 수 없는 상태를 비유한다.

방촌方寸은 '사방 한 치'로서, 사방 한 치쯤의 심장에 마음이 깃든다 하여 마음을 뜻한다. 유비의 군사軍師 서서徐庶를 회유하고자 조조가 그의 모친을 인질로 삼고 필적을 흉내 내어 거짓 편지를 보냈다. 이에 서서는 노모가 포로로 잡혀 "마음이 이미 혼란스러워졌기에方寸已亂" 더는 유비를 돕지 못하고 어머니를 만나러 가야 한다고 말했다.

마음은 갈등의 진원지다. 심란한 상태로는 아무것도 할 수 없어 삶이 피폐해진다. 조바심과 두려움으로 가슴이 새카맣게 타들어가는 고통에서 벗어나려면 부동심을 가져야 한다. 중요한 건 마음이며, 그중에서도 양심의 정당성이다.

산다는 건 끊임없는 감정의 기복이다. 있지도 않은 일로 평정심을 잃는 것은 마음의 면역력이 떨어졌기 때문이다. 하루에도 몇 번씩 시험에 드는 것이 사람의 마음이다. 의지만으로는 마음의 틈새를 채울 수 없다.

부평초 같은 마음, 마음을 알고 지키는 것은 스스로를 지키는 일이다. 마음의 본새를 몰라 인간사 본의 아니게 드라마틱해진다.

**출전** 『삼국지三國志』 「촉서蜀書」 제갈량전諸葛亮傳

**사람을 방해하는 것은 일이 아니라, 그 일에 대한 자신의 견해다.**

Men are disturbed not by things, but by the views which they take of them.

• 에픽테토스 55~135, 로마 철학자

**연정악치** 깊은 못처럼 차분하고 높은 산처럼 우뚝 솟은, 심원하고 고상한 인품과 덕망.

옹졸한 사람은 자기 입장에만 치우쳐 조그만 일에도 감정을 드러낸다. 내색이 빨라서야 소인배를 면치 못한다. 교활하고 음흉한 사람의 심층 심리 또한 그리 간단치 않다. 온갖 유감스러운 처신들의 사고방식 및 행동양식에는 한결같이 변덕이 있다.

한때의 감정이 삶을 결정짓기도 한다. 인격자란 자기감정을 제어할 줄 아는 사람이다. 말수를 줄이는 것이 의연하고 진중한 성품을 위한 첫 번째 수양 단계다. 마음 씀씀이가 넉넉하고 됨됨이가 된 사람은 외적인 영향에 구애받지 않는다. 또한 부정적인 생각 대신 자긍심을 가지고 타인을 존중한다. 난사람이 되는 것보다도 빈자리가 크게 느껴지는 참사람이 되는 것이 중요하다.

평범과 비범 사이에서 개개인의 품격도 달라진다. 감정 표현이 다소 부족해도 도저히 내면의 깊이와 높이를 가늠할 수 없는 중후한 인품도 있다. 요동치 않는 가치관으로 견고한 삶을 만들어가는 평범 속의 비범이 소망스럽다. 맑은 생각 굳센 마음은 참되고 소중한 것들을 가슴 가득 채울 때 가능하다.

못 **연**

물괼 **정**

큰산 **악**

峙

우뚝솟을 **치**

**출전**　석숭石崇「초비탄楚妃歎」

---

**위인이란 드물게 보이는 외딴 산봉우리이다. 이를테면, 산맥의 정상들이다.**

Great men are rarely isolated mountain peaks; they are the summits of ranges.

• 토머스 히긴슨 1823~1911, 미국 성직자

冷
찰 랭

嘲
비웃을 조

熱
더울 열

罵
욕할 매

**냉조열매** 남을 업신여겨 차갑게 비웃고 맹렬하게 꾸짖다.

항상 부정적이고 비판적인 말만 하는 사람과는 가까이 하지 않는 것이 좋다. 정신건강에도 해롭고 조만간 직격탄을 맞을 수 있다. 죄의식 없이 인신공격에 능한 것은 어리석은 데다 교만하기 때문이다. 그런 사람일수록 하이에나처럼 달려들어 아무것도 남지 않을 때까지 물고 늘어진다.

혀로 맞는 것이 가장 아프다. 언어 폭력은 물리적 폭력과는 차원이 다르다. 인격적 모욕으로 인간의 존엄성을 훼손한다는 점에서 횟수에 관계없는 정신적 폭력이다. 험담과 욕설 등 감각과 정서를 자극하는 막말이나 적절치 못한 표현은 귓속에 잘도 박히고 오래간다.

증오는 자기 파괴적 감정이다. 남을 미워하면 본인 가슴이 멍든다. 신뢰가 사라진 경쟁 사회에서는 누구나 가해자인 동시에 피해자일 수 있다. 심리적 투사投射의 관점에서 자신의 부정적 속성을 남에게 전가하여 과도하게 자기방어를 하는 것은 아닌지 돌아봐야 한다. 조소와 매도의 대상이 누구인지 성찰 그 이상이 필요하다. 남보다 자신을 책하되, 칭찬과 위로를 입에 달고 살자.

**출전**　　곽말약郭沫若 『반정전후反正前後』

---

**남의 인격에 대해 말할 때 자기 자신의 인격이 가장 잘 드러난다.**

A man never discloses his own character so clearly as when he describes another's.

• 장 파울 리히터 1847~1937, 독일 작가

　　천자를 읽어 천하를 알다

**함구납오** 치욕을 참고 더러움을 받아들인다. 군자가 수치를 용인하는 것을 비유한다.

임금이나 신분이 높은 사람이 너그러운 마음으로 남의 과실이나 무례를 포용하는 것을 말한다. 명말 홍응명洪應明은 자신의 어록 『채근담』에서 "군자는 마땅히 때묻고 더러운 것을 받아들이는 아량을 지녀야 한다君子當存含垢納汚之量"고 말했다.

나홀로 깨끗하기가 좀처럼 쉽지 않다. 하찮은 것들은 못 본 체 넘어가고, 때로는 감정적 손해도 감내해야 한다. 경우에 따라 세상의 때를 뒤집어쓸지언정 부정과 무원칙하게 타협해서는 안 된다. 착한 것과 바보는 같아 보여도 엄연히 다르다. 묵묵히 자존심을 지켜주는 마음 깊은 곳의 온유함이 있고 없고의 차이다. 씻을 수 없는 굴욕까지도 고깝게 여기지 않고 의연하게 받아줄 때 군자의 풍격이 갖추어지며, 사람들의 가슴 한 켠에 자리매김하게 된다.

인내란 참기 어려운 것을 참는 것이다. 대욕을 피하려면 소욕쯤은 능히 견뎌야 한다. 모욕을 이겨낸 사람은 총애를 받을수록 겸손할 것이다. 정신적으로나 육체적으로나 인내는 삶의 본질적 요소다.

머금을 **함**

때 **구**

들일 **납**

汚
더러울 **오**

출전    『채근담茶根譚』「개론槪論」

---

**인간은 그가 말하는 것에 의해서보다는 침묵하는 것에 의해서 더욱 인간답다.**

A man is more a man through the things he keeps to himself than through those he says.

• 알베르 카뮈 1913~1960, 프랑스 작가

**돼지 저**

**부딪칠 돌**

**돼지 희**

**勇**

**날랠 용**

저돌희용 멧돼지처럼 앞뒤 헤아리지 않고 함부로 날
뛰다.

저돌猪突은 멧돼지처럼 앞뒤 살피지 않고 막무가내로 돌진하는
것, 희용豨勇은 무서움 없이 덤비는 용기 또는 군사를 말한다. 저
돌희용은 서한 말 왕망王莽이 흉노에 맞서 천하의 흉포한 죄수와
노예를 한데 모아 조직한 군대의 명칭으로, 앞뒤 가리지 않고 함
부로 날뛰는 것을 말한다.

돈키호테가 풍차를 향해 돌진하는 장면처럼, 상황 판단 없는 저
돌적 추진력은 터무니없다. 그러나 그 무모함마저도 아쉬울 때가
있다는 점에서 생각과 행동의 합일점을 찾기가 쉽지 않다.

사람들은 비겁함을 혐오하면서도 부조리 앞에 침묵한다. 용기 없
음을 신중함으로 위장한다. 그런데 만용은 비겁보다 위험하다.
자기 주제도 모르고 만용을 부리다가는 낭패 보기 십상이다.

용기는 모든 미덕의 안전판으로 사태의 본질을 꿰뚫는다. 참된
용기는 직면한 위험을 인식하는 것에서 출발한다. 두려움의 실체
를 규명하고 나면 한결 편안해진다. 사람마다 가치관이 다르며
자기 기준이 절대적인 것도 아니다. 비겁과 만용의 극단 사이에
서 바람직한 결과를 도출하는 것이 신중한 용기다.

**출전**　　『한서漢書』「식화지하食貨志下」

---

**행동하는 사람처럼 생각하고, 생각하는 사람처럼 행동하라.**

Think like a man of action, act like a man of thought.

• 앙리 베르그송 1859~1941, 프랑스 철학자

천자를 읽어 천하를 알다

**근근화완** 부지런함·신중함·온화함·느긋함으로 관리의 마음 자세를 뜻한다.

부지런할 **근**

송의 고관이었던 장관張觀이 신입 관리들에게 "나는 임관 이래 항상 부지런함勤·신중함謹·온화함和·느긋함緩 네 글자를 지켜왔다某自守官以來 常持四字 勤謹和緩"고 충고했다. 부하 한 사람이 느긋함에 대해서는 아직 들어보지 못했다고 하자 "어찌 느슨함으로 인해 일을 제때 못 미치도록 하려 함이겠는가. 세상의 온갖 일이 성급하게 서두르다가 그릇되게 됨을 말하고자 함이다何嘗教賢緩不及事 且道世間甚事不因忙後錯了"라고 답했다. 다소 더디더라도 서두르지 말고 완급을 조절할 것을 당부한 말이다.

삼갈 **근**

개인이나 조직의 역량을 최대한 이끌어내려면 안팎의 다양한 목소리를 수렴하고, 충분한 여과 및 발효 과정을 거쳐야 한다. 숙성 자체가 향상을 촉진하도록 조율할 일도 많다. '빨리빨리'가 능사가 아니며, 느림의 미학을 음미할 때 삶이 풍요로워진다.

화할 **화**

인생의 반전을 위해 정성 어린 느긋함이 빛을 발할 순간을 냉철하게 기다리는 여유가 아쉽다. 시간에 쫓기고 사람에 쫓기는 바쁜 일상 속에서 억지로 되는 것은 없다. 때가 익을 때까지 조바심과 게으름에 빠지지 않는 위대한 기다림이 결실을 안겨준다.

느릴 **완**

**출전** 『소학小學』「선행善行」실명륜實明倫

---

## 매사에 서두름은 실패를 가져온다.

Haste in every business brings failures.

• 헤로도토스 기원전484~기원전425, 그리스 역사가

閑
居

한 그릇의 밥과
한 바가지의 물이면 족하다

**安**

편안 **안**

**貧**

가난할 **빈**

**樂**

즐거울 **락**

**道**

길 **도**

**안빈낙도** 가난한 생활 가운데서도 평안한 마음으로 절조를 지키면서 도를 즐긴다.

물질에 소유당하면 당할수록 물질을 바라보는 눈이 멀게 되며, 그 결과는 고통과 번민이다. 물질은 인간의 잣대, 인생의 푯대가 될 수 없다. 부란 상대적 개념이며 허장성세를 버리고 주어진 현실에 만족하며 사는 것이 순리다. 사치 대신 검약, 탐욕 대신 절제로써 물질의 공백이 정신의 충만으로 치환되는 경지가 바람직하다. 물질은 일시적 만족감을 줄 뿐, 돈이 다가 아니다. 청빈淸貧과 청부淸富로 모자람과 넘침을 초탈한다면 처지를 비관하거나 남을 원망하지 않고 불의와도 타협하지 않을 것이다. 빈곤은 자랑이 아니고 인간다운 생활의 보장은 당연하지만, 그전에 정신적 빈곤부터 퇴치해야 한다.

잘 산다는 것의 기준을 잘 설정해야 한다. 정신과 물질의 조화란 물질보다 정신이 풍요로운 삶을 뜻한다. 행복한 삶이란 계량할 수 없으며, 분수를 알고 지키며 분수에 만족하는 것이다. 집착으로부터의 자유가 관건이다. 연연해하지 않으면 흔들리지 않는다. 있으면 있는 대로 없으면 없는 대로 자족하고 감사하는 가운데 경건에 이를 수 있다.

**출전**　『후한서後漢書』「양표전楊彪傳」

---

**가장 큰 재산은 적은 것에 만족하며 사는 것이다.**

The greatest wealth is to live content with little.

• 플라톤 기원전427~기원전347, 그리스 철학자

**누항단표** 대그릇의 밥과 표주박의 물에 누추한 집. 소박하고 청빈한 삶을 뜻한다.

좁을 **루**

누항陋巷은 좁고 누추한 거리나 마을 또는 자기가 사는 거처의 낮춤말이다. 단표簞瓢는 단사표음簞食瓢飮의 준말로 대광주리와 표주박을 말하며, 가난한 생활을 뜻한다.

"어질도다, 안회여. 한 소쿠리의 밥과 한 바가지의 물로 누추한 집에 사는 것에 사람들은 근심을 견뎌내지 못하거늘, 안회는 그 즐거움을 변치 않는구나. 어질도다, 안회여賢哉回也. 一簞食 一瓢飮 在陋巷 人不堪其憂 回也不改其樂. 賢哉回也"라고 공자가 말했다. 가난에 구애받지 않고 도를 즐김은 어질기 때문이라며 제자 안회의 안빈낙도를 극구 칭찬한 말이다.

거리 **항**

아무리 보잘것없어도 내 집만 한 곳이 없다. 집이 주는 안락함은 가족의 사랑에서 비롯된다. 또 한갓 먹고 사는 것이 대세라면 인간의 자존심이 허락지 않는다. 쓸데없이 바쁘고 복잡하게 살다보면 속물 근성에 빠지기 쉽다. 확고한 가치관을 지니고 보람찬 일에 정진할 때 소박한 행복을 누릴 수 있다.

대광주리 **단**

이미 주어진 복을 누릴 줄 알아야 한다. 항상 감사하는 가운데 활기찬 생활이야말로 명민한 행복 습관이다.

바가지 **표**

**출전**    『논어論語』「옹야雍也」
**같은 말**    단표누항簞瓢陋巷, 단사표음簞食瓢飮, 단표簞瓢, 일단사일표음一簞食一瓢飮

---

**부족한 것이 얼마간 있는 것이 행복의 필수조건이다.**

To be without some of the things you want is an indispensable part of happiness.

• 버트런드 러셀 1872~1970, 영국 철학자

蓬 쑥 봉

蒿 쑥 호

滿 찰 만

宅 집 택

봉호만택 다북쑥이 집 안에 가득하다.

번거롭고 속된 세상의 명리에 조금도 개의치 않겠다는 선비의 고아함을 나타낸다. 벼슬에 나아가야 할 때와 집에 들어앉아 있을 때, 곧 출처관出處觀이 분명했던 옛 선비들의 옹골찬 처신과 꿋꿋한 지조는 오늘날 선비를 자처하는 사람들에게도 유효하다. 전원생활의 초월적 기상과 절개는 몰입적 삶을 위한 자발적 은퇴로서, 창조적 안식을 얻을 수 있는 생산적 고독이다. 어쩌다 기용되어 관작과 봉록을 얻게 되어도 마음만은 세속을 벗어나 한가로이 노닐었으니, 그 또한 사색의 삶이다.

원숙한 정신세계를 향유하려면 성공의 기준을 바로 세워야 한다. 성공에는 내 안에 존재하는 성공과 남에게 보여주기 위한 성공이 있다. 성공만 거두지 않았어도 좋은 가족, 도타운 이웃으로 남았을 사람들이 적잖다. 욕망에 불타올라 수단 방법을 가리지 않고 거둔 겉과 속이 다른 출세는 본인과 주변 모두에게 돌이킬 수 없는 재앙이다.

자연과 한데 어우러진 삶은 동경의 대상이다. 사회인이든 자연인이든 자유와 상상력으로 충일한 삶을 누리려면 순전한 마음으로 살아야 한다.

출전    『세설신어世說新語』「서일棲逸」

---

남의 생활과 비교하지 말고 너 자신의 생활을 즐겨라.

Enjoy your own life without comparing it with that of another.

• 마르키 드 콩도르세 1743~1794, 프랑스 철학자

**소요음영** 한가로이 거닐면서 시가를 나직이 읊조리다.

노닐 소

소요逍遙는 이리저리 자유롭게 거니는 것, 음영吟詠은 시가 따위를 읊는 것이다.

일상의 권태와 과로로부터 탈출하여 잠깐, 감미로운 휴식을 즐기는 것은 삶의 활력소다. 단순히 쉼이 아니라 자기 존재를 재확인하고 대상의 근원을 관조하기 위한 삶의 여백을 의미한다.

유대인의 안식년에는 땅도 노예도 쉼을 얻었다. 노동 없는 여가, 여가 없는 노동이 아닌 노동 후의 휴식은 달콤하다. 노동과 휴식의 일체화는 더욱 감칠맛 난다. 해야 할 일과 하고 싶은 일이 같다면 소득과 지위에 관계없이 행복도도 높아질 것이다.

멀 요

여가는 즐기기 나름이다. 방해받지 않는 시간은 에너지와 상상력을 재충전할 절호의 기회다. 시간이 없을수록, 삶에 찌들수록 정신적 여가가 중요하다.

누구나 쉬고 싶을 때가 있다. 무료함이나 일탈의 해방감과는 또다른 고요한 휴식 가운데 스스로 깨달아 얻음이 있어야 삶이 변화되고 안식이 찾아온다. 궁극적인 의미에서 삶의 좌표를 설정하고 마음의 평안을 되찾아 삶의 미로에서 벗어나야 한다.

읊을 음

읊을 영

**출전**　　『진서晉書』 권94 「은일열전隱逸列傳」

**세상에서 가장 중요한 것은 어떻게 하면 내가 진정 나다워질 수 있는가를 아는 일이다.**

The greatest thing in the world is to know how to belong to oneself.

• 미셸 드 몽테뉴 1533~1592, 프랑스 철학자

泉
샘 천

石
돌 석

膏
기름 고

肓
명치 황

**천석고황** 산수를 사랑함이 지나쳐 마치 불치병과도
같다.

천석泉石은 샘과 돌 또는 산수山水를, 고황膏肓은 염통과 가로막
사이로 몸속 깊이 있어 옛날 의술로는 침이나 약이 미치지 못하
는 곳, 곧 고치기 어려운 불치병을 뜻한다.

자연의 힘 앞에 인간은 작아진다. 자연계에 존재하는 삼라만상은
자연계의 질서를 따른다. 자연법칙에 따른 자연현상은 그 본질
규명을 위한 노력에도 불구하고 예측과 통제 불능을 넘어 경이
롭기까지 하다.

인간은 자연의 일부로서 인간관계 이상의 자연관계 속에서 살아
간다. 의식주를 비롯한 자연의 선물 못지않게 자연으로부터 배
우는 지혜 또한 크다. 그 예로 생명의 소중함과 욕심 버리기를 들
수 있다. 다정한 벗, 훌륭한 의사, 위대한 예술가 등등 수많은 모
습으로 다가오는 자연과 상생 공존하려면 보다 적극적으로 자연
을 누려야 한다.

자연의 이치나 인생사나 다를 바 없다. 엄마 품같이 포근한 대자
연의 숨결이다. 자연과 하나되어 교감할 때 인간성 회복에도 도
움이 된다.

**출전**　　『신당서新唐書』「은일전隱逸傳」 전유암전田游巖傳
**같은 말**　연하고질煙霞痼疾

---

**영혼과 자연의 조화는 인간의 지성을 풍요롭게 해주고 상상력을 일깨워준다.**

It is the marriage of the soul with Nature that makes the intellect fruitful, and gives birth to imagination.

• 헨리 데이비드 소로 1817~1862, 미국 사상가

**연하고질** 아름다운 자연을 사랑하는 굳어진 버릇 또는 속세에서 벗어난 삶.

연하煙霞는 안개와 이내 또는 고요한 자연의 경치를, 고질痼疾은 오래된 병이나 버릇을 말한다. 연하고질은 연하벽煙霞癖이라고도 하며, 자연의 아름다운 경치를 즐기는 성향이 깊어 마치 고질병이나 성벽처럼 굳어진 것을 말한다. 당의 은사隱士 전유암田游巖은 덕망이 높았으되 한사코 관직을 사양했다. 한번은 당고종唐高宗이 숭산嵩山을 유람할 때 그의 거처를 찾아가 그 뜻을 물은 바, "신은 샘과 돌이 고황에 걸린 것처럼 자연을 애호함이 고질병처럼 되었다臣所謂泉石膏肓 煙霞痼疾者"고 답했다.

교통의 발달로 지구촌을 여행하며 자연을 만끽할 수 있는 시대다. 바쁜 일상에 함몰되지 않으려면 때때로 자연을 벗 삼음이 좋으며, 이왕이면 호연지기浩然之氣를 길러야 정신건강에도 좋다. 생태계의 동반자로서 있는 그대로의 자연이 인간을 치유한다. 인간의 오만과 탐욕 때문에 자연을 파괴하는 것은 창조주의 뜻을 정면으로 거스르는 것이다.

숨 막히는 자연의 자태를 넋을 잃고 바라본다. 놀라운 세상이다. 파노라마처럼 펼쳐지는 조물주의 신공 앞에 겸허할 따름이다.

연기 **연**

놀 **하**

고질 **고**

疾
병 **질**

---

**출전**　　『신당서新唐書』「은일전隱逸傳」 전유암전田游巖傳
**같은 말**　　천석고황泉石膏肓

---

**자연은 신의 계시이며, 예술은 인간의 계시이다.**

Nature is a revelation of God; Art is a revelation of man.

• 헨리 워즈워스 롱펠로 1807~1882, 미국 시인

蓴

순채 순

羹

국 갱

鱸

농어 로

膾

회 회

**순갱노회** 순챗국과 농어회를 의미하며, 고향을 잊지 못하고 그리워하는 정을 비유한다.

진의 장한이 "인생은 마음의 뜻에 맞게 사는 게 중요하다人生貴得 適意爾"고 직감하며, 자신의 고향 진미인 순챗국과 농어회를 먹으려고 벼슬을 내버리고 고향에 돌아간 고사에서 온 말이다. 덕분에 장한은 황족의 권력 투쟁인 팔왕의 난八王之亂에서 화를 면할 수 있었다.

범람하는 유해 식품이 건강을 위협한다. 식탁을 점령한 즉석식품, 가공식품은 건강의 소중함을 생각하게 한다. 침샘을 자극한다고 다 좋은 음식이 아니다.

촌스러워서 맛있는 향토 음식에는 어머니의 정성과 손맛, 그리고 추억이 깃들어 있다. 미식가는 아니어도 그 깊고 풍부한 맛은 미각의 정점을 찍고 행복한 표정에 젖어들게 한다. 자연과 세월이 빚은 감칠맛, 고향 음식은 고향에 가서 먹어야 제맛이다.

음식 철학은 자연 사랑의 일환이다. 단순히 먹고 마시는 것이 음식이 아니며, 음식의 종류만큼 음식문화도 다채롭다. 맛있는 음식을 가까운 사람과 함께 건강하게 즐길 수 있다면 맛 중의 맛이요, 오감을 넘어 맛의 뿌리라 할 정신적 맛이다.

**출전**    『진서晉書』「장한전張翰傳」

**같은 말**    순로蓴鱸

---

**자유가 머무는 곳, 그곳이 바로 나의 고향이다.**

Where liberty dwells, there is my country.

• 벤저민 프랭클린 1706~1790, 미국 정치가

**호사수구** 여우는 죽을 때 제 살던 굴이 있는 언덕 쪽으로 머리를 향한다.

여우 호

『예기』에 이르길 "여우가 죽을 때 언덕에 머리를 바로 둠은 인이다狐死正丘首 仁也"라고 하여 자기의 근본을 잊지 않는 마음 또는 노년에 고향을 그리는 마음을 비유했다. 고향은 멀리 있는 것이 아니다. 마음은 언제나 고향이다. 마치 인의 핵심 덕목인 사랑을 마음에 새기는 일과 같다.

죽을 사

언제나 반갑게 맞아주는 고향 땅, 고향 하늘이다. 눈에 밟히는 얼굴들, 귓전에 맴도는 사연들에 앞서 고향 냄새가 안도감을 준다. 아련한 기억 저편 어린 시절이 살아 숨 쉰다. 시간이 거꾸로 가는 느낌이다. 그리스 신화의 영웅 오디세우스의 파란만장한 여정도, 탁월한 이야기꾼인 인생이 들려주는 대서사시도 그 대미를 장식하는 것은 돌고 돌아서 고향이다.

머리 수

가급적 빨리, 지금껏 추구해온 것들이 죽음 앞에서 갖는 태생적 한계를 점검해보아야 한다. 작별을 고할 시간, 오랜 고통과 방황 끝에 돌아온 고향은 어머니의 품처럼 포근하다. 잠깐 왔다가 사라지는 나그네 삶, 죽어서도 영원한 본향을 찾는 것이 인간의 본능이다.

언덕 구

**출전**　　『예기禮記』「단궁상檀弓上」

**같은 말**　수구首丘, 수구초심首丘初心

---

**잃어버린 고향을 찾기 위해서 인간은 타향으로 가야 한다.**

One has to go abroad in order to find the home one has lost.

• 프란츠 카프카 1883~1924, 체코 작가

雜
事

## 11장

# 잡사

지렁이가 이마로 땅에 구멍을 뚫다

꿈 몽

허깨비 환

거품 포

影

그림자 영

**몽환포영** 꿈·환상·거품·그림자.

꿈과 허깨비와 물거품과 그림자는 모두 사물의 무상함을 말하며, 포착할 수 없는 세상만사의 공허함을 일컫는다.

한 줌의 욕망, 명예, 돈, 권력 등을 좇다가는 회의에 빠지기 쉽다. 한바탕 봄꿈이라면 꾸지나 말 것을, 현실을 망각한 채 환상에 젖어 살다가 실낱같은 기대마저 물거품이 되고서야 짙게 드리운 자신의 그림자를 바라보며 잠자리에 든다. 끊임없이 솟아나는 의식의 파편들로 구성된 인생무상人生無常의 단면이니, 자아로부터의 해방이 절실하다.

인생사 뜻대로 되는 것도 아니고 눈앞의 것이 다가 아니다. 다 충족된다고 좋은 것도 아니며 그럴 수도 없다. 무슨 일을 하며 살든 혼자 사는 세상이 아니며, 아무리 힘들어도 세상은 살 가치가 있다. 현재의 삶과 영원을 향한 시각 모두 소중히 여긴다면 삶의 고비 때마다 나는 누구이며 왜 살아야 하는지 물어야 한다. 때가 되면 한 줌의 흙으로 돌아가는 것이 인생이니 헛되다고 되는대로 살아서는 안 된다. 무엇보다도 사람의 본분만은 지켜야 한다.

**출전**　　『금강반야바라밀경金剛般若波羅蜜經』

**영원하지 아니한 모든 것은 영원히 시대에 뒤떨어진 것이다.**

All that is not eternal is eternally out of date.

• C. S. 루이스 1898~1963, 영국 작가

**위약조로** 위태롭기가 해가 뜨면 말라버릴 아침 이슬과 같다.

해가 뜨면 아침 이슬은 곧 증발해버리기 마련이니, 생명이나 지위 등이 매우 위태롭거나 위기가 임박했음을 말한다.

상앙은 춘추전국시대 법가 사상가로 본명은 공손앙公孫鞅이다. 엄격하기만 한 그에게 조량趙良이 『서경』에 이르길, 덕을 믿는 자는 흥하고 힘을 믿는 자는 망한다고 했습니다. 재상의 운명이 아침 이슬처럼 위태롭거늘 수명을 더 늘여가기를 원하십니까書曰:「恃德者昌 恃力者亡」君之危若朝露 尚將欲延年益壽乎"라며 사직을 권고한 고사에서 비롯한 말이다. 진의 천하통일의 기초를 다졌으나 철저한 정치개혁으로 원한을 산 상앙의 말로는 비참했다.

잘나갈 때가 위기 상황이다. 본디 영향력은 전성기 때부터 줄어들기 때문이다. 살얼음판을 걷는 신중함이 필요하다. 몰락이 코앞에 닥쳐와도 눈치채지 못한다면 문제가 심각하다.

인간사 제반 문제는 돈으로 해결할 수 있는 문제, 시간 문제, 마음의 문제, 인간의 영역을 벗어난 문제 등으로 대별된다. 문제를 대하는 태도가 문제 해결의 실마리이며, 피차에 무지와 무관심이 가장 위험하다. 인명재천이다. 매순간 생의 끝자락이라 생각하고 올바르게 살고자 할 때 화평이 찾아온다.

危 위태할 위

若 같을 약

朝 아침 조

露 이슬 로

**출전**　『사기史記』「상군열전商君列傳」

**같은 말**　위여조로危如朝露, 위여누란危如累卵

---

**진지한 무지와 양심적인 어리석음만큼 위험한 것은 세상에 없다.**

Nothing in all the world is more dangerous than sincere ignorance and conscientious stupidity.

• 마틴 루서 킹 1929~1968, 미국 종교인

榮 영화 **영**

枯 마를 **고**

盛 성할 **성**

衰 쇠할 **쇠**

**영고성쇠** 인생이나 사물의 성함과 쇠함이 변화가 심하여 종잡을 수 없다.

인생은 흔히 사계절이 순환하고 물레방아가 도는 것에 비유된다. 좋은 의미에서 삶의 진면목을 다양하게 체험해보는 것이 반쪽짜리 인생보다는 나을 것이다.

쳇바퀴 돌듯 그저 하루하루를 살아도 삶은 녹록찮다. 만화경처럼 겉보다 속마음이 더 변덕스러운 탓이다. 빙글빙글 여울지는 일련의 흐름이 행복 추구의 일환이란 점만큼은 변함이 없다.

행복추구권은 기본권 중 하나지만 행복지수는 사람마다 나라마다 다르다. 행복이 삶의 목적이든 방식이든 누구나 행복을 원한다. 아니, 누릴 가치 있는 참된 행복을 위해 고뇌하고 방황한다고 보는 편이 타당하다. 고통과 상실을 딛고 일어서는 치유 과정 또한 삶의 자양분이니, 주어진 것에 만족하고 감사하며 끊임없이 배우려는 겸허한 자세가 바람직하다.

인생의 흥망성쇠를 체감할 즈음 한 세상이 가는 것도 실감한다. 인생의 핵심은, 결국 심은 대로 거두는 법이다. 무엇을 거둘지 깊은 고뇌와 그에 따른 실천이 필요하다.

**같은 말** 흥망성쇠興亡盛衰

---

**인간사에 안정된 것은 하나도 없음을 기억하라. 고로 행운에 들뜨거나 불운에 낙담하지 말라.**

Remember that there is nothing stable in human affairs; therefore avoid undue elation in prosperity, or undue depression in adversity.

• 이소크라테스 기원전436~기원전338, 그리스 수사가

**새옹실마** 한때의 화가 복이 되기도 하고 한때의 복이 화를 가져올 수도 있다.

중국의 북쪽 변방에 한 늙은이가 살았는데, 기르던 말이 오랑캐 땅으로 달아났다가 준마 한 필을 데리고 돌아왔다. 그의 아들이 그 말을 타다가 낙마하여 다리가 부러지는 바람에 전쟁에 출전을 면하게 되어 목숨을 구할 수 있었다는 고사에서 온 말이다.

길흉을 인력으로 어찌할 수 없음은 어느 것이 복이 되고 어느 것이 화가 될지 알 수 없기 때문이다. 매사에 득실의 양면성이 있음은 알다가도 모를 일이다. 양면의 사실 관계를 고찰해서 상쇄 내지 상승 효과를 발휘하게끔 하는 것이 지성이요 경륜이다. 객관적 시각으로 눈앞의 현실에 대처하는 한편, 원래 좋고 나쁜 것은 생각하기에 달려 있다는 유연한 마음 자세가 진가를 발휘한다.

화복을 남의 탓으로 돌려서는 발전이 없다. 순조로울 때 근신해야 할 이유는 화복의 회전문이 서로 의존하여 여닫히기 때문이다. 교만과 탐욕을 버리고 바르게 살아야 부조리한 환경에 빌미를 주지 않는다. 힘들수록 예기치 못한 현실 앞에서 당황하거나 원망하지 말고 긍정적 사고와 강인한 의지로 상황 반전에 박차를 가해야 한다.

변방 **새**

늙은이 **옹**

잃을 **실**

馬

말 **마**

**출전**　『회남자淮南子』「인간훈人間訓」
**같은 말**　새옹지마塞翁之馬, 새옹마塞翁馬

---

**비관주의자는 모든 기회에서 위험을 보고, 낙관주의자는 모든 위기에서 기회를 본다.**
A pessimist sees the difficulty in every opportunity; an optimist sees the opportunity in every difficulty.

• 윈스턴 처칠 1874~1965, 영국 정치가

**복 복**

**이를 지**

**마음 심**

**신령 령**

**복지심령** 행운이 도래하면 마음 역시 신령스럽고 총명해진다.

명나라의 범립본范立本이 편찬한 『명심보감』 「성심」편에 "사람이 가난하면 지혜가 위축되고, 복이 이르면 마음이 영통해진다人貧 智短 福至心靈"고 했다.

기초생활보장은 생존권의 문제이다. 생계유지도 급급한 형편에 고상한 정신을 향유하기란 쉽지 않다. 때로는 시의적절한 언행과 영욕을 판단하는 일조차 여의치 않게 된다.

지혜를 메마르게 할 정도의 가난은 마음마저 비천하게 한다. 온갖 불행이나 심리적 결핍으로부터 자신을 지키려면 복의 개념부터 바로잡고 인격과 덕성 등 내면을 가꾸되, 운명을 탓하거나 행복에 집착해서는 안 된다. 또 이웃과 더불어 행복해지는 법을 찾아야 진정 지혜로운 사람이다.

의식이 족해야 예절을 안다. 그러나 의식이 넘쳐남에도 인심이 각박해지고 예의염치가 퇴락한다면 개인 및 사회 전반의 양심과 도덕성 회복이 필요하다. 성경에 이르길 "심령이 가난한 자는 복이 있나니"(마태복음 5:3)라고 했다. 외적 조건에 좌우되지 않는 가운데 뜨겁고 간절한 마음으로 갈구하는 심령이 평강을 누릴 수 있다.

**출전**　『명심보감明心寶鑑』 「성심省心」

---

**사람이 얼마나 행복하게 될지는 자기의 마음먹기에 달려 있다.**

Most folks are about as happy as they make up their minds to be.

• 에이브러햄 링컨 1809~1865, 미국 16대 대통령

**수즉다욕** 오래 살수록 욕되는 일도 많아진다.

요임금이 화華 지방을 순행할 때, 그 지방의 봉인封人(변경을 지키는 벼슬아치)이 요임금의 수壽·부富·다남자多男子를 축원했다. 요가 대답하길 "아들이 많으면 근심거리가 많아지고, 부자가 되면 번거로운 일들이 생기며, 오래 살면 욕된 일이 많아진다多男子則多懼 富則多事 壽則多辱"고 하며 모두 사양했다.

바야흐로 백세 시대다. 문제는 철없음에 연령 제한이 없다는 것이다. 본능에만 충실하여 이성적인 판단을 저버릴 때 나이는 정체를 알 수 없는 돌발 변수가 된다.

성인군자가 아닌 이상 실수한다. 인생 초반의 실수는 어쩔 수 없다 해도, 말년에 기본 자질을 의심토록 변하는 경우는 원래 성격이 농익은 것으로 추정된다. 노욕을 버리고 분수를 지키되, 억울한 일도 포용할 줄 알아야 나이로부터 자유로워진다.

오래 사는 것과 잘 사는 것은 일치하지 않는다. 자의든 타의든, 나잇값을 못하면 인격의 공든 탑이 무너진다. 허울뿐인 나이라면 나이 먹는 게 두렵다. 냉철하게 자신을 돌아보고 분발할 때 멋지게 늙을 수 있다. 진실한 마음이 늘그막의 열쇠다.

壽 목숨 수
則 곧 즉
多 많을 다
辱 욕될 욕

**출전**　『장자莊子』「외편外篇」천지天地
**참조**　화봉삼축華封三祝

---

**나이 드는 법을 아는 사람은 거의 없다.**

Few people know how to be old.

• 프랑수아 드 라 로슈푸코 1613~1680, 프랑스 작가

뽕나무 **상**

밭 **전**

푸를 **벽**

海

바다 **해**

**상전벽해** 뽕밭이 푸른 바다가 된다. 시세의 극심한 변천 또는 세상사의 덧없음을 비유한다.

당나라 노조린은 「장안고의」라는 시에서 "철 따라 나는 산물과 아름다운 경치는 서로 기다리지 않고, 뽕밭이 푸른 바다 되듯 잠깐 사이에 바뀌는구나節物風光不相待 桑田碧海須臾改"라고 장안의 옛 정취를 노래했다.

문명이 발달할수록 격세지감의 토로가 뜬금없게 느껴지지만, 지난날의 기억을 더듬는 일처럼 만감이 교차하고 살아 있음에 감사할 일도 드물다.

시간, 공간 그리고 인간이 상승 효과를 발휘해야 한다. 만나면 좋을 것 같은 삶의 공간을 창출하는 데 전력을 기울이다 보면 빛바랜 사진 같은 공간도 시공을 초월한 마음의 공간으로 바뀐다.

인간은 공간의 제약 속에 살아가지만 공간이 삶의 결정적 순간들을 빛나게 한다. 이미 육적 공간을 살아가는 인간에게 삶은 어머니의 자궁처럼 편안하고도 역동적인 공간을 차지하기 위한 여정이라고 볼 수 있다. 변해도 너무 변해버린 세상이지만 사람의 본성은 쉽사리 변하지 않는다. 그저 마음만은 변치 않고 살아갈 뿐이다.

**출전**　　노조린盧照隣 「장안고의長安古意」

**같은 말**　창해상전滄海桑田

**시간과 공간은 우리가 살아가는 조건이 아니라 그것에 의해 우리가 생각하는 방식이다.**

Time and space are modes by which we think and not conditions in which we live.

• 알베르트 아인슈타인 1879~1955, 미국 물리학자

**금시작비** 오늘은 옳고 어제는 그르다. 과거의 잘못을 이제야 비로소 깨달음을 뜻한다.

이제 금

진晉의 도연명은 「귀거래사」에서 "오늘은 옳고 어제는 그름을 깨달았다覺今是而昨非"고 말했다. 「귀거래사」는 도연명이 팽택彭澤 현령에서 80여 일 만에 물러나며 은둔 생활로 들어갈 때 지은 귀향시로, 지난날의 벼슬살이가 그릇된 것임을 깨달아 이제는 바른 길을 찾았다고 술회한다.

누구나 현재를 산다. 불현듯 떠오르는 기억과 망각 사이에 존재하는 단상들. 지난 일들은 돌이킬 수 없다. 시간의 재해석은 과거의 선물이다. 서투른 때매김 속에 언제까지나 삶의 화석에 머무르지 않기 위함이다. 시간이 연출하는 삶이란 정한 때를 분별할 것을 요구한다. 그래야 상황의 속임수로부터 자유로우며 세월의 덧없음 속에서 미래의 소망을 꿈꿀 수 있다.

과거·현재·미래는 유기적으로 연결되어 있다. 과거의 추억이 미래의 강인한 추진력이자 현재 나의 타락과 좌절을 방지하는 억제력이 된다. 시간을 거스를 수는 없지만, 특별한 존재감으로 다가오는 세월의 흔적은 삶을 윤택하게 한다.

옳을 시

어제 작

아닐 비

출전 　도잠陶潛 「귀거래사歸去來辭」
같은 말 　작비금시昨非今是
반대말 　작시금비昨是今非

---

**인생은 뒤돌아볼 때 비로소 이해되지만, 우리는 앞을 향해 살아가야 하는 존재다.**

Life must be lived forward, but can only be understood backwards.

• 쇠렌 키에르케고르 1813~1855, 덴마크 철학자

干

방패 간

卿

벼슬 경

何

어찌 하

事

일 사

**간경하사** "당신과 무슨 상관인가?"라는 뜻으로, 남의 일에 참견하는 사람을 비웃는 말이다.

제 앞가림도 못하면서 오지랖 넓게 남의 일에 이래라저래라 하는 것처럼 쉬운 일은 없다. 한가하거나 잘난 척하거나 둘 중 하나로, 자기 일에나 신경 쓰는 것이 옳다. 사사로운 감정과 섣부른 판단으로 당사자의 상황을 악화시키느니 차라리 방임이 낫다.

참견권參見權을 행사하려면 과연 참견해도 될 일인지, 상대방이 도움을 원하는지, 무슨 자격으로 참견하는지, 뭘 알고 참견하는지, 너무 깊이 개입하는 것은 아닌지, 잔소리 습관은 아닌지, 평소 의사소통은 원활한지 등 제반 조건이 충족되어야 하니, 결국 섣불리 참견할 성질이 아님을 알 수 있다.

부당한 간섭을 지양해야 한다. 남 말하기 좋아하다 남 탓하기로, 마침내 남 말하듯 하는 자기방어로 흐르게 마련이다.

지나친 관심보다는 침묵이 낫다. 노파심이든 맞장구든 결국은 당사자가 해결할 몫이다. 반면 정당한 참견이 필요할 때도 있다. 불의에 직면하거나 남의 불행을 볼 때는 마땅히 나섬이 옳다.

**출전**   『남당서南唐書』「풍연사전馮延己傳」

**같은 말**   간경저사干卿底事

---

## 쓸데없는 참견을 하지 말라.

Spare your breath to cool your porridge.

• 미구엘 드 세르반테스 1547~1616, 스페인 작가

**황당무계** 말이나 행동이 허황하고 터무니없어서 도통 믿을 수가 없다.

荒
거칠 **황**

唐
당나라 **당**

無
없을 **무**

稽
상고할 **계**

한마디로 기본 사항이 무시되는 것이다. 만약 반박이라도 할라치면 응징은 불을 보듯 환하다. 온갖 위선과 부패가 만연하고 몰상식이 난무하는 엉뚱한 현실 앞에 분노는 잠깐이고, 연민과 함께 그저 헛웃음만 나올 뿐이다.

당장은 억울해도 일단 수면 아래로 가라앉기까지 참고 기다림이 현명하다. 품위를 손상해가면서까지 일일이 맞대응할 필요는 없다. 진실이 해명해줄 터이므로. 썩어빠진 환부를 드러내고 반면교사로 삼을 수 있어 차라리 잘된 일이다. 상황 판단과 문제 해결에 선한 순발력을 발휘할 수 있는 이유는 모든 것이 바른길로 돌아갈 것이란 소박한 믿음 때문이다.

파스칼은 '인간은 생각하는 갈대'라 했다. 사고 개념 없는 사람들의 언행도 당황스럽고 간교를 피우는 사람들도 그렇지만, 도무지 무슨 생각을 하고 있는지 알 수 없는 인간들에 비할 바 아니다. 미증유의 사태에 직면하여 무엇보다도 황당한 것은 어처구니없는 상황을 초래한 자신의 어리석음이다.

**출전**　　『동구여호걸東歐女豪傑』

**같은 말**　　황탄무계荒誕無稽

---

## 상식은 그렇게 흔한 것이 아니다.

Common sense is not so common.

• 볼테르 1694~1778, 프랑스 작가

**넉 사**

**낯 면**

**초나라 초**

歌

**노래 가**

사면초가 사면에서 들리는 초나라 노래로, 사방이 적 으로 둘러싸인 형국을 말한다.

진한 교체기 때 항우와 유방은 지금의 안휘성安徽省 영벽현靈壁縣 의 해하垓下에서 최후의 결전을 벌였다. 대세는 기울어 항우의 군 대는 한신이 지휘하는 유방의 군대에 겹겹이 포위되었다. 뛰어난 지략가인 장량은 밤중에 포로들에게 초나라 노래를 부르도록 시 켰다. 이에 초군은 뿔뿔이 흩어지고 항우는 크게 놀라 '한나라가 이미 초나라를 다 차지했단 말인가? 어찌 이리 초나라 사람이 많 은가'라고 탄식하며 비극적 최후를 맞는다.

어느 순간 철저히 혼자라는 느낌이 들 때가 있다. 막다른 골목에 몰리지 않으려면 이기심을 버리고 인화에 힘써야 한다. 일찌감치 자신의 결점을 보완하고 자존감을 지켜줄 능력도 길러야 한다. 강한 의지력으로 환경에 정면 대응하되, 믿을 만한 사람의 도움 을 청하는 것도 한 방법이다. 자포자기하지 말고 필승의 신념으 로 자신감을 회복해야 한다. 요컨대 인지적·행동적 측면에서 감 정을 조절하는 것이다.

절체절명의 고비가 삶을 기름지게 한다. 최후의 보루로 기적을 믿을 때 구원의 손길도 찾아온다.

**출전**    『사기史記』「항우본기項羽本紀」

---

**사느냐 죽느냐, 그것이 문제로다.**

To be or not to be, that is the question.

• 윌리엄 셰익스피어 1564~1616, 영국 작가

**휴척상관** 즐거움과 괴로움을 함께하다. 생사고락을 나누는 사이를 비유한다.

춘추시대 진양공晉襄公의 증손인 손주孫周는 폭군 진여공晉厲公의 핍박을 피해 주周 왕실의 선양공單襄公의 집에 머물렀는데, 어린 나이에도 올곧고 비범하기 이를 데 없었다. 선양공이 병들어 눕게 되자 아들에게 타향살이하는 그를 부탁하면서 "진나라를 위해 기뻐하고 걱정하며 근본을 저버리지 않고 있다爲晉休戚 不背本也"고 한 고사에서 온 말이다. 얼마 뒤 진나라에 반란이 일어나고 손주는 14세의 나이로 즉위했다. 재위 기간 중 진나라의 국위를 선양했으며 후세에 진도공晉悼公이라 불린다.

남의 곤경을 본체만체하는 안타까운 현실이다. 필요할 때 선한 사마리아인처럼 상처를 싸매주며 손을 잡아주어야 좋은 이웃이다. 당장 할 수 있는 일부터 남한테 긍휼을 베풀 수 있어야 한다. 나 아니면 다 이웃이다. 가족처럼 함께 울고 웃으며 누군가의 옆에서 용기를 북돋워주어야 한다. 무관심의 장벽을 허물고 서로 이해하고 돕는 것이 정이다. 따뜻한 말 한마디, 작은 정성이 세상에 온기를 불어넣으며 이웃의 필요성을 새삼스레 느끼게 한다.

쉴 휴

슬퍼할 척

서로 상

빗장 관

**출전** 『국어國語』「주어하周語下」

**같은 말** 휴척여공休戚與共

---

**진정한 친구란 모두가 외면할 때 나를 찾아주는 사람이다.**

A real friend is one who walks in when the rest of the world walks out.

• 월터 윈첼 1897~1972, 미국 언론인

東

동녘 동

奔

달릴 분

西

서녘 서

走

달릴 주

**동분서주** 서두르며 사방으로 몹시 바쁘게 돌아다니다.

공사다망公私多忙한 현대인이지만, 정작 자신을 돌아보느라 바쁜 경우는 드물다. 보람도 없이 덮어놓고 바쁘면 바쁘나 마나다. 생존을 위해 바쁜 것은 당연하다. 큰일을 하느라 바쁠 수도 있다. 그러나 눈코 뜰 새 없이 일에 치여 산다면 걱정스럽다. 벌여놓은 일이 많으면 무언의 압박이 지연의 합법적 구실이 된다. 한 가지라도 잘하려면 집중해야 하므로 포기 목록을 작성해보는 것도 좋다. 열심히 하는 것도 중요하지만 바르게 하는 것은 더 중요하다. 기초가 부실하거나 안전을 무시하거나 더러는 악한 일에 바쁘다면 심각한 문제다. 제동장치 없는 일상의 누진적 왜곡으로 자기 조절 능력을 상실하면 긴급 처방이 필요하다.

정신적 여유가 있어야 자신을 돌아볼 수 있다. 삶의 속도를 조절함으로써 삶의 농도를 적정하게 유지하는 게 좋다. 바쁠수록 짬짬이 망중한을 즐기는 지혜가 아쉽다. 잠시 하던 일을 멈추고 숨고르기를 하면 에너지도 충전되고 능률도 향상된다. 일의 선후경중과 시간 안배에 유의하되, 계획·실행·평가에 따른 체계적 목표 관리는 마음의 짐을 덜어준다.

**출전** 위초魏初 「심원춘沁園春」 유별장주경운留別張周卿韻

---

**바쁜 것만으로는 충분치 않다. 개미 역시 그렇다. 문제는 무엇 때문에 바쁜가이다.**

It is not enough to be busy. So are the ants. The question is: What are we busy about?

• 헨리 데이비드 소로 1817~1862, 미국 사상가

**남원북철** 남쪽으로 가려 하면서 수레는 북쪽으로 끌고 간다. 행동과 목적이 상반됨을 비유한다.

南
남녘 **남**

올바른 인생목표 없이 갈팡질팡하다가는 반생 허비는 잠깐, 자칫 일생이 헛수고다. 숨이 턱밑까지 차오르도록 앞만 보고 달려봤자, 출발을 잘못 꿰면 공중분해되기 십상이다.

방향 설정이 잘못되면 방법이나 수단이 아무리 좋다 한들 일이 진행될수록 원래 목표로부터 점점 멀어진다. 목표가 막연하거나 아예 없는 경우도 많다. 지도자의 역할이 새삼스러운 대목이다.

轅
끌채 **원**

유아기로부터 노년기로 이어지는 인생 수레바퀴의 목표 궤도를 제대로 설정해야 심리적 불안을 극복하고 시간과 노력의 낭비를 줄일 수 있다. 목표의 나침반이 제시하는 것들로는 방향감각, 정체성, 동기 부여, 인내력, 성취감, 자신감, 사명감, 아이디어 등으로, 제대로 볼 수만 있다면 이미 예전의 내 모습이 아니다.

北
북녘 **북**

무엇을 위해 살아야 할지에 인생의 좌표를 아로새긴다. 뚜렷하고 간절한 목표는 자신의 삶을 바꾸지만, 목표 의식 과잉은 남의 삶까지 경직시키고 억압한다는 점에서 목표 성찰은 목표 설정보다 중요하다.

轍
바큇자국 **철**

**출전**　　『전국책戰國策』「위책魏策」

**인간의 위대하고 영광스러운 걸작은 목적을 향해 사는 법을 아는 것이다.**

The great and glorious masterpiece of man is to know how to live to purpose.

• 미셸 드 몽테뉴 1533~1592, 프랑스 사상가

蜉

하루살이 **부**

蝣

하루살이 **유**

戴

일 **대**

盆

동이 **분**

**부유대분** 하루살이가 동이를 인다는 뜻으로, 능력이 적은 사람은 무거운 임무를 감당할 수 없다.

짐 없는 사람이 어디 있으리오. 죄악·질병·가난·재난·감정에 심지어 인생의 낙까지 온갖 종류의 짐을 지고 사는 게 인간이다. 인생 자체가 짐이다.

모든 사람이 자기 능력의 한계를 절감하면서 살아간다. 삶의 무게에 짓눌리지 않기 위해선 우선 자신의 능력과 분수를 잘 알고 있어야 한다. 가능하면 남에게 짐이 되지 않고 남의 짐을 대신 져주는 존재가 되어야 행복하다. 어차피 인생에서 짊어지고 가야할 짐이라면 역기능 못지않게 순기능도 크다. 비계 덩어리처럼 맘대로 내려놓을 수도 없지만, 짐이 힘으로 느껴질 때 다소나마 쉼을 얻는다.

눈꺼풀의 무게조차 감당 못 하는 게 사람이다. 스트레스의 적재 정량을 초과하지 않도록 만전을 기해야 한다. 무엇보다도 마음의 짐을 더는 것이 선결 과제다. 걱정이나 불안 등 존재의 무력감은 중수조차 헤아릴 수 없다. 도저히 감당 못 할 고통의 짐으로부터 해방되기 위해 저마다 은혜의 짐을 구함이 소망스럽다.

**출전** 초연수焦延壽 『역림易林』

**같은 말** 문예부산蚊蚋負山

---

**너 자신을 누군가에게 필요한 존재로 만들라. 타인의 삶을 힘들게 만들지 말라.**

Make yourself necessary to somebody. Do not make life hard to any.

• 랠프 월도 에머슨 1803~1882, 미국 사상가

**구인찬액** 지렁이가 이마로 땅에 구멍을 뚫는 것처럼, 힘든 일에 몹시 애를 쓰다.

사는 게 힘들지 않은 사람이 어디 있으랴. 고통 속에 살아가는 불꽃같은 삶의 현장이다. 아등바등 발버둥 쳐도 버거운 현실인데, 힘들어도 힘들다고 말할 수 없는 처지도 많다. 힘들 때 힘들다고 말하고 도움을 청함도 필요하다.

호구지책에 급급하다 보면 인간다운 생활은 고사하고 인간으로서의 품위조차 유지하기 어렵다. 땀의 가치 및 수고의 대가가 상당하다 해도 힘들기는 마찬가지다. 육체 노동 못잖게 고단한 정신노동이다. 일의 노예가 되면 심신이 탈진된다. 무위도식하지 않는 이상 취미와 휴식도 필요하다. 험난한 생존경쟁에서 원칙 있는 태도가 정신 무장도 되고 활력도 지켜준다. 일을 통해 사회에 공헌하다 보면 살길도 보인다.

열심히 일하는 광경을 보면 숙연해진다. 비지땀을 흘리며 허드렛일을 하더라도 노동 능력이 없는 것에 비하랴. 몸에 배어서 몸이 기억하면 견딜 만하다. 일은 단잠을 선물한다. 힘들고 짜증날 때 일할 기회가 주어짐에 감사하고, 일이 의무 아닌 즐거움이 되도록 한다면 애쓴 보람을 거둘 수 있다. 일이 길이다.

蚯 지렁이 구

蚓 지렁이 인

鑽 뚫을 찬

額 이마 액

**출전** 왕포王褒 「동약僮約」

---

## 겨울이 오면 봄이 멀지 않으리.

If Winter comes, can Spring be far behind?

• 퍼시 비시 셸리 1792~1822, 영국 시인

鹵
소금 로

莽
우거질 **망**

滅
멸할 **멸**

裂
찢을 **렬**

**노망멸렬** 일을 되는 대로 거칠고 무책임하게 하다.

장오長梧의 변경지기가 자뢰子牢에게 말하길 "그대는 정치를 하려거든 함부로 대충해서는 안 되며, 백성을 다스림에 소홀하여 갈피를 못 잡아서도 안 된다君爲政焉勿鹵莽 治民焉勿滅裂"고 했다.

몸 따로 마음 따로 매사에 건성으로 임하면 결실이 없다. 어설프게 처리한 일이 나중에 골칫거리와 부끄러움으로 돌아온다. 결정적 실수에도 무엇을 잘못했는지 모른다면 자질이 의심스럽다.

쉬운 일과 어려운 일은 통한다. 단순한 일도 완벽하게 못 한다면 힘든 일은 두말할 나위도 없다. 쉽다고 무시하지 말고 어렵다고 주눅 들지 말아야 한다. 창의적 인재의 첫째 임무는 미로 탈출을 위한 명확한 전선 규정이다. 필요하다면 궤도를 수정하고 주변 환경도 정리하는 것이 좋다. 어떤 상황에 어떻게 대처할지 요약해서 설명하는 것이 객관화 능력이다.

겉으론 멀쩡해 보여도 내면은 엉망진창인 경우가 허다하다. 남들이 평가하기에도 지리멸렬하게 살아간다면 마음 공부가 덜 된 탓이다. 일은 빙산의 일각일 뿐이다. 땀 흘려 농사짓는 심경으로 자기의 마음부터 정성스레 일구어야 한다.

**출전**　　『장자莊子』「칙양則陽」

---

**우리가 최선을 다할 때, 그것이 우리 또는 다른 사람들에게 믿기지 않는 기적이 될지도 모른다.**

When we do the best we can, we never know what miracle is wrought in our life, or in the life of another.

• 헬렌 켈러 1880~1968, 미국 사회사업가

**수파축랑** 파도 따라 흐름을 함께하듯, 대세 또는 시대 조류를 따름을 뜻한다.

격동의 세월만큼이나 삶의 풍랑과 마주친다. 그럴 때마다 경직되거나 자포자기식이어서는 난감하다. 끊임없이 몰아치는 성난 파도에 휩쓸리지 않으려면 스스로 한 척의 배가 되어야 한다. 혹시 행운의 파도가 밀려올지 모르기 때문이다.

결정적 순간에는 으레 고정관념을 버려야 객관적 진리를 체득할 수 있다. 달면 뱉고 쓰면 삼키고 남 탓보다 내 탓으로 돌리며 균형을 잡아야 한다. 부풀려진 자아를 포기할 때는, 타인은 물론 본인의 예상마저 뛰어넘어야 한다. 마음의 바다, 상황의 물결에 과감히 자신을 내맡길 때 거친 물살도 압도할 수 있다.

물길을 가르듯 각자 꿈을 찾아 파란만장한 일생을 헤쳐 나간다. 피할 수 없다면 정면돌파하는 수밖에 없다. 예기치 않은 순간 모든 것이 물보라처럼 산산조각 난다 해도 흔들려서는 안 된다. 일체의 아집에서 탈출하는 것이 극한상황의 해법이란 사실을 증명하긴 힘들어도, 시도할 가치는 충분하며 무대에서 퇴장당하는 것보다는 낫다. 언제나 그렇듯이 인생의 무대를 즐길 줄 아는 사람이 자연스럽다.

따를 **수**

물결 **파**

쫓을 **축**

浪

물결 **랑**

**출전**　백거이白居易 「낭도사浪淘沙」

---

**바람과 파도는 항상 가장 유능한 항해사의 편에 선다.**

The winds and waves are always on the side of the ablest navigators.

• 에드워드 기번 1737~1794, 영국 역사가

맥 **脈**

이을 **락**

꿸 **관**

통할 **통**

**맥락관통** 조리가 일관하여 일의 줄거리가 한결같이 환하게 통하다.

맥락脈絡은 인체의 경락으로 사물의 연관이나 줄거리를 비유한다. 「중용장구서」에는 "이 책의 뜻이 가지마다 나누어지고 마디마다 풀려서 줄거리가 환하게 통한다此書之旨 支分節解 脈絡貫通"고 쓰여 있다.

마음과 마음의 맥락이 단절되면 소통이 두절된다. 얽히고설킨 시공의 맥락에서 무엇이 중요하고 무엇이 중요하지 않은지 정도는 알아야 한다.

맥락을 알아야 소기의 성과를 낼 수 있다. 수학 문제 하나를 푼다 해도 개념과 원리를 알면 이해력과 적응력이 높아지고 반복되는 연습을 거치면서 나중에는 눈 감고도 풀 정도가 된다. 최소한의 관련 정보만이라도 취합해서 맥락을 형성해두면 그 효과는 상상 이상이다. 나아가 축적된 노하우와 핵심가치를 공유한다면 모두에게 좋은 일이다.

맥락은 세상을 보는 눈이다. 배경지식과 정보가 부족해도 맥락의 눈썰미는 필요하다. 한마디, 한 줄로 정의할 수 있으면 더욱 좋다. 다양하고도 구체적인 상황에서 맥락이 제공하는 순발력으로 넓고도 깊게 맥락을 통찰하는 습관이 몸에 배어야 한다.

**출전** 주희朱熹 「중용장구서中庸章句序」

---

**전문가란 어떤 분야에서 할 수 있는 모든 실수를 저질러본 사람이다.**

An expert is a man who has made all the mistakes which can be made, in a narrow field.

• 닐스 보어 1885~1962, 덴마크 물리학자

천자를 읽어 천하를 알다

**가경취숙** 가벼운 수레를 몰고 익히 잘 아는 길을 간다는 뜻으로, 그 일에 아주 익숙함을 비유한다.

어떤 일에 경험이 풍부하고 숙련된 탓에 막힘없이 수월하게 처리하는 것을 말한다. 당나라 한유의 「송석처사서」에 "네 필의 말이 가벼운 수레를 끌고 익숙한 길을 나아가는데 왕량과 조보가 앞뒤로 모는 것 같다若駟馬駕輕車, 就熟路, 而王良 造父爲之先後也"고 했다. 왕량과 조보는 모두 유명한 말몰이꾼이다.

동물적 반사신경도, 타의 추종을 불허하는 능수능란함도, 고도 수련을 통해서만 가능한 치졸미도 장인의 숨결과 관록이 머무는 곳은 기술보다 정신이다. 돋보기 초점에 햇빛을 모으듯, 자기 분야에 정통하려면 한 가지에 집중해야 한다. 일 자체를 즐기고 사랑함이 집중의 핵심이다. 달인이라는 칭호를 얻으려면 인구에 회자되는 고난의 상징 하나쯤은 있어야 하며, 뿌린 만큼 거둔다는 면에서 만족도가 높다.

세상에 공짜는 없다. 그러나 알짜는 있다. 모든 것에 탁월할 수는 없으므로 적성에 맞고 확률이 높은 분야를 선택하여 집중 공략하는 것이 시간낭비를 최소화한다. 기왕이면 미개척 외길 인생을 꿋꿋하게 걸어가는 것이 힘들어도 현실적인 대안으로 다가온다.

駕
탈 **가**

輕
가벼울 **경**

就
나아갈 **취**

熟
익을 **숙**

**출전**　한유韓愈 『창려선생집昌黎先生集』 「송석처사서送石處士序」

**같은 말**　경거숙로輕車熟路

---

**어떤 일을 잘해내는 방법을 안다는 것은 그 일을 즐기는 것이다.**

To know how to do something well is to enjoy it.

• 펄 벅 1892~1973, 미국 작가

夏
여름 하

爐
화로 로

冬
겨울 동

扇
부채 선

하로동선 여름의 화로와 겨울의 부채란 말로, 철에 맞지 않는 물건 또는 무용지물을 비유한다.

노자는 '무용이 곧 유용'이라고 했고, 장자는 언뜻 보기에 쓸모없는 것이 큰 구실을 하는 것에 주목하여 무용지용無用之用이라고 했다. 일반적 기준과 동떨어진 엉뚱한 생각이나 무능한 인물은 무시 또는 배척당한다. 아무리 하찮은 존재나 심지어 악역 담당일지라도 얼마든지 쓸모가 달라질 수 있다는 점에서 피상적인 견해에 불과하다.

여름의 부채와 겨울의 화로는 환영받는 필수품이나, 여름의 화로와 겨울의 부채도 그 나름의 용도가 있다. 자유자재로 발상의 전환을 시도해야 상상의 나래가 작동한다. 외견상 전혀 어울리지 않는 조합이 이색적인 재미를 선사하며, 물질의 속성에 따른 용도의 발명이 범상치 않다. 상호 배타적인 것으로 보완하는 상호 접근성 또한 자연의 법칙에 속한다.

세상만물은 다 존재 이유가 있다. 비록 쓰임새 있는 그릇이나 재목은 아니어도 기회나 관점에 따라 쓸모 있는 존재로 바뀐다. 걸러내어지기 위해 존재하는 것도 있으니, 무익한 것을 유익한 것으로 착각하지 않도록 경계해야 한다. 굳이 쓸모를 따지기보다 가끔은 제대로 된 길을 가는지부터 돌아볼 필요가 있다.

**출전**  왕충王充『논형論衡』「봉우逢遇」

**같은 말**  동선하로冬扇夏爐

---

**인간사에서 남보다 앞설 수 있는 최상의 자극은 버려야 할 것을 갖는 것이다.**

In human affairs, the best stimulus for running ahead is to have something we must run from.

• 에릭 호퍼 1902~1983, 미국 사회학자

**부경학슬** 오리와 두루미의 다리가 짧고 긴 것처럼 모든 사물에는 각기 장단이 있다.

물오리 **부**

『장자』「변무」편에 "긴 것을 여분으로 여기지 않고 짧은 것을 모자라다고 여기지 않는다. 그러므로 오리의 다리가 비록 짧아도 이어주면 근심하고, 학의 다리가 비록 길어도 잘라주면 슬퍼한다

長者不爲有餘 短者不爲不足 是故鳧脛雖短 續之則憂 鶴脛雖長 斷之則悲"고 한 데서 온 말이다.

자연의 이치에 역행하거나 분수를 모르고 겉치레에 빠짐은 독선과 편견 때문이다. 탐욕에 의한 발상의 전도는 자기모순일 뿐이다. 인간성 상실 및 자연환경 파괴 등 물질 문명의 부산물이 그 예에 속한다.

정강이 **경**

본성의 탐구가 개성의 탐구다. 본성은 본성일 뿐 인위적 잣대로 잴 수도 없고 강요된 틀에 가둘 수도 없다. 남이 나를 이해해주기에 앞서 스스로 본성을 자각하여 온존하는 자세가 소중하다. 남의 시선을 의식하여 본모습까지 잃어버리는 숨바꼭질 인생이 아니라, 나만의 생김새대로 서로 조화롭게 살아야 한다. 비록 마음에 안 들어도 기왕지사 좋은 인연을 맺도록 자연스러움 속에서 존재의 가치를 찾아야 할 것이다.

두루미 **학**

무릎 **슬**

**출전**　　『장자莊子』「변무騈拇」

**같은 말**　단학속부斷鶴續鳧

---

**모든 것은 창조주의 손에서 나올 때에는 선하나 사람의 손으로 옮겨지면서 악해진다.**

Everything is good as it leaves the hands of the Author of things; everything degenerates in the hands of man.

• 장 자크 루소 1712~1778, 프랑스 철학자

거북 **귀**

털 **모**

토끼 **토**

뿔 **각**

**귀모토각** 거북 털과 토끼 뿔로, 불가능한 존재나 유명무실한 물건, 허무맹랑한 거짓말을 비유한다.

불투명한 세상은 허황된 거짓말과 진짜보다 더 진짜 같은 가짜들로 넘쳐난다. 자고 나면 미디어를 통해 접하는 광경이다. 보고도 믿기지 않아 말문이 막힌다. 그러나 혼란도 잠시, 불편한 심정은 어느덧 기시감으로 바뀐다.

빗나간 가치관에서 비롯된 사고방식은 없는 이미지도 만들어낸다. 사실과 추론의 혼재 속에 내용은 없고 표현만 과하다 보니 혼돈만 부추긴다. 사고방식은 정신상태를 반영한다. 낡고 편협하고 단세포적인 사고방식에서 보듯, 틀에 박힌 예단이나 자기중심적 사고로는 올바른 이미지 형성이 어렵다. 있는 그대로의 모습을 직시하는 관찰안이 아쉽다.

말로는 다 설명할 수 없는 작위적 경향이 농후한 거대 모순의 시대에 '비현실적 현실'이란 말이 어색하지 않다. 첨단기술의 눈부신 발달도 한몫한다. 양극화된 사고의 세상일수록 전체를 바라보는 조화로운 눈을 가져야 한다. 허구의 식별이 분별력의 시초다. 때로는 눈앞의 존재조차 기꺼이 의심함으로써 가까이 다가가야 하는 것이 진리다.

**출전**    간보幹寶 『수신기搜神記』

**같은 말**    토각귀모兎角龜毛

---

**사실은 언제나 낯설고, 소설보다 기이하다.**

Truth is always strange, stranger than fiction.

• 조지 고든 바이런 1788~1824, 영국 시인

**사공견관** 사공은 늘 보아서 이미 습관이 되었다는 뜻으로, 자주 보아서 신기하지 않음을 비유한다.

司 맡을 사

空 빌 공

見 볼 견

慣 익숙할 관

사공司空은 당의 관명이다. 유우석劉禹錫이 소주자사蘇州刺史로 재임할 때 사공 이신李紳의 연회에 초대되어 기녀의 가무를 보고 흥에 겨워 지은 시구다. "이사공은 이런 광경을 이미 버릇처럼 보아와서 아무렇지도 않겠지만, 나는 난생처음 보는 것이라서 애끓는 정이 넘친다司空見慣渾閒事 斷盡蘇州刺史腸"는 내용이다.

짜릿한 전율의 강렬한 만남은 무지갯빛 스펙트럼처럼 탄성을 자아낸다. 혼자 보기 아까운 광경이지만, 특별히 조예가 깊다거나 상상력을 발동한 때문이 아니란 걸 모를 리 없다. 상투적 시각 효과에 불과한 만큼 휘황찬란한 첫인상도 식상함을 촉발하기까지는 잠깐이다. 퇴색된 인식의 틀을 깨고 언제까지나 미지의 첫 경험을 지속하려면, 평범한 관찰 그 이상의 참신한 생각들로 잉여 만족을 창출해야 한다. 숙지한 만큼 관조한다.

가짜가 진짜를 쫓아내는 요지경 세상사다. 극적인 장면들을 연출하여 이목을 사로잡아도 환상이 깨지면 환멸이 찾아온다. 착시현상을 넘어서 실체적 진실을 꿰뚫는 혜안을 갖춰야 한다.

출전　맹계孟棨 『본사시本事詩』 「정감情感」

---

**호기심은 강건한 정신의 가장 영속적이고 확실한 특징 중 하나다.**

Curiosity is one of the permanent and certain characteristics of a vigorous mind.

• 새뮤얼 존슨 1709~1784, 영국 시인

消
사라질 **소**

魂
넋 **혼**

斷
끊을 **단**

腸
창자 **장**

**소혼단장** 근심과 슬픔으로 넋이 나가고 애가 끊어지는 듯하다.

소혼消魂은 낙담하여 넋이 나감을 뜻하고, 단장斷腸은 창자가 끊어질 정도로 비통함이 극점에 달한 것을 뜻한다. 단장에 관하여는 다음과 같은 고사가 있다. 동진東晋의 무장 환온桓溫이 양쯔강 삼협三峽을 항해하는데, 수하 병사가 새끼 원숭이 한 마리를 잡았다. 그러자 어미 원숭이가 슬피 울부짖으며 연안을 따라 수백 리를 쫓아오다가 배에 뛰어올랐으나, 그만 지쳐 죽고 말았다. 배를 갈라본즉 뜨거운 슬픔으로 인해 창자가 녹아서 마디마디 끊어져 있었다고 한다.

특별히 이별의 아픔, 떠나보내는 슬픔은 망각의 능력을 기대할 수밖에 없다. 세월이 약인 셈이다. 슬픔을 기쁨으로 승화시키는 것은 남은 자의 몫이다.

마음의 상처와 응어리는 진심으로 달래주어야 한다. 진실의 눈물을 통해 다 함께 고결한 인간성을 회복한다면 전화위복이다. 참마음으로 느끼면 느낄수록 고뇌는 가벼워진다.

큰 슬픔과 불행은 우리의 심령을 정화한다. 한 번쯤 실컷 울고 나면 가슴앓이도 얼마간 해소되어 카타르시스 효과도 있다. 눈물을 글썽일 때 미소는 가장 환하고 아름답다. 힘들고 슬플수록 해맑게 웃으며 털고 일어서는 것으로 새롭게 시작할 수 있다.

---

**완전한 비극은 인간성의 가장 고귀한 산물이다.**

A perfect tragedy is the noblest production of human nature.

• 조지프 애디슨 1672~1719, 영국 작가

**흔희작약** 참새가 도약하듯이 너무 기뻐서 펄떡펄떡
뛰는 모습.

기쁨은 삶의 에너지다. 기쁨의 날에 기쁨을 만끽하되 도취되지
말 것은 어차피 기쁨과 슬픔 사이를 오가야 하기 때문이다. 기쁨
은 그 자체가 목적이다. 기쁨으로 심고 거두는 인생을 위해 웃음
에 인색하지 말되, 내 안의 기쁨 본능을 유감없이 발휘해야 한다.
기쁨은 잊어서도 잃어서도 안 된다. 죄, 고통, 공포 등을 극복할
때 슬픔은 기쁨이 된다. 먼저 함께 있는 것만으로도 기쁨인 사람
이 되자. 이기심을 버리고 기쁨을 주는 존재가 될 때 함께 기뻐할
기회도 많아진다. 진정한 기쁨은 물질과는 상관없다. 마음 깊은
곳 영원히 간직될 희열의 순간들을 창조하는 사람은 지혜롭다.
육체적·정신적·영적 기쁨이 있다. 감사하는 가운데 사랑으로 충
만한 기쁨의 소리를 들어야 한다. 도저히 기뻐할 수 없는 상황에
서도 항상 기뻐하며 사는 것이 복된 삶이다. 순수한 기쁨의 눈물,
그 환희의 절정은 슬픔마저 기쁨으로 바꾼다. 생각하면 생각할수
록 감사할 일이 너무도 많기 때문이다.

欣 기뻐할 **흔**

喜 기쁠 **희**

雀 참새 **작**

躍 뛸 **약**

**출전**　　『수호전水滸傳』

**같은 말**　환호작약歡呼雀躍, 경희작약驚喜雀躍, 흔약欣躍

---

**슬픔에는 도덕적 용기가 필요하고, 기쁨에는 종교적 용기가 필요하다.**
It takes moral courage to grieve; it requires religious courage to rejoice.

• 쇠렌 키에르케고르 1813~1855, 덴마크 철학자

聚
모을 **취**

精
자세할 **정**

會
모일 **회**

神
혼 **신**

취정회신 정신을 가다듬어서 한군데로 모으다.

취정회신은 본래 어진 임금과 신하가 국익을 위해 지혜를 취합하는 군신 간의 협력을 의미했으나, 후에 정신을 고도로 집중하는 것을 가리키게 되었다. 『주자어류』에 나오는 "정신이 한곳에 이르면 어떤 일인들 이루지 못하겠는가精神一到 何事不成"란 말과 같은 맥락이다.

두뇌는 명석하나 주의가 산만하다면 정신 집중 훈련이 필요하다. 방심은 스트레스의 원인이자 결과다. 고질적 병폐겠지만, 어쩌면 정신 똑바로 차리고 사는 것이 가장 어려운 일인지도 모른다.

집중력이 정신력이고 생존 전략이다. 피로나 환경 등 집중력 방해요인부터 제거하고, 시공간의 합리적 배치와 함께 집중의 난이도를 높여가는 것이 순서다. 무한한 잠재력의 원천인 두뇌를 최상의 상태로 유지하되, 정신활동의 메커니즘을 터득해 두뇌 활성화 방안을 강구해야 한다.

세상에 열정과 혼을 불어넣어 안 되는 일이 없다. 집중은 자신감의 표현이요, 정신 집중의 힘은 경이롭다. 자신이 해야 할 일이 무엇인지 확실히 알고 오직 그 일을 위해 매진한다. 현재란 가치 있는 삶을 위해 부단히 집중할 때를 가리킨다.

**출전**   왕포王褒 『성주득현신송聖主得賢臣頌』

**당면한 일에 온 정신을 집중하라. 태양 광선도 초점을 맞춰야 태울 수 있다.**

Concentrate all your thoughts upon the work at hand. The sun's rays do not burn until brought to a focus.

• 알렉산더 그레이엄 벨 1847~1922, 미국 발명가

**윤기협수** 살에 스미고 뼛골에 사무칠 정도로 깊이 감격하여 마음에 새기다.

인간은 감정의 동물이다. 가슴 따로 머리 따로 변덕스러워, 상황에 맞게 조절해야 한다. 그러나 작금은 웬만한 자극에는 꿈적도 않고 타인과의 교감과 소통에도 무감각한 메마른 세상이 아닌지 궁금하다.

천재적 감수성을 타고나는 사람도 있지만 대부분 등에 땀이 배도록 평생을 갈고닦아야 한다. 뉴튼의 사과처럼 평범하고 사소한 일에도 마음을 열어두어야 감성 충전에 효과적이다. 의식적이든 무의식적이든, 감성적이든 이성적이든 얼마나 뼛속 깊이 새기느냐에 따라 처신도 달라지고 삶의 질도 개선된다.

진심 없이는 감동도 없다. 자신을 감동 못 시키면서 남을 감동시킬 수는 없다. 온몸에 전율이 흐르는 감동의 도가니가 없다면 그럭저럭 살거나 삶의 방관자일 가능성이 크다. 내면 깊숙한 곳에 자리 잡은 절정의 감수성을 일깨워 결정적 순간에 활용해야 한다. 정작 문제 해결의 열쇠는 자신이 쥐고 있다.

淪
빠질 **륜**

肌
살 **기**

浹
두루미칠 **협**

髓
골수 **수**

**출전**   『회남자淮南子』「원도훈原道訓」, 『주자전서朱子全書』

**한순간의 통찰은 때로 평생 경험의 가치가 있다.**
A moment's insight is sometimes worth a life's experience.

• 올리버 웬들 홈스 1809~1894, 미국 의학자·문필가

五

다섯 **오**

臟

오장 **장**

六

여섯 **륙**

腑

육부 **부**

**오장육부** 오장과 육부로서 인체 내부기관의 총칭.

오장은 간장肝臟(간)·심장心臟(염통)·비장脾臟(지라)·폐장肺臟(허파)·신장腎臟(콩팥)이며, 육부는 대장大腸(큰창자)·소장小腸(작은창자)·위胃(밥통)·담膽(쓸개)·방광膀胱(오줌통)·삼초三焦(상·중·하초)다. 건강은 행복의 필수조건이자 인류의 공통 언어다. 마음과 몸의 상호작용인 건강, 사는 날까지 건강하게 살아야 한다. 머리부터 발끝까지 중요하지 않은 것이 하나도 없지만, 겉으로 드러나지 않은 것들이 건강에 더 위협적이다. 절제된 식습관과 규칙적 운동 등 평소 올바른 생활습관을 유지해야 하며 긍정적 마음가짐은 스트레스에 대한 면역력을 높여준다.

건강을 잃으면 만사가 소용없다. 평범하기 때문에 소중한 일상이다. 건강에 빨간 불이 켜지지 않도록 건강은 건강할 때 지켜야 하며, 남이 대신할 수 없기에 내 건강은 내가 지켜야 한다. 육체 못지않게 정신과 영혼이 강건해야 한다.

'건강의 3대 적'으로 불결, 나태, 방심을 들 수 있다. 그중에 방심은 어리석음의 소치다. 그 누구도 장담할 수 없는 건강이지만, 본인의 의지가 중요하다. 건강이 사람을 떠나는 것이 아니라 사람이 건강을 떠나는 것이다.

**출전**　　『여씨춘추呂氏春秋』「달울達鬱」

**같은 말**　장부臟腑

---

### 건강한 신체에 건전한 정신.

A sound mind in a sound body.

• 데키무스 유니우스 유베날리스 60~140, 로마 풍자시인

**미의연년** 마음을 즐겁게 가지면 건강과 장수를 누린다.

아름다울 미

미의美意는 '아름다운 뜻'을, 연년延年은 연년익수延年益壽의 준말로 '오래 삶' 또는 '수명을 연장함'을 말한다.

장수의 비결로 밝은 마음과 날마다의 삶 속에서 작은 기쁨들을 확대재생산하는 지혜를 들 수 있다. 타인의 모습에서 자신의 모습을 발견하는 다사다난한 인간관계에서 일체의 낙관적 태도는 곧 자신의 욕망을 일정 부분 유보한다는 뜻이다. 특히 관계의 변신이 핵심 딜레마다. 그런 의미에서 웃으니까 행복하다는 말은 살기 위한 선택이라 하겠다.

뜻 의

살다 보면 좋은 날만 있는 것이 아니다. 실제로는 팍팍한 삶을 살면서도 겉으로는 의연한 사람이 적지 않다. 인격이 훌륭하거나 풍상을 많이 겪은 사람이라면 능히 그럴 수 있지만, 필요하다면 속에 담아두지 말고 표현하는 것이 정신건강에도 좋고 차라리 인간적으로 보인다. 그러나 아무리 힘들어도 자신을 돌아보고 즐거운 마음으로 덕을 닦는 기회로 삼는 것이 진실된 삶의 태도다. 나이와 상관없이 덕이 있어야 한다. 덕이 있으면 짧게 살아도 오래 사는 것이다.

끌 연

해 년

**출전**　　『순자荀子』「치사致士」

---

**가장 장수한 사람이란 가장 긴 세월을 산 사람이 아니라 가장 값진 체험을 한 사람이다.**

The person who has lived the most is not the one with the most years but the one with the richest experiences.

• 장 자크 루소 1712~1778, 프랑스 철학자

警戒

警
戒

## 12장

# 경계

성냄을 경계하고 욕심을 물리쳐라

징계할 **징**

성낼 **분**

막을 **질**

욕심 **욕**

징분질욕 분노를 징계하고 탐욕을 억제한다.

『역경』에 나오는 말로, 오욕칠정 가운데 성냄과 욕심이 특히 문제임을 보여준다.

분노로 일그러지고 욕심이 덕지덕지 붙은 얼굴에는 거울 선물이 제격이다. 이성을 잃고 감정의 배설물로 분욕忿慾을 표시하는 일이야말로 어리석음의 표상이며 인격에 보탬이 안 된다. 감정적·물질적 손해를 감수하고 베풀 줄 알아야 정신 건강에 좋다.

분노란 삶의 공격성이 자타에 공히 상처를 입히는 것을 말한다. 먼저 스트레스를 조절하되, 자신 속에 갇히지 말고 객관적 시각으로 자신을 관조해야 한다. 자신의 과오를 깨닫고 충고를 고맙게 여기는 것이 바로 수양이다.

욕망의 노예란 욕망이 인간을 쥐락펴락하는 상태를 말한다. 돈의 다소를 떠나 부당한 이득은 올무가 된다. 탐욕과 정욕을 버리고 물질에 초연해야 물신의 지배를 벗어날 수 있다.

분노와 탐욕을 절제해야 죄와 파멸에서 벗어날 수 있다. 선을 넘지 않고 양심을 팔지 않는 청지기의 삶이 요청된다. 올바른 가치관과 물질관을 가지고 사람과 생명을 살리는 데 앞장서야 한다.

출전    『역경易經』「손損」

---

**40세가 지난 인간은 자신의 얼굴에 책임을 져야 한다.**

After forty, every man is responsible for his own face.

• 에이브러햄 링컨 1809~1865, 미국 16대 대통령

**거오선전** 학식이나 관작 따위가 높은 척 거드럭거리는 교만한 태도.

거오倨傲는 거드름을 피우며 남을 깔보는 것, 선전鮮腆은 젠체하며 뽐내는 것이다. 진秦의 병법가 황석공黃石公이 후에 유방의 모사가 된 장량의 협량狹量과 필부지용匹夫之勇을 다스리고자 "이런 까닭에 일부러 거드름 피우고 젠체하며 그를 깊이 꺾었다是故倨傲鮮腆而深折之"고 갈파한 데서 유래했다.

돈, 지위, 외모 등을 기화로 대단한 척 제 잘난 멋에 살지만, 남들이 인정해주지 않으면 아무 소용없다. 인간적 자랑은 퇴색하며 참인지 거짓인지 모를 정체불명의 근거만 남을 뿐이다. 두려움은 교만을 키운다. 자존감이 결여될수록 부끄러움도 모르고 자신의 존재와 의를 드러낸다는 점에서 교만은 희화적이다. 인간의 한계를 알기 전까지는 산전수전을 다 겪은 것이 아니다. 겸손이 중요한 이유다.

교만한 이는 나를 앞세운다. 반면 겸손은 자신감이다. 진정한 겸손은 지적·도덕적 차원을 넘어 영적 의미를 간직하고 있다. 원래부터 내 것이 없고 혼자 힘으로 살 수 없으며 한 치 앞도 모르는 게 사람이다. 교만은 멸망의 지름길이다.

**倨** 거만할 **거**

**傲** 거만할 **오**

**鮮** 고울 **선**

**腆** 두터울 **전**

**출전**　『소식蘇軾』「유후론留侯論」

---

## 먼저 겸손을 배우려 하지 않는 자는 아무것도 배울 수 없다.

No man will learn anything at all, unless he first will learn humility.

• 에드워드 로버트 불워 리턴 1831~1891, 영국 외교관

교만할 교

사치할 사

음란할 음

逸

편안할 일

**교사음일** 성행이 교만하고 사치하며 음란하고 멋대로 인 자를 이른다.

교사驕奢는 교만과 사치, 음일淫佚은 음탕하게 노는 것을 뜻한다. 자고로 개인적 타락은 국가 멸망의 원인이다.

춘추시대 위衛의 장공莊公에게 석작石碏이 올바른 자식 사랑에 대해 간언하기를 "교만하고 사치하고 음란하고 제멋대로 행동하는 것은 사악함에서 나오며驕奢淫佚 所自邪也, 이 네 가지는 총애와 풍요로움이 지나친 데서 오는 것"이라고 강조했다.

유산으로 물질을 우선한다면 부모와 자녀 모두에게 불행한 일이다. 물질적 풍요가 넘칠수록 영혼은 빈곤해지기 쉽다. 온실의 화초처럼 과잉보호하는 것도 해롭다. 자녀에게 물질 만능의 사고를 주입해주면, 주판알 튀기는 계산에만 능숙해져 급기야 인간의 값어치조차 돈으로 매기려 들 것이다. 나아가 기득권에 편승하여 사회 갈등을 조장하고 공동체 전반에 악영향을 끼치게 될 것이다.

자녀 교육은 가정에 국한되지 않으며, 엄밀히 말해 국가 사회의 기초다. 부모된 자는 무엇보다도 올바른 신앙이나 도덕적 가치 등 정신적 유산을 물려주어야 도리다.

**출전**　　『춘추좌씨전春秋左氏傳』「은공3년隱公三年」

**같은 말**　교사음일驕奢淫佚

---

## 참된 행복은 절제에서 솟아난다.

True happiness springs from moderation.

• 요한 볼프강 폰 괴테 1749~1832, 독일 작가

**포호빙하** 맨손으로 호랑이를 잡고 걸어서 큰 강을 건너듯, 용기는 있으나 무모하기 짝이 없다.

暴
사나울 **포**

虎
범 **호**

馮
탈 **빙**

河
물 **하**

『시경』 「소아」와 『논어』 「술이」편에 나오는 내용이다. 공자가 제자 안연에게 "왕후王侯가 중용하면 도를 행하고 써주지 않으면 은둔하는 것은 오직 너와 나만이 할 수 있다"고 칭찬했다. 자신의 용맹을 믿은 제자 자로가 듣고서 공자에게 "선생님께서 삼군을 출동하실 때는 누구와 더불어 가시겠습니까"라고 물었다. 공자가 "맨손으로 범을 두드려 잡고 맨발로 황하를 건너고자 하면서도 죽어도 후회함이 없는 그런 자와는 함께하지 않겠다. 반드시 일에 임하매 두려운 마음으로 지략을 좋아하여 일을 성공시키는 사람과 동행할 것이다暴虎馮河 死而無悔者 吾不與也 必也臨事而懼 好謀而成者也"라고 답했다. 신중한 검토와 적절한 대책이 선행되지 않은 만용의 위험성을 경계한 것이다.

경거망동하는 자 옆에서 부화뇌동하지 말아야 후회가 없다. 용력이 뛰어난들 지모만 못하니 겸손할수록 만용을 못 부린다. 인생살이 전전긍긍 살얼음 밟는 심경으로 살면 실수가 적다. 신중은 지혜와 용기의 공통분모다.

**출전**　　『시경詩經』 「소아小雅」 소민小旻, 『논어論語』 「술이述而」

---

**용기의 대부분은 신중함이며, 나는 그 신중함으로 인해 내 생명을 구했다.**

The better part of valor is discretion, in the which better part I have saved my life.

• 윌리엄 셰익스피어 1564~1616, 영국 작가

술 주

못 지

고기 육

수풀 림

**주지육림** 술로 못을 이루고 고기로 숲을 이룬 호사스러운 술잔치.

하의 걸과 함께 천하의 폭군인 걸주桀紂로 병칭되는 은의 주가 밤낮으로 쉬지 않고 술을 마시며 황음무도하여 음탕과 패역을 일삼은 것에 대해, "술로써 못을 삼고 고기를 걸어 숲을 이루었다以酒爲池 懸肉爲林"고 한 『사기』 「은본기」의 기록에서 온 말이다. 술과 여자 등 음락淫樂에 빠져 충신의 간언을 짓밟은 망국 군주의 대명사란 점에서 걸주는 판박이다. 요순과는 선과 악의 극렬한 대비를 이룬다.

독재자의 말로는 비참하다. 자만심에 넘쳐 도도히 흐르는 민심을 거스르면 역사의 음침한 뒤안길로 사라진다. "군주는 배, 백성은 물이다. 물은 배를 띄울 수도 있지만 또한 뒤집을 수도 있다君者舟也 人者水也. 水可載舟 亦可覆舟"고 한 공자의 말은 여전히 유효하다. 남의 실패를 거울삼아 자신의 경계로 삼되, 그 선례가 멀지 않음을 잊지 말아야 한다.

육욕적 쾌락의 탐닉이 결코 만족을 가져다주지 않는다. 죄의식에 물든 타락한 삶이 종내 떳떳할 수 없기 때문이다.

**출전** 『사기史記』 「은본기殷本紀」

**같은 말** 은감불원殷鑑不遠

---

**술의 해악은 전쟁, 전염병, 기근을 합친 것보다도 크다.**

The ravages of drink are greater than those of war, pestilence and famine combined.

• 윌리엄 글래드스턴 1809~1898, 영국 정치가

천자를 읽어 천하를 알다

**배반낭자** 술자리 후 술잔과 접시가 이리의 움집에 깔린 풀처럼 너저분하게 나뒹구는 모양.

주색을 즐기는 제의 위왕威王에게 순우곤淳于髡이 "술이 극에 달하니 어지럽고 즐거움이 극에 달하니 슬프다酒極則亂 樂極則悲"고 충간한 이야기 가운데 있는 말이다. 후에 위왕은 선정을 펼쳤다. 향락 문화의 중심에 술이 있다. 술은 인격의 반사경이다. 술로 인한 실수의 멍에가 무겁다. 술은 심신을 병들게 하고 범죄의 온상이 된다. 술 마신 후 남는 것이 별로 없다고 볼 것이다. 음주 연령의 감소 및 여성 음주의 증가, 폭음, 술주정, 음주운전 등 국민건강과 밝은 사회를 위해서 여가 선용과 더불어 음주 문화의 개선이 절실하다.

쾌락이 쾌락을 부른다. 쾌락의 자가 중독적 성향이다. 환락의 늪에 빠져 쾌락의 정점까지 누려 볼 심산이라면 후유증을 각오해야 된다. 자칫 재앙이 될 수도 있고, 어차피 허망할 따름인 찰나적 쾌락의 종점이다. 그 끝이 쓰디씀을 안다면 쾌락의 고통을 자청하지는 않을 것이다.

지나치면 쇠하는 것이 자연의 이치다. 미구에 닥칠 불편을 사전에 고려하는 현명함으로 쾌락을 참는 것이야말로 진정한 쾌락이다.

杯 잔 **배**

盤 쟁반 **반**

狼 이리 **랑**

藉 깔개 **자**

**출전**　『사기史記』「골계열전滑稽列傳」

---

**고통을 피하기 위해서는 쾌락을 희생하는 것이 실질소득이다.**

It is a clear gain to sacrifice pleasure in order to avoid pain.

• 아르투르 쇼펜하우어 1788~1860, 독일 철학자

버마재비 **당**

버마재비 **랑**

잡을 **포**

蟬

매미 **선**

당랑포선 사마귀가 매미를 잡으려고 노린다.

"사마귀가 매미를 잡으려고 노리고, 뒤에서 꾀꼬리가 사마귀를 노린다螳螂捕蟬 黃雀在後"는 뜻이다. 눈앞의 이익에 빠져 뒤따를 위험을 깨닫지 못함을 말한다. 춘추시대 오왕吳王 수몽壽夢이 초楚를 공격하고자 할 때, 한 시종이 위험을 경고한 말이다.

탐욕으로 시야가 좁아지면 대세에 어둡다. 대세의 밑바탕에 잠복한 기류를 무시했다가는 후환을 자초한다. 겉만 번지르르하고 속은 곪아 터진 욕망 때문이다. 고요한 태풍의 눈처럼 사경인 줄 알면서도 헤매는 현실이 사태의 본질을 비극적으로 보여준다.

욕망의 충족에 연연해서는 즉물적이고 현세적인 사고방식에서 벗어나기 어렵다. 급기야 파멸의 구렁텅이에 떨어진다. 일례로 돈 앞에 무너지는 소중한 것들이 얼마나 많은지, 또 어떻게 무너지는지를 살펴보라. 눈앞 돈의 정체성부터 규명해야 한다. 지금 가지고 있는 것만으로는 성이 차지 않는다면 차라리 없느니만 못하다. 무엇을 내려놓을지부터 점검하자. 욕망의 사슬을 그야말로 전광석화처럼 끊어버려야 소탐대실을 막을 수 있다.

**출전**　한영韓嬰『한시외전韓詩外傳』

---

**충분함 이상의 가치를 모른다면, 충분하다는 게 무엇인지 결코 알 수 없다.**

You never know what is enough unless you know what is more than enough.

• 윌리엄 블레이크 1757~1827, 영국 시인

**비아부화** 나방이 날아서 불 속으로 달려든다.

하필이면 제 스스로 죽을 길을 찾아들어 자멸을 초래함을 비유한다. 남조南朝시대 양梁의 무제武帝는 총신 도개到漑와 정사를 논했다. 도개의 손자 도신到藎은 뛰어난 문재를 지녔는데, 하루는 무제가 도신에게 시작詩作을 명했다. 도신의 시를 읽은 무제가 도개보다는 도신이 진정 총명한 인재임을 알아보고 이제 손자에게 명예를 물려주라는 의미로 도개에게 지어준 시의 구절이다.

명예로운 퇴진은 최후의 보루다. 스스로 아름답게 물러나면 그나마 잘한 결정이련만, 악착같이 버티는 건 무모해 보인다. 능력도 없으면서 자리 보전에만 급급한 이유는 자존감 부족 때문이다.

엉뚱한 것에 목숨 거는 것처럼 무모한 일도 없다. 통상의 주의만 기울였어도 피할 수 있는 고통과 불행을 막지 못한 책임을 통감해야 마땅하다.

타고난 성향에 따라 형형색색인 자멸의 불씨부터 꺼야 한다. 자의식 과잉의 현란한 조명에 취해 자신을 돌아볼 수 없다면 누군가의 날카로운 지적이 필요하다. 블랙홀처럼 자신을 송두리째 빨아들이려는 비정상적인 것들로부터 한시바삐 벗어나야 한다.

날 **비**

나방 **아**

다다를 **부**

불 **화**

**출전**　　『양서梁書』「도개전到漑傳」

---

**그림자를 붙잡느라고 실체를 잃어버리지 않도록 조심하라.**

Beware lest you lose the substance by grasping at the shadow.

• 이솝 기원전620~기원전560, 그리스 우화 작가

竭

다할 **갈**

澤

못 **택**

而

말이을 **이**

漁

고기잡을 **어**

갈택이어 못물을 퍼내 고기를 잡듯이, 눈앞의 이익만을 추구하여 장래를 위해 남겨두지 않다.

초楚와의 결전을 앞두고 진晉의 문공文公에게 옹계雍季가 "연못의 물을 퍼내어 고기를 잡으면 어찌 못 잡겠으나 이듬해에 잡을 고기가 없게 되고, 덤불을 태워 짐승을 잡으면 어찌 못 잡겠으나 훗날에는 잡을 짐승이 없을 것입니다竭澤而漁 豈不獲得 而明年無魚 焚藪而田 豈不獲得 而明年無獸"라고 한 데서 온 말이다. 임시변통의 속임수로는 근본적인 해결책이 될 수 없음을 간언한 것이다.

이솝우화의 '양치기 소년'처럼, 거짓말이나 속임수는 한 번 속지 두 번 속지 않는다는 점에서 장기 대책이 될 수 없다. 결국 자신을 속이는 행위에 불과하다. 또 이솝우화의 '황금알을 낳는 거위' 이야기에서 보듯이 인간은 필요가 아닌 욕망에 따라 움직이는 존재임을 기억해야 한다. 과욕은 속망速亡의 첩경이니 길게 보아야 한다. 자칫 욕망의 화신이 되면 속절없이 무너진다.

어찌 보면 길게 쉬기 위해 짧게 일하는 것이 현대인이 추구하는 바지만, 사회 통념에 비추어 땀 흘린 만큼의 정당한 대가를 바라야 한다. 정도를 걷지 않으면 조만간 신뢰성 위기에 봉착한다.

**출전**   『여씨춘추呂氏春秋』「효행람孝行覽」의상義賞, 『회남자淮南子』「본경本經」

**최대의 범죄는 욕망에 의해서가 아니라 포만에 의해서 야기된다.**
The greatest crimes are caused by excess and not by necessity.

• 아리스토텔레스 기원전384~기원전322, 그리스 철학자

**금곤복거** 새도 궁지에 몰리면 수레를 뒤집어엎듯이, 약자도 궁지에 몰리면 큰 힘을 낸다.

약자를 대하는 태도에서 그 사람의 인성이 드러난다. 강자한테 약하고 약자한테 강하다면 문제다. 약자라고 우습게 봤다가는 큰 코다친다. 누구든 극한상황에 내몰리면 죽기 살기로 덤벼들게 되어 있다. 배수진을 치고 필사 저항을 하면 전세는 순식간에 역전된다. 가장 소중한 것을 포기한 자에게는 두려울 것이 없고, 이후 행보에 거칠 것이 없다. 당장 쓰러지더라도 어떤 식으로든 혈로를 뚫고 나간다.

개인적 일탈을 넘어 사회적 공분을 빚는 강자의 횡포는 비판받아 마땅하다. 오금이 저릴 정도로 군림하거나 무릎을 꿇리는 핍박 등은 졸렬한 계급의식의 단편적 사례다. 미워하면서 닮는다고, 다소라도 우월한 입장을 이용하여 그렇지 못한 자들을 무시하는 태도 역시 오십보백보의 부당행위다.

자신을 존중할 줄 아는 자는 남도 존중한다. 동등한 인격체로서 약자에 대한 배려가 서로의 고정관념을 뒤엎는다.

날짐승 **금**

곤할 **곤**

엎을 **복**

수레 **거**

**출전** 『사기史記』「감무열전甘茂列傳」

**같은 말** 궁서설리窮鼠齧狸, 곤수유투困獸猶鬪

---

### 교육의 최고 성과는 관용이다.

The highest result of education is tolerance.

• 헬렌 켈러 1880~1968, 미국 사회사업가

공교할 교

말씀 언

하여금 령

色

빛 색

교언영색 남의 비위를 맞추거나 환심을 사기 위해 교묘하게 꾸미는 말과 보기 좋게 꾸미는 얼굴.

공자는 『논어』 「학이」편에서 "듣기 좋게 말하고 보기 좋게 얼굴빛을 꾸미는 자는 어진 이가 드물다巧言令色 鮮矣仁"고 말했다. 이 말을 뒤집어 「자로」편에서는 "강직하고 의연하고 질박하고 어눌함이 어짊에 가깝다剛毅木訥 近仁"고 했다. 그리고 「옹야」편에서 "겉에 나타난 모양과 속에 든 본바탕이 적절히 조화를 이룬 뒤에야 비로소 군자라 할 수 있다文質彬彬 然後君子"고 했다.

나한테만 잘하면 그만이라는 말이 있다. 퇴행적 권위주의의 생존 방편인 아첨을 믿을 사람도 없지만 허용하지 말아야 뒤탈이 없다. 철저히 계산된 발언과 가식적 태도보다는 정색하고 귀에 거슬리는 말을 할 때 오히려 신빙성이 있다. 하지 않은 말을 듣는 것은 더욱 중요하다. 은연중에 언색言色의 속내를 살펴야 실수가 없다.

진실한 마음이 사람을 움직인다. 진실한 평가는 거부할 수 없다. 겉과 속이 딴판인 궤변과 아첨을 삼가는 것은 서로에 대한 최소한의 예의다. 욕심 부리지 말고 꾸밈없이 살면 된다.

출전    『논어論語』 「학이學而」

참조    강의목눌剛毅木訥, 눌언민행訥言敏行

---

**자기를 가장 높이 평가해주는 사람에게 저항할 수 있는 사람은 거의 없다.**

Few men have virtue to withstand the highest bidder.

• 조지 워싱턴 1732~1799, 미국 초대 대통령

**영서연설** 영 땅의 글과 연나라의 설명으로, 이치에 맞지 않는 것을 억지로 끌어다 도리에 맞추다.

郢
땅이름 영

書
글 서

초의 도읍인 영郢의 귀인이 연燕의 재상에게 밤에 편지를 쓸 때 불빛이 어두워 하인에게 "촛불을 들라擧燭"고 말했다. 이 말을 받아쓰던 서기가 실수로 편지에 그대로 써넣었다. 재상은 현명한 인재를 등용하라는 말로 여겨 크게 기뻐했고, 왕에게 인재 등용을 진언했다. 그대로 실행한 결과 나라가 잘 다스려졌지만 편지의 본뜻은 아니었다.

燕
제비 연

이것저것 끌어대어 자기주장만 하다 보면 상대에 대한 배려가 소홀해지고 곧잘 분쟁으로 이어진다. 갈수록 핑계거리도 다양해지지만, 대개는 대꾸할 가치조차 없는 자기 합리화나 주관적 억측에 불과하다. 핑계는 인생의 걸림돌인 동시에 인격과 의지력의 역지표가 된다. 책임 회피도 모자라 제삼자인 양 딴청이나 부린다면 실책만 돋보이게 할 뿐이다. 군더더기 없이 깔끔하게 잘못을 인정해야 설득력이 있다.

說
말씀 설

말로는 못할 것이 없다. 말이란 의도가 중요하지만, 말하는 쪽보다 듣는 쪽의 의도대로 흘러감을 주의해야 한다. 피차 간 언어의 미로에서 헤매지 않도록 말보다는 행동으로 보여주어야 한다.

**출전**　　『한비자韓非子』「외저설좌상外儲說左上」
**같은 말**　견강부회牽强附會

**핑계를 잘 대는 사람은 거의 아무 일도 해내지 못한다.**

He that is good for making excuses is seldom good for anything else.

• 벤저민 프랭클린 1706~1790, 미국 정치가

邑

고을 **읍**

犬

개 **견**

群

무리 **군**

吠

짖을 **폐**

**읍견군폐** 고을의 개들이 떼 지어 짖어대듯, 속 좁고 간사한 무리들이 남을 헐뜯음을 비유한다.

용렬한 자들이 함부로 비난하고 의심하는 이유는 간단하다. 식견이 좁은 탓도 있지만 소인배라서 대인 또는 현인의 큰 뜻을 포용할 수 없기 때문이다.

예나 지금이나 맹목적 언어 폭력의 문제가 심각하다. 욕설, 비속어, 원색적인 비난 등 인신공격은 스트레스와 수치심을 유발한다. 익명성에 기댄 상습 비방이나 허위 사실 유포는 양식 이전에 상식의 문제이다. 유무형의 소통 공간에서 자행되는 모욕이나 명예훼손, 인권침해는 법적 문제로 비화되기까지 한다. 특히 비생산적 흑백 논리에 의한 인격 매도는 마녀사냥의 전초전이다. 근거 없는 낭설도 기정사실화되고, 상대적 약자만 골라 공격하는 비겁한 행태마저 보인다. 어떠한 호소나 진정도 사후약방문인 마당에는 묵묵부답이 최선이다. 최소한의 윤리의식을 갖추고 편견부터 버려야 무분별한 비난을 삼가고 타인의 견해를 수용할 수 있다.

제 허물은 안 보이고 남의 허물만 잘 보는 사람이 있다. 그러면서 남에게 노골적 이중 잣대를 수시로 들이댄다. 예의와 염치를 깨닫고 자신에게 보다 솔직해져야 마땅하다.

**출전**   굴원屈原 「구장九章」 회사懷沙

---

**자기의 의무를 꾸준히 감당하며 침묵을 지키는 것이 중상모략에 대한 최상의 대답이다.**

To persevere in one's duty, and be silent is the best answer to calumny.

• 조지 워싱턴 1732~1799, 미국 초대 대통령

**적설소성** 남을 헐뜯는 혀는 불 같아서 성이라도 불사를 만하다.

남을 비방·참소·이간하는 말이 사람을 심각하게 해친다는 뜻이다. 말은 생각이나 느낌의 표현, 곧 그 사람의 인격이다. 말의 힘이 얼마나 대단한지 모른다면 정말로 가련한 사람이다. 세 치 혀의 권세가 사람을 죽일 수도 살릴 수도 있으며, 직격탄의 표적이 남 아닌 바로 자신일지도 모르기 때문이다.

말에는 책임이 따른다. 가볍게 내뱉은 말도 그 대가는 무겁다. 말실수로 곤욕을 치르고 나서 후회한들 소용없다. 말조심이란 말수부터 줄이고 할 말 안 할 말 가려서 하는 것으로, 입버릇 속에 도사린 몰상식을 타파함을 뜻한다.

같은 말이라도 때와 장소에 따라 의미가 달라진다. 때로는 발언자보다 전언자가 더 나쁘다. 또 선의로 한 말이 악의로 해석되고, 말의 오용이 오해를 불러일으킨다. 서로 입장이 다르니 감당치 못할 말은 입 밖에 내지 않음이 좋다. 공연히 마음만 다칠 뿐이다. 혀는 입 안의 부메랑이다. 언젠가 반드시 되돌아온다. 도덕적 경멸 등 말로 인한 상처는 아물기 어렵고 덧나기 쉽다. 사랑이 넘치는 긍정의 말에 목마른 것은 인간은 나약한 존재이기 때문이다.

赤 붉을 적

舌 혀 설

燒 불사를 소

城 재 성

**출전**　양웅揚雄 『태현경太玄經』 「간幹」

---

**날카로운 혀는 계속 쓸수록 더욱 예리해지는 유일한 날붙이다.**

A sharp tongue is the only edge tool that grows keener with constant use.

• 워싱턴 어빙 1783~1859, 미국 작가

# 笑
## 웃을 소

# 裏
## 속 리

# 藏
## 감출 장

# 刀
## 칼 도

**소리장도** 웃음 속에 칼을 감춘 것처럼, 겉으로는 웃지만 마음속에는 앙심을 품은 것을 말한다.

당의 대신 이의부李義府는 겉으로는 온화하고 공손하여 항상 기쁜 미소를 머금고 있었지만, 실상은 음험하고 악랄하기 짝이 없어 자기 뜻에 거스르면 번번이 함정에 빠뜨렸다. 고로 세인들이 '이의부는 웃음 속에 칼을 감췄다'고 한 데서 온 말이다.

정신적으로 왜소할수록 외견상 그럴듯해 보이며, 근엄한 척 자상한 척 처세에도 능하다. 나쁜 짓을 하면서 웃을 수 있다는 것은 매우 악하다는 증거다. 절대 등을 보여서는 안 된다. 표리부동한 위선자에게 비장의 카드란 수단 방법 가리지 않는 것이다. 임기응변에도 뛰어나 절묘하게 의표를 찌른다. 속이기로 작정한 자를 당할 재간이야 없겠지만, 그런 부류에게 마냥 속는 것도 그리 자랑스러운 일은 아니다.

사람은 겪어봐야 안다. 언제 실체를 드러낼지 모르므로 방심은 금물이며, 본질적 특성이 나타나기 전까지 속단해서도 안 된다. 평소 사람 보는 안목을 기르되, 그래도 사람을 의심할 때보다는 믿을 때 더욱 얻는 것이 많다는 사실을 잊어서는 안 된다.

**출전**    『구당서舊唐書』「이의부전李義府傳」
**같은 말**    소중유도笑中有刀, 구밀복검口蜜腹劍

---

### 악은 자기가 추하다는 것을 알고 있다. 그래서 악은 가면을 쓴다.

Vice knows that she is ugly, so she puts on her mask.

• 벤저민 프랭클린 1706~1790, 미국 정치가

**계찰괘검** 계찰이 나무에 보검을 걸어놓는다는 뜻으로, 약속을 끝까지 지키는 신의에 비유한다.

춘추시대 오왕 수몽의 아들 계찰은 사신으로 가는 도중에 서에 들러 서왕徐王을 알현했다. 서왕은 계찰의 보검이 갖고 싶었으나 감히 말하지 않았고, 계찰 역시 그 사실을 알았으나 사신 직무를 수행 중이라 바칠 수 없었다. 귀로에 서나라에 들르니 서왕은 죽은 후였다. 이에 계찰은 자신의 보검을 풀어 서왕 무덤가 나무에 묶어놓고 떠났다於是乃解其寶劍 繫之徐君塚樹而去. "서왕은 이미 죽었는데 이것은 누구에게 주는 것입니까"라고 수행원이 묻자 계찰이 답했다. "나는 당초 그에게 보검을 주기로 마음속으로 결정했다. 그가 죽었다고 해서 어찌 약속을 어길 수 있겠는가?"
종류는 많아도 막상 실천은 어려운 것이 약속이다. 작은 약속도 소중히 여기며, 불가능한 약속을 삼가고 약속보다 실행이 빨라야 한다. 약속과 이행은 별개로, 자기 조절 능력을 포함한 인내력과 서로에 대한 믿음이 약속의 핵심이다.

끝 계

패 찰

걸 괘

劍
칼 검

**출전**　　『사기史記』「오태백세가吳太伯世家」
**같은 말**　계찰계검季札繫劍, 계포일락季布一諾

---

**약속을 지키는 최상의 방법은 약속을 하지 않는 것이다.**
The best way to keep one's word is not to give it.

• 나폴레옹 1세 1769~1821, 프랑스 황제

傾

기울 **경**

搖

흔들 **요**

懈

게으를 **해**

弛

늦출 **이**

**경요해이** 마음이 동요해 정신이 느슨해지고 자신의 책무에 게으름을 말한다.

의지가 박약하면 정상 궤도에 진입하기까지 한바탕 홍역을 치른다. 매순간 최선을 다하지 않고 소심하게 현실에 안주하다 보면 쌓아온 노력이 수포로 돌아갈 뿐 아니라 남에게 덤터기를 씌우게 된다. 남이 나에게 기대하는 바, 곧 나에게 맡겨진 일에 성실해야 한다. 딴전 부려봤자 불안감만 가중될 뿐이다. 남에게서 책임을 찾는 것은 인생의 의미를 남에게 부여하는 것과 같다. 특히 어려서부터 책임감을 길러줘야 한다.

특단의 열정과 자기 관리 없이 안정을 바란다면 오산이다. 갖은 핑계로 미루거나 자신에게 관대해지려는 습성이 슬럼프로 이끈다. 위험 요인을 꾸준히 자가 진단하고 관리 항목들도 수시 점검해야 한다. 차질 없이 목표 기한 내 완수하려는 추진력과 함께 성취 경험의 효능을 무시할 수 없다. 막연한 두려움을 떨쳐버리고 현실에 눈떠야 자신을 바꿀 수 있다.

게으름은 성공의 적이다. 삶은 항상 너나없이 부지런한 일꾼이 되느냐 부질없는 구경꾼이 되느냐의 기로에 서 있다. 지금 당장 해야 할 일을 하는 용기가 필요하다. 부지런도 용기다.

**출전**  증공曾鞏 「송이재숙지유주서送李材叔知柳州序」

---

**나태는 자기의 실패뿐 아니라 타인의 성공에 의해서도 벌을 받는다.**

Failure is not our only punishment for laziness: there is also the success of others.

• 쥘 르나르 1864~1910, 프랑스 작가

**완물상지** 쓸데없는 물건이나 놀음에 정신이 팔려 소중한 지조를 잃어버림을 뜻한다.

장난할 완

진귀한 사물에 정신이 팔리거나 쓸데없는 취미에 탐닉하면 적극적 의지와 진취적 기상을 잃게 됨을 경계하는 말이다.

여족旅族의 사자가 진기한 개 한 마리를 주의 무왕에게 공물로 바쳤다. 무왕이 개를 늘 곁에 두고 애지중지하자 소공召公이 무왕에게 "사람을 희롱하면 덕을 잃고, 물건에 마음이 팔리면 뜻을 잃는다玩人喪德 玩物喪志"고 진언했다. 크게 깨달은 무왕은 개를 포함한 헌상물을 공신들에게 하사하고 정사를 돌보는 일에만 전념했다.

물건 물

세상은 중독성 강한 것들로 넘쳐난다. 알코올·마약·도박 심지어 행복까지, 중독의 목록은 다 열거하기조차 힘들다. 중독은 자존감을 잃게 하며 사회 적응 기능의 손상을 뜻한다. 중독의 늪에 빠지면 자신도 모르는 사이 현실과 동떨어져 자신 안에 갇혀버린다. 나만의 즐거움이 주변의 고통이 되고 가족 갈등이 따르며 자신의 삶이 파괴된다. 그 해악은 사회 전반에 파급되며 예방이 최선이다.

잃을 상

정신의 공허함은 쾌락이나 물질로는 채울 수 없다. 절제가 힘들수록 주위의 배려와 함께 끝까지 자신의 가능성을 믿어야 한다.

志

뜻 지

출전   『서경書經』「여오旅獒」

---

**책임이란 말을 빼버리면 인생은 아무 의미도 없다.**

Life has no meaning except in terms of responsibility.

• 라인홀드 니버 1892~1971, 미국 신학자

揠

뽑을 **알**

苗

모 **묘**

助

도울 **조**

長

길 **장**

**알묘조장** 벼의 싹을 잡아당겨 빨리 자라도록 돕는다.

송宋나라의 한 농부가 벼가 빨리 자라도록 하기 위해 싹을 뽑아 올렸다가 벼가 다 말라죽었다는 이야기에서 비롯한 말이다. 매사에 순리대로 않고 역리대로 했다가는 결국엔 일을 그르치고 만다는 사실을 경계하고 있다.

맹자는 호연지기浩然之氣를 억지로 기르려는 자가 많음을 두고 "천하에 모가 자라나도록 조장하지 않는 자가 적다天下之不助苗長者寡矣"고 비유했다.

사람들은 인생을 어떻게 살아갈까 이것저것 궁리한다. 겸허한 자세로 세상을 대할 때 삶은 향기롭지만, 앞뒤 분간 못한다면 생뚱맞다 할 것이다. 생각다 못해 무리수도 두어보고 심지어 남까지 잘못되게 만들지만, 아닌 건 아닌 것이다.

순리를 거스르는 것은 곧 하늘을 거스르는 것이라 했다. 오늘날에도 순리는 흥망의 잣대다. 바른 길을 걸으면 당장은 손해 보는 것 같아도 결국은 승리한다. 특히 사람과의 관계에서 하향 평준화를 조장하거나 진실을 거짓으로 덮으려는 시도는 망하는 지름길이다. 절박한 심정으로 하늘을 우러러 한 점 부끄러움이 없도록 노력해야 하는 이유다.

**출전**　『맹자孟子』「공손추장구상公孫丑章句上」

**같은 말**　발묘조장拔苗助長, 조장助長

---

## 좋은 일을 하는 것만으로는 충분치 않으며, 그것을 올바른 방법으로 해야 한다.

It is not enough to do good; one must do it the right way.

• 존 몰리 1838~1923, 영국 정치가

**진예퇴속** 나아감이 빠르면 물러남도 빠르다.

나아갈 **진**

맹자는 사리와 형세의 폐단에 대해 "그만두어서는 안 되는 때 그만두는 자는 그만두지 않는 것이 없다. 후해야 할 데서 박하다면 박하지 않음이 없다. 그 나아감이 빠른 자는 그 물러감도 빠르다 於不可已而已者 無所不已. 於所厚者薄 無所不薄也. 其進銳者 其退速"고 말했다.

사람이나 일이나 꾸준해야 한다. 승리의 여운이 채 가시기도 전에 실패한 이유를 살펴보면 자만했거나 기력이 다했거나 아니면 지혜가 모자랐을 수 있다. 어처구니없는 졸속보다는 대기만성이 친숙하게 들린다.

날카로울 **예**

들고 날 때가 흐릿하면 이내 식상한다. 어쨌거나 쉴 때 쉬어주는 것이 서로에 대한 예의다. 공인이 아니어도 휴식과 함께 재충전은 필요하다. 그래야 생각과 행동에서 활력이 증대된다. 가능하면 일과 놀이 및 휴식이 합체되어야 궁극적으로 변화와 혁신을 주도할 여력이 생긴다.

물러날 **퇴**

마라톤에서 전력 질주와 숨 고르기를 병행하듯, 물러설 줄 아는 사람이 아름답다. 세상의 흐름을 바르게 살펴 욕심을 버리고 순리대로 나아가고 물러설 때, 일보 후퇴 이보 전진의 계기가 마련된다.

빠를 **속**

**출전**　　　『맹자孟子』「진심상盡心上」

---

**인간적인 모든 것은 전진하지 않으면 퇴보해야 한다.**

All that is human must retrograde if it do not advance.

• 에드워드 기번 1737~1794, 영국 역사가

# 臨

임할 림

# 渴

목마를 갈

# 掘

팔 굴

# 井

우물 정

**임갈굴정** 목이 말라야 우물을 파듯, 준비 없이 지내다가 일을 당해서야 서두르는 것을 비유한다.

『황제내경』「소문」에는 갈이천정渴而穿井으로 되어 있다.

귀가 따갑도록 많이 들었다는 것, 알고도 행동하지 않는다는 것, 다시 같은 일이 반복된다는 것이 사건 사고의 3요소다. 대비를 못했든 예상치 못했든 어차피 해야 할 일이라면 군말이 필요 없다. 한마디로 책임질 준비가 안 된 것이다.

병의 치료보다 예방이 중요한 것처럼, 편안할 때 위기 상황을 가정해 만반의 준비를 해놓으면 걱정할 일이 없다. 원래 진가란 알아보기 힘든 것이지만, 기본에 충실하면 예측 불가능한 것까지도 대처 가능성이 높아진다. 종합 계획에서부터 세부 사항까지 원칙대로 하나씩 밀도 있게 일을 진행해나가는 것이 더디어도 지름길이다.

마무리할 준비까지 되어 있어야 준비성이 철저하다 하겠다. 인생은 우물과 같다. 한 우물 열심히 파서 땀 흘려 긷다 보면 살길이 보인다. 마르지 않는 우물물로 자신의 잔을 채우는 사람은 목마르지 않다.

**출전** 『황제내경黃帝內經』「소문素問」, 『안자춘추晏子春秋』「내편內篇」 잡상雜上

**같은 말** 갈이천정渴而穿井

---

**준비에 실패하는 것은 실패를 준비하는 것이다.**

By failing to prepare, you are preparing to fail.

• 벤저민 프랭클린 1706~1790, 미국 정치가

**포옹관휴** 독을 안고 밭에 물을 준다.

안을 **포**

독 **옹**

물댈 **관**

밭두둑 **휴**

시대에 뒤떨어져 기술·사상을 개량하지 않는 비과학적이고 보수적인 태도를 말하는데, 원뜻과는 다소 거리가 있다.

공자의 제자 자공이 한수漢水 남쪽을 지나다가 밭일 하는 노인을 만났다. 노인은 "고랑길을 깊게 파고 우물로 들어가서, 물동이에 물을 길어 안고 나와 밭에 물을 주고 있었다鑿隧而入井 抱甕而出灌." 보다 못한 자공이 두레박틀 같은 설비를 이용하여 급수할 것을 권했다. 노인은 기계로 인해 마음이 공교로워지면 거짓된 마음을 유발하며, 도道는 순박한 습관에 깃든다 하여 거절했다.

고정관념에 사로잡혀 투입 대비 산출이 빈약하다면 있으나 마나 한 결과물이다. 융통성 없이 현상 유지에 만족하거나 시세 변화에 둔감해서는 발전이 없다. 전문적 시야를 넓혀 사고의 틀을 탄력적으로 운용함이 바람직하다. 주먹구구식 생고생이 아닌 창조적 시행착오를 위해 몸보다 머리를 써야 한다.

컴퓨터를 비롯한 생활 속 첨단과학 문명과 담쌓고 지내기 어려운 현실이다. 효율과 편리성에만 얽매이면 주객이 전도되어 정신세계까지 예속될 위험이 크다. 과학에는 혜택과 폐해가 공존하므로 보편타당한 가치판단에 의한 전략적 접근이 필수적이다.

**출전**　『장자莊子』「천지天地」

---

**어리석음이란 같은 일을 반복하면서 다른 결과를 바라는 것이다.**

Insanity: doing the same thing over and over again and expecting different results.

• 알베르트 아인슈타인 1879~1955, 미국 물리학자

疊

겹쳐질 **첩**

床

평상 **상**

架

시렁 **가**

屋

집 **옥**

**첩상가옥** 침대 위에 침대를 놓고 지붕 위에 지붕을 얹는다.

군더더기 또는 불필요한 반복이 많은 작품을 말하거나, 조직이나 제도가 불합리하여 쓸데없이 중복되는 것을 가리킨다. 정책·법령·조직·제도 등이 비효율적이거나 심지어 서로 저촉되는 경우가 대표적 사례다.

복잡다단한 일상이다. 쓸데없이 골치만 아프다면 통할 리도 없거니와 일고의 가치도 없다. 그럼에도 불구하고 오지랖 넓은 사람들이 적잖이 있다.

본격적인 군살 빼기 방안으로 불필요한 조직을 정비하고, 역할 분담과 책임 소재를 분명히 하여 업무 향상을 기하는 것이 일반적이다. 그러나 견고한 기득권 구조에서 개인의 의사를 관철하기란 쉽지 않다. 각자의 환경이나 처지에 맞춰 삶의 소중한 지표들을 알토란같이 갈무리해야 한다. 균형 잡힌 시각이 전제조건이다. 존재하는 사물은 양적 규정과 질적 성질을 가지고 있다. 어느 쪽이든 실체가 복잡해지면 통합이 곤란하고 갈등만 증폭된다. 원리는 간단하다. 단순성의 원리에 입각하여 우리의 삶도 단순화시킬 필요가 있다. 간결해서 우아한 예술의 경지이다.

**출전**    안지추顔之推『안씨가훈顔氏家訓』「서치序致」
**참조**    옥상가옥屋上架屋, 옥상옥屋上屋

**실체가 불필요하게 늘어나서는 안 된다.**

Entities should not be multiplied unnecessarily.

• 윌리엄 오컴 1285~1349, 영국 철학자

**채대고축** 채무의 누대를 높이 쌓는다는 뜻으로, 빚이
너무 많아 갚을 길이 막막함을 말한다.

주의 마지막 천자 난왕赧王은 무능하기 짝이 없어 진의 팽창에
속수무책이었다. 초의 효열왕孝烈王은 각국과 연합하여 진에 대
항하는데 난왕도 동참할 것을 요구했다. 난왕은 부호들에게서 돈
을 빌려 전쟁 경비를 충당했으나, 각국의 이해가 엇갈려 진과의
전쟁이 흐지부지되는 바람에 빚만 잔뜩 지게 되었다. 그러자 연
일 빚쟁이들이 몰려와서 빚 독촉을 하는 바람에 궁중의 높은 누
대樓臺로 피신해 빚 걱정으로 한숨의 나날을 보냈다. 사람들이 그
높은 누각을 피채대避債臺라고 불렀다.

빚 갚기가 녹록찮다. 빚진 죄인이란 말처럼, 빚에 허덕이는 생활
의 심적 부담이 너무 크다. 산다는 게 급부와 반대급부라는 채권
채무 관계의 연장선이지만, 허용 범위를 벗어나는 부채 대신 근
검과 절제가 신용 파산의 위기로부터 자신을 보호한다.

눈에 안 보이는 빚도 많다. 마음의 빚도 있고, 상황에 따른 변수
는 빚 아닌 빚이다. 특히 감가상각은 재무관리 차원뿐 아니라 개
인 능력 및 인간관계에서도 중요한 요소다. 가치나 신뢰의 하락
이 암묵적 부채로 작용한다는 사실을 인식하고 남 못지않게 자
신에게 진 빚을 갚는 일도 소중하다.

債 빚 채
臺 대 대
高 높을 고
築 쌓을 축

**출전**　　　『한서漢書』「제후왕표서諸侯王表序」

---

**빚은 어리석음과 범죄를 다산하는 어머니다.**

Debt is a prolific mother of folly and of crime.

• 벤저민 디즈레일리 1804~1881, 영국 작가·정치가

# 堤 둑 제
# 潰 무너질 궤
# 蟻 개미 의
# 穴 구멍 혈

**제궤의혈** 개미구멍 때문에 큰 둑이 터지듯, 사소한 결함이나 실수가 큰 재난을 불러옴을 비유한다.

『한비자』「유로」편에 "천길 둑은 땅강아지와 개미구멍으로 무너지고, 백 척 누각도 굴뚝 틈새의 불씨 때문에 타버린다千丈之堤 以螻蟻之穴潰 百尺之室 以突隙之烟焚"고 한 데서 온 말이다.

초기 대응이 사태 수습의 실마리다. 우왕좌왕하다가는 사태만 키운다. 관련 당국의 미숙하고 부적절한 대응은 무방비, 속수무책, 통제 불능으로 이어진다. 의사결정 구조가 확립되고 일사불란한 계통하에 신속하고 정확한 판단 및 조치가 취해져야 한다. 관련 기준, 체계화된 매뉴얼 등 기본사항을 철저히 준수하고 정보 공유가 이루어져야 한다. 구성원의 자율적 참여는 필수다.

전형적 인재가 터질 때마다 안전불감증이 원인으로 지적된다. 안전 의식은 산업 및 일상 공간에서 생명존중을 실천하는 길이다. '안전이 먼저'란 말은 '사람이 먼저'란 말과 동의어다. 위험이란 안전을 나중에 생각하는 것이다. 안전의 반대말은 '설마'라고 해도 과언이 아니다. 조심만으로는 어림없다. 각자 안전 전문가가 되어서 위험 요인을 예측하는 동시에 즉각 조치를 취해야만 안전을 담보할 수 있다.

**출전**　『한비자韓非子』「유로喩老」, 응거應璩「잡시雜詩」

---

## 새는 구멍 하나가 배를 침몰시키고, 죄 한 가지가 사람을 파멸시킨다.

One leak will sink a ship, and one sin will destroy a sinner.

• 존 번연 1628~1688, 영국 작가

**미우주무** 비가 내리기 전에 둥지의 문을 닫아 얽어맨다는 뜻으로, 사전에 준비함을 비유한다.

아닐 미

『시경』「빈풍」'치효'에 "하늘에 장맛비 안 올 때에 미리 저 뽕나무 뿌리를 벗겨다가 둥지의 창과 문을 얽어맨다迨天之未陰雨 徹彼桑土 綢繆牖戶"고 한 데서 온 말이다.

우산 두고 간 날이면 비가 더 온다. 쏟아지는 빗줄기를 맞으며 후회해도 소용없다. 지혜로운 자는 예방이 최고의 진단 및 처방이란 사실을 잘 안다. 평소에 미리 준비를 해두면 유사시 능동적으로 대처할 수 있다. 아무도 위험을 감지하지 못 할 때라도 과민반응하지 않고 만반의 대비책을 마련해야 한다. 구석구석 화근을 사전에 제거함으로써 최악의 상황에 대비한 안전판을 확보하는 것이다. 경고성 징후와 전조 현상을 해독하는 능력이 바로 책임감이다.

비 우

불행과 재난은 느닷없이 찾아오는 것이 아니다. 구조적·확률적으로 인간의 무지, 나태, 탐욕과 교만이 화를 자초한 결과다. 제아무리 사소한 일이라도 방치해서 좋을 것 없다. 만약에 대한 통제력을 유지함으로써 뒷걱정 한시름을 미연에 방지할 수 있다.

얽을 주

얽을 무

**출전**   『시경詩經』「빈풍豳風」 치효鴟鴞

**같은 말**   유비무환有備無患, 곡돌사신曲突徙薪

**반대말**   임갈굴정臨渴掘井

---

**갠 날씨에는 궂은 날씨에 대비하라.**

In fair weather, prepare for foul.

• 토머스 풀러 1608~1661, 영국 성직자

播
뿌릴 **파**

糠
겨 **강**

眯
눈잘못뜨게할 **미**

目
눈 **목**

파강미목 눈에 겨가 들어가 어지럽다는 뜻으로, 작은 언행도 큰 해가 될 수 있음을 비유한다.

『장자』「천운」편에 "무릇 겨가 날려 눈에 들어가면 천지사방이 위치를 바꾸고, 모기나 등에가 살갗을 물면 밤새도록 잠 못 이루나니夫播糠眯目 則天地四方易位矣, 蚊虻噆膚 則通昔不寐矣"라고 했다. 난데없이 뇌리를 스치는 혼돈의 바이러스는 잠복했다가 정체를 드러낸다. 마음의 청신호가 적신호로 바뀌는 순간이다. 필시 곡절이 있을 터, 한시바삐 충격에서 벗어나 평정을 회복해야 한다. 작다고 무시했다간 큰코다친다. '아흔아홉 가진 사람이 하나 가진 사람보고 백 개 채워달라 한다'는 말처럼, 모든 것을 갖춰도 그 모자라는 하나 때문에 트라우마의 노예를 자처하는 외골수 인생이 허다하다. 마음조차 부족함이 넘침을 한정한다면 불행한 일이다. 괜한 자격지심으로 격한 감정의 미망에 빠지느니 환경을 직시하고 변화의 중심에 서서 진정한 삶을 살아야 한다. 스트레스에 장사 없다. 지난 오류를 거울삼아 매사에 세밀한 주의를 기울여야 한다. 현실을 긍정하고 진실을 인정하는 가운데 이해할 수 없는 상황에 감사할 수 있다. 삶에 대한 겸허한 사유가 요구된다.

**출전** 『장자莊子』「천운天運」

**어느 누구보다도 당신 자신을 조심하라. 최악의 적들은 자기 안에 있다.**
Beware of no man more than of yourself; we carry our worst enemies within us.

• C. H. 스펄전 1834~1879, 영국 성직자

천자를 읽어 천하를 알다

**매하유황** 내려갈수록 더 잘 알 수 있다. 도는 높은 데만 아니라 낮고 천한 데에도 있다는 뜻이다.

每

매양 **매**

후세에 매황유하每況愈下로 와전되면서 원뜻을 벗어나 '갈수록 상황이 나빠짐'을 비유하기도 한다.

『장자』「지북유」편에서 장자는 도는 일정한 곳에 치우쳐 있지 않고 낮은 곳에도 있다면서 돼지의 비만도 측정법을 예로 들어 설명했다. "아래쪽으로 내려갈수록 돼지의 살찐 상황을 더 잘 알 수 있다. 고로 도를 한정짓지 말며, 사물을 떠난 도는 없다每下愈況. 汝唯莫必 無乎逃物." 원래 살이 잘 안찌는 넓적다리 부위까지 살이 붙었다면 얼마나 살찐 돼지인지 미루어 짐작 가능하다는 뜻이다. 무심코 내뱉은 한마디가 성격을 드러낸다. 큰 틀 작은 틀이 따로 없다. 오르내리는 길이 같은 것처럼 어디서나 사람 사는 이치는 같다. 두 눈 크게 뜨고 보면 도는 삶 속 어디에나 있는 흔한 것이다. 공기 같은 느낌이 도의 현주소다. 하찮고 평범하다 해서 지켜야 할 도리를 가볍게 여긴다면 삶은 악화 일로로 치닫게 된다. 길고도 힘든 진리 탐구의 인생길이다. 공자는 "아침에 도를 들으면 저녁에 죽어도 좋다朝聞道夕死可矣"고 했다. 여전히 미지로 남아 있는 진리와 함께 무한히 뻗어나갈 준비가 되어 있어야 한다.

下

아래 **하**

愈

더욱 **유**

況

하물며 **황**

**출전** 『장자莊子』「지북유知北遊」

---

**누구나 자신의 시야의 한계를 세계의 한계라고 생각한다.**

Every man takes the limits of his own field of vision for the limits of the world.

• 아르투르 쇼펜하우어 1788~1860, 독일 철학자

隔 사이뜰 **격**

靴 신 **화**

搔 긁을 **소**

癢 가려울 **양**

**격화소양** '신 신고 발바닥 긁기'로, 일의 요점을 꿰뚫지 못하고 겉돌아 답답한 심정을 비유한다.

엄우의 『창랑시화』에 "의미가 투철하기를 바란다면 신발을 신고 가려운 곳을 긁을 수는 없다意貴透澈 不可隔靴搔癢"고 한 데서 온 말이다.

아픔보다 가려움 참기가 힘들다. 성가셔도 가려운 곳은 제대로 긁어줘야 된다. 일례로 정부 정책이 주먹구구식 단기 처방의 미봉책에 그칠 때 대책은커녕 국민의 혈세만 낭비한다.

그럭저럭 지내려면 일회용 땜질로도 충분하다. 임시변통의 고식지계는 당장에는 편한 것 같지만 역효과가 나기 쉽다. 소나기부터 피하고 보자는 식으로 국면을 전환하려는 방식은 떳떳하지 않다. 전시효과나 수박 겉 핥기식으로는 사태 파악조차 안 된다. 실효성 없는 허황된 접근 방식이 불신과 불안을 조성한다. 본질에 닿는 해결책을 위해 전략을 짜되, 골자부터 이해하고 문제 해결의 열쇠인 정곡을 찔러야 한다. 구체적 상황을 쟁점화하여 본질적 측면에서 다루는 것이다. 단, 근본 원인과 근본 대책을 알아도 근본 자세가 결여되어 있다면 헛수고다. 안일과 편협함 대신 생활 속 투철한 사명감으로 집중해야 한다.

**출전**   엄우嚴羽 『창랑시화滄浪詩話』 「시법詩法」

---

**무엇이든지 적어도 할 만한 가치가 있는 것이라면 잘할 가치가 있다.**

Whatever is worth doing at all, is worth doing well.

• 필립 체스터필드 1694~1773, 영국 정치가

**삭족적리** 발을 깎아 신발에 맞춘다.

실제 상황이나 구체적 조건을 고려하지 않고 불합리한 방법이나 경험을 기계적으로 모방하여 적용하는 것을 말한다. 몸에 맞지 않아 못 입으면 없는 것이나 다름없다. 몸이 먼저고 옷이 나중인데, 주객이 바뀔 때가 많다. 하나 마나 한 것이나 안 하느니만 못한 것이나 융통성 없기는 마찬가지다.

생각보다 많은 사람들이 허술한 상황에서 신념과 능력보다 진부한 공식에 순종한다. 물론 기준에 못 미친다고 선입견을 갖고 폄하하기엔 무리다. 마지못해서건 달리 방도가 없어서건, '혹시나 했다가 역시나' 하는 기대와 실망이 교차한다. 권위와 관행을, 그것도 남의 것을 맹목적으로 따를 때 선택의 폭은 좁아지고 진실과도 멀어진다. 독단이나 상식 밖의 행동을 정당화하기 위해 꼼수나 무리수를 두지만, 사태만 악화시킬 뿐이다.

정보 범람의 시대다. 매사에 억지로 끼워 맞춰서는 머릿속에 과부하가 걸린다. 퍼즐 맞추기처럼 집중하고 인내하는 가운데 성취감이라도 있으면 다행이다. 순리대로 자주적으로 일을 풀어나가는 태도가 한 줄기 섬광처럼 신선하다.

削
깎을 **삭**

足
발 **족**

適
맞을 **적**

履
신 **리**

출전    『회남자淮南子』「설림훈說林訓」

---

**사실이란 외면한다고 해서 존재하기를 그만두는 것이 아니다.**

Facts do not cease to exist because they are ignored.

• 올더스 헉슬리 1894~1963, 영국 작가

헤아릴 **량**

몸 **체**

마를 **재**

衣

옷 **의**

양체재의 몸에 맞추어 옷감을 재단하여 의복을 만들 듯이 실정에 맞게 일을 처리하다.

남북조시대 남제南齊의 태조太祖가 입던 옷 한 벌을 검소한 신하 장융張融에게 하사하면서 몸에 맞도록 고쳐놓았다는 고사에서 유래한 말이다. 같은 옷을 입어도 옷이 따로 노는 사람과 몸에 배는 사람이 있다. 기성복과 달리 맞춤양복은 옷 임자의 체구와 용모는 물론, 나이와 성격까지 알아야 제대로 지을 수 있다. 나만의 스타일로 나에게 꼭 맞는 옷을 입으려면 원단만 좋아서는 안 된다. 기술과 정성 등 장인의 손길과 숨결이 주효하다.

집안이나 나라나 살림에 절도와 규모가 없으면 형편 무인지경이 되고 만다. 눈대중만으로도 분위기가 파악되는 살림꾼이라면 제 역할을 톡톡히 해낼 것이다. 정보 식별력으로 상황을 설계하되 실천 의지를 저해하는 자투리부터 도려냄이 순서다. 작은 차이가 모여 쏠쏠한 실속이 된다. 시침바느질에 이어 본바느질로 한 땀 두 땀 정성스레 옷을 짓는 것과 같다.

이상과 현실 사이에서 업적을 인정받으려면 만전을 기해야 한다. 합리성과 추진력, 감수성에 통찰력까지 갖춘다면 안성맞춤이다. 간과하지 말 것은 처신도 일의 중요한 일부란 사실이다.

**출전**　　『묵자墨子』「노문魯問」, 『남제서南齊書』「장융전張融傳」

**같은 말**　칭체재의稱體裁衣

---

**명확하게 파악된 문제는 절반은 해결된 문제다.**

A problem well stated is a problem half solved.

• 찰스 케터링 1876~1958, 미국 발명가

**인시제의** 때를 인하여 마땅함을 정한다는 뜻으로, 때를 좇아서 시세에 맞춤을 말한다.

인할 **인**

때 **시**

인시因時는 때를 좇거나 시세를 따름을 말한다. 농사나 인생사나 다 때가 있다. 시간 농사에 모든 것이 달려 있다고 할 만큼 시간은 소중하다. 매 순간을 소홀히 하면 속절없이 시간만 흘러간다. 시간이라고 다 같은 시간이 아니다. 하루 24시간처럼 누구에게나 평등하게 주어지는 수평적 시간이 있는가 하면, 과거·현재·미래로 뻗어가는 수직적 시간이 있다. 그리고 암흑 속의 한 줄기 빛처럼 혼돈 속에 질서를 나타내는 변화의 시간이 있다. 인생이란 시간의 밀도차를 이용한 타이밍의 예술임을 보여줘야 할 결단의 시간을 의미한다.

때를 아는 것이 지혜니, 때를 분별하여 놓치지 않아야 한다. 자신과의 싸움은 시간과의 싸움이다. 삶의 목표를 좇아 다른 많은 시간을 희생해야 허송세월을 막을 수 있다. 양질의 시간을 확보하는 데 총력을 기울여야 한다. 어떤 시간이 기다리고 있을지는 모르지만 시간의 화살은 흘러간다. 결국 시간이라는 제약을 넘을 수만 있다면 삶도 쉽게 풀릴 것이다. 더불어 사는 세상 한가운데를 관통하는 통시대적 공감을 위해 밤이 새도록 고민할 일이다.

마를 **제**

마땅할 **의**

**출전**　『회남자淮南子』「범론훈汜論訓」

## 지혜의 9할은 때맞추어 현명해지는 것이다.

Nine-tenths of wisdom is being wise in time.

• 시어도어 루스벨트 1858~1919, 미국 26대 대통령

貴<br>귀할 귀

鵠<br>고니 곡

賤<br>천할 천

雞<br>닭 계

**귀곡천계** 고니는 귀히 닭은 천히 여긴다.

고니처럼 멀리 있고 드물어서 얻기 힘든 것은 존귀한 것으로 보아 소중히 여기고, 닭처럼 가까이 있고 흔한 것은 비천한 것으로 보아 무시한다는 말이다. 雞는 鷄의 본자本字다.

비쌀수록 더 잘 팔리는 수입 명품처럼 과시적 소비 행태가 있는가 하면, 이에 편승하여 싸구려가 진품으로 둔갑하는 경우도 있다. 남의 눈을 의식하고 남에게 잘 보이려는 허영심의 발로이며, 자기만족을 위한 세속적 공명심도 마찬가지다. 모두 욕망의 심층을 순환하는 함축적 현상이다.

스스로 자랑할 것이 없으면 눈앞의 현실에 냉소적 경향을 띤다. 사회 계층별로 정체성 및 행동 양식의 차이가 있지만, 언어 생활부터 시큰둥한 반응을 보인다면 자존감 부족 또는 과잉이다. 세상을 보는 눈이 전략적 판단이므로 심리적 요인을 극복하고 남들이 버리거나 지나친 진흙탕 속 보물을 찾아야 한다.

현재성을 망각하면 결과는 처량하다. 남의 떡이 커 보임이 인지상정이지만 오랜 체취가 밴 내 것을 귀하고 감사히 여길 줄 알아야 한다. 먼저 가까이 있는 가족이나 지인의 소중함부터 챙겨봄이 옳다.

**출전**　왕충王充 『논형論衡』「제세齊世」

**같은 말**　귀이천목貴耳賤目

---

**미련한 자는 먼 곳에서 행복을 찾고, 현명한 자는 자기 발밑에서 행복을 키운다.**

The foolish man seeks happiness in the distance, the wise grows it under his feet.

• 제임스 오펜하임 1882~1932, 미국 시인

**매독환주** 구슬을 담은 궤는 사고 정작 구슬은 돌려준다.

초나라 사람이 정나라에 가서 진주를 향내 나는 목란木蘭 상자로 정성스레 포장해서 팔았다. 그랬더니 어떤 사람이 비싼 값에 물건을 사면서 갑 속의 진주는 돌려주고 빈 갑만 가지고 갔다는 이야기에서 온 말이다. 겉만 보고 판단하여 귀한 것을 천히 여기는 어리석음을 말한다

내용이 중요하지 껍데기가 화려한들 무슨 소용이 있겠는가. 실상은 속빈 강정에 불과해도 바로 그 비었음에 현혹되는 것이 어리석은 자의 속성이다. 형식보다는 내용, 물질보다는 정신, 눈에 보이는 것보다는 눈에 보이지 않는 것 등 이른바 핵심 가치를 붙들어야 한다. 상황만 다를 뿐 그 본질은 똑같다. 일생일대의 갈림길에서 알맹이를 쭉정이와 맞바꾸는 실수를 저지르는 사람이 얼마나 많은지는 굳이 설명이 필요 없을 정도.

가치를 찾는다는 것은 그 실질을 알아본다는 것이다. 가치를 모르면 소망이 없다. 지금 당장은 얼마나 어리석고 슬픈 일인지 알 수 없으나, 조만간 인생의 낭비로 귀결된다. 자신의 존재 이유를 잊어버리고 빈껍데기뿐인 삶을 사는 사람은 또 얼마나 많은지.

살 **매**

함 **독**

돌아올 **환**

珠

구슬 **주**

**출전**　『한비자韓非子』「외저설外儲說」

**같은 말**　득갑환주得匣還珠, 사본축말捨本逐末

---

**사람은 흔히 실재보다 겉모습으로 판단한다. 모두 눈은 있으나 통찰력을 지닌 자는 드물다.**

Men in general judge more from appearances than from reality. All men have eyes, but few have the gift of penetration.

• 니콜로 마키아벨리 1469~1527, 이탈리아 사상가

살필 **안**

그림 **도**

찾을 **색**

驥

천리마 **기**

안도색기 그림에 의거하여 준마를 찾는다.

낡은 틀을 맹목적으로 답습하거나 원리 원칙에 얽매여 융통성과 실용성이 없음을 뜻한다. 춘추시대 진秦의 백락伯樂은 명마 식별의 달인으로, 지침서에 해당하는 『상마경相馬經』을 저술했다. 백락에게 어리석은 아들이 있었는데 그 책에 적힌 대로 천리마를 찾아 나섰다. 마침내 말 한 필을 끌고 왔는데 비루먹은 말이었다. 하루는 아들이 길가의 두꺼비를 보고 책과 대조해가며 '이마와 눈은 명마와 닮았는데 발굽이 안 닮았다'고 말하는 것을 본 백락은 아들의 미련함에 화가 나도 웃으면서 "이 말은 뛰기는 좋아하나 탈 수 없다"고 했다.

겉모습에 심취하다 보면 실수할 때가 많다. 원리 원칙만 따지며 융통성이라곤 눈곱만큼도 없을 때 실소를 금할 길 없다. 상투적 시각으로 부차적 사실만 부각하는 것은 사실 호도의 전형적 수법이다. 지금껏 당연시해왔던 것에 예민해질 필요가 있다.

하수는 뚜렷한 주관도 없이 눈앞의 얄팍한 현상만을 좇는다. 복기해보면, 대상의 본질을 깨달아 과감하게 산술을 뛰어넘는 자가 고수이며 최후의 승자가 된다. 각자 속한 영역에서 당면한 명제의 내포와 외연의 참뜻을 깨달아 근본으로 돌아갈 책임이 있다.

**출전** 『한서漢書』「매복전梅福傳」

**같은 말** 안도색준按圖索駿

---

**우리 스스로 항상 변화하고 새로워지고 다시 젊어져야 한다. 그렇지 않으면 굳어버린다.**

We must always change, renew, rejuvenate ourselves; otherwise we harden.

• 요한 볼프강 폰 괴테 1749~1832, 독일 작가

천자를 읽어 천하를 알다

**빈모여황** 사물의 표면을 뜻하며, 사물을 인식하려면 현상 아닌 본질을 파악해야 함을 비유한다.

빈모牝牡는 길짐승의 암컷과 수컷을 말한다. 말 감정의 명인 백락이 진秦의 목공穆公에게 말 잘 고르는 사람으로 구방고九方皐를 추천했는데, 구방고가 누런 암컷牝而黃이라며 가져온 말이 검정 수컷牡而驪이었다. 말의 색깔과 암수조차 구별 못하자 목공은 황당하기 짝이 없었지만, 백락은 그의 혜안과 높은 경지에 탄식을 금치 못했다. 그 말이야말로 천하의 명마였던 것이다.

진실 또는 진리가 너무도 구체적임은 단순 명쾌하여 싱겁기까지 하다. 본질 외엔 다 우수마발牛溲馬勃임을 투철하게 꿰뚫어 볼 줄 알면 되기 때문이다. 그러나 실상은 정반대다. 오히려 진리는 외면하고 실리적이고 말초신경만 자극하는 거짓만을 보려고 한다. 이름하여 본말전도이며 인간의 바람직하지 못한 특성이다. 그래서 진리는 항상 극적인 것이다.

진리를 소중하게 여기고 그에 상응한 노력과 고통을 지불한 자만이 진리에 가까워질 수 있다. 사이비가 판치는 삶 속에서 오롯이 진리에 헌신한다면 세상을 다 가진 것이나 다름없으며, 아무도 그것을 빼앗을 수 없다.

牝
암컷 **빈**

牡
수컷 **모**

驪
가라말 **려**

黃
누를 **황**

**출전**　　『열자列子』「설부說符」

---

## 진실은 사실보다 더욱 중요하다.

The truth is more important than the facts.

• 프랭크 로이드 라이트 1867~1959, 미국 건축가

날 일

저물 모

길 도

遠
멀 원

**일모도원** 갈 길은 먼데 해가 이미 저물었다.

시간이 촉박하나 아직 할 일이 많이 남아 있음을 한탄하는 말이다. 초의 오자서伍子胥는 아버지와 형이 참언으로 인해 초평왕楚平王에게 억울하게 처형당하자 국외로 망명했다. 그 후 오왕 합려闔閭의 도움으로 초나라를 함락시키고 평왕의 분묘를 파헤쳐 원한을 풀었다. 옛 친구이자 충신 신포서申包胥가 과도한 복수를 나무라자 "해는 저물고 갈 길이 멀어 도리를 거꾸로 행하고 거슬러서 시행한다吾日暮途遠 吾故倒行而逆施之"고 사과했다.

길고도 짧은 인생. 아침이다 했는데 어느새 땅거미 지고 잠자리에 들 시간이다. 하고많은 날들의 끝자락에서 인생 초읽기에 돌입한다. 할 일은 많은데 시간은 없는 기분이란 …. 게으른 자에게 시간은 불공평하다. 원하는 미래를 위해 살 같은 세월 앞에 겸손해져야 한다. 시간의 거품을 걷어내고 하루하루 힘써 일할 따름이다. 꿈이 현실 도피처가 되어서는 어느 세월에 임을 보랴. 때가 때인 만큼 시의적절한 선택이 절실하다. 비록 헛나이일망정 주어진 소명을 완수하는 부끄럽지 않은 인생을 살려면 후회할 틈도 없다.

**출전** 『사기史記』 「오자서열전伍子胥列傳」

**같은 말** 일모도궁日暮途窮, 임중도원任重道遠

**당신이 될 수 있었던 무엇이 되기에 너무 늦은 때란 없다.**

It is never too late to be what you might have been.

• 조지 엘리엇 1819~1880, 영국 작가

천자를 읽어 천하를 알다

**공휴일궤** 작은 차이로 쌓은 공로가 이지러지듯, 마지막까지 최선을 다하지 못하면 결실이 없다.

功
공 공

虧
이지러질 휴

一
한 일

簣
삼태기 궤

『서경』「여오」편에 "조그만 일이라도 삼가지 않으면 큰 덕에 누를 끼치게 되며, 아홉 길 산을 만들매 흙 한 삼태기 때문에 공이 무너진다不矜細行 終累大德, 爲山九仞 功虧一簣"고 했다.

단 한 문제 차이로 시험에 낙방하거나 황금광맥 바로 앞에서 채굴을 중단하는 일이 빈번하다. 알면 알수록 어처구니없는 실패의 시치미다. 물이 100°C에서 끓듯, 사소한 차이가 결정적 차이라는 사실을 외면하고는 설명할 수 없는 현상이다. 번데기에서 성충으로 탈바꿈하려는 순간 우화부전羽化不全이 일어난 격이다.

어떤 것들은 긴 시간을 요한다. 포기하면 거기서 끝이다. 될 때까지 포기하지 않는 것이 성공의 비결이라면 비결이다. 행방이 묘연한 마지막 퍼즐 조각 하나를 찾아내 끼워놓아야 한다. 미세한 끝마무리 하나가 성패를 좌우한다.

당사자는 잘 모르지만 포기의 압박감이 성공의 최종 관문이다. 상황이 상황인 만큼 목표를 향해 신념과 용기를 가지고 혼신의 힘을 다해 끝장을 보아야 한다. 결국 각자의 삶의 태도에 달린 문제다.

**출전**　　『상서尚書』「여오旅獒」,『논어論語』「자한子罕」

---

**인생의 실패자 중 다수는 성공을 눈앞에 두고도 알아차리지 못한 채 포기한 사람들이다.**

Many of life's failures are people who did not realize how close they were to success when they gave up.

• 토머스 에디슨 1847~1931, 미국 발명가

# 狗
개 구

# 尾
꼬리 미

# 續
이을 속

# 貂
담비 초

**구미속초** 개 꼬리로 담비 꼬리를 잇는다.

나쁜 것으로 좋은 것의 뒤를 잇거나, 자질이 부족한 자에게 관작을 함부로 주는 것을 말한다. 또 문학작품에서 뒷부분의 문학성이 앞부분에 미치지 못함을 의미한다.

사마륜司馬倫은 진무제 사마염의 숙부로 조왕趙王에 봉해졌으나, 사마염이 죽고 그 아들 사마충司馬衷이 즉위하자 제위를 찬탈했다. 사마륜이 권력 다툼에서 자기편을 늘리려고 친구나 친척들에게 벼슬을 남발하여 고관대작만이 쓰는 초선관貂蟬冠을 쓰게 한 결과 조회 때 담비 꼬리 장식의 감투를 쓴 자들로 넘쳐났으므로 "담비 꼬리가 모자라 개꼬리로 이었다貂不足 狗尾續"고 세인들이 조롱한 고사에서 온 말이다.

명성과 인망이 동떨어진 곳에 개꼬리를 잇기에도 부끄러운 아부와 굴종이 있다. 난세를 빙자해 도덕적 해이가 참된 가치를 몰아낸다. 그럴수록 양보다 질의 순도 높은 일관성으로 일에나 인격에나 내실을 다지는 과정이 필수적이다. 공연히 장고 끝 악수의 전철을 밟지 말고, 혼신渾身의 한 수로 앞서나가야 한다.

**출전**    『진서晉書』「조왕륜전趙王倫傳」

**같은 말**  속초續貂

**참조**    용두사미龍頭蛇尾

---

## 계속적인 개선이 지연되는 완벽함보다 낫다.

Continuous improvement is better than delayed perfection.

• 마크 트웨인 1835~1910, 미국 작가

**화룡점정** 용을 그릴 때 마지막에 눈동자를 그려 완성
한다.

가장 요긴한 부분을 마쳐서 일이나 사물을 완벽하게 마무리 짓
는 것을 말한다. 남조시대 양의 화가 장승요가 지금의 남경南京인
금릉金陵의 안락사安樂寺 벽에 실물처럼 정교하게 용 그림을 그린
후 마지막으로 눈동자의 점을 찍으니 벽이 깨지면서 용이 날아
올라가 버렸다는 이야기에서 온 말이다.

일단 시작한 그림은 낙관을 찍는 심정으로 끝내야 한다. 갈증과
압박감을 이겨냈다는 데 의미가 있다. 완벽한 결말을 꿈꾸는 자
에게 대충이란 없다. 끝맺음 과정의 주체 역시 노력이다. 예컨대
육하원칙에 따라 확실하게 마침표를 찍지 않으면 결과를 장담할
수 없다. 간혹 훼방꾼이 있을 수 있다는 가정하에 최종 결과물을
얻기까지 신중해야 한다. 공동 마무리는 수확의 기쁨이 감소되므
로 최소화가 불가피하다.

마무리에 자존심이 걸려 있다. 자존심을 마무리하기까지는 끝이
아니다. 이를테면 새로운 비상을 만천하에 알리는 인고의 불꽃놀
이다. 삶의 여울목에서 어차피 한 번은 겪어야 할 일 아닌가.

畫
그림 **화**

龍
용 **룡**

點
점 **점**

睛
눈동자 **정**

**출전**　　장언원張彦遠『역대명화기歷代名畫記』「장승요張僧繇」
**같은 말**　점정點睛

---

## 끝이 좋으면 다 좋다.
All is well that ends well.

• 존 헤이우드 1497~1580, 영국 시인

杜

막을 두

漸

점점 점

防

막을 방

萌

싹 맹

**두점방맹** 좋지 못한 일의 싹이나 징후가 있을 때 즉시 제거해야 뒤탈이 없다.

모든 일은 발생 초기에 조치를 취하지 않으면 점차 수습이 어려워지고 발전마저 봉쇄된다는 말이다. 동한의 화제和帝 때 두헌竇憲을 비롯한 황실 외척들이 국정을 농단하고 온갖 불법과 비리를 자행했다. 대신 정홍이 생명의 위험을 무릅쓰고 상소하기를 "만약 삼가서 다스리고 스스로를 책망하며 애당초 나쁜 싹이 못 나오도록 막는다면, 흉악하고 요사한 자들은 소멸되어 해로움이 없어지고 복이 이를 것입니다若敕政責躬 杜漸防萌 則凶妖銷滅 害除福湊矣"라고 한 데서 온 말이다. 화제는 정홍의 간언을 통촉하여 두씨 일족을 삭탈관직하는 한편 개혁 조치를 단행했다.

대체로 나쁜 싹은 눈에 띄는 족족 잘라버려야 한다. 그것이 희생을 최소화하는 길이다. 사태가 걷잡을 수 없이 악화되면 때는 이미 늦다. 비록 병폐의 조짐이 작을지라도 소홀히 여기지 말고 그것을 통해 전체를 내다보아야 한다. 매번 새로운 시작이란 각오로 위험에 대비함이 상책이다.

크고 작은 골칫거리를 막는 묘책은 고통의 열매가 맺히기 전에 회한의 싹부터 제거하는 것이다.

**출전**   『후한서後漢書』「정홍전丁鴻傳」

**같은 말**   방미두점防微杜漸, 두점방미杜漸防微

---

**어떤 종류의 희생 없이 어떤 실제적인 것이 얻어진 적이 있는가?**

Was anything real ever gained without sacrifice of some kind?

• 아서 헬프스 1813~1875, 영국 작가

**신종여시** 처음부터 그러했듯이 끝까지 일에 신중을 기하다.

삼갈 **신**

자만하지 않고 겸손함으로 미세한 곳까지 시작과 끝맺음을 삼갈 것을 의미한다. 『노자』 「제64장」에 이르길 "사람들이 일을 함에 있어 언제나 거의 성공할 때쯤 실패하고 만다. 처음처럼 끝까지 조심한다면 실패하는 일은 없다民之從事 常於幾成而敗之. 愼終如始 則無敗事."

초심을 잃는다는 것은 신뢰를 잃는 것이니, 초심 상실은 개혁의 신호탄이다. 처음의 순수함은 대체 불가한 항목이다. 처음처럼 마지막 순간까지 웃으려면 시종일관 강한 정신력으로 맡은 바 최선을 다해야 한다. 『전국책戰國策』에 이르기를 "100리를 가는 자는 90리를 절반으로 여긴다行百里者半九十"고 했다. 결승선에 안착하려다 구경꾼이 되지 말고 끝까지 긴장의 끈을 다잡으라는 뜻이다.

마칠 **종**

시작이 있으면 응당 끝도 있으니, 초심은 자기 교육의 전당이다. 초심의 힘으로 삶의 궁극적 목표를 더 멀리 그리고 더 빨리 성취할 수 있다. 마지막 순간까지 초심을 잃지 않고 유종의 미를 거둘 때 전체로서의 삶이 하나 되어 빛난다.

같을 **여**

처음 **시**

**출전**　　『노자老子』 「제64장」

**같은 말**　신종우시愼終于始

---

**시작하는 솜씨는 위대하지만, 마무리 짓는 솜씨는 더욱 위대하다.**

Great is the art of beginning, but greater is the art of ending.

• 헨리 워즈워스 롱펠로 1807~1882, 미국 시인

# 讀千字 知天下

| | | | | | |
|---|---|---|---|---|---|
| 敬天愛人 | 易地皆然 | 仰觀俯察 | 旋乾轉坤 | 行流散徙 | 陽開陰閉 |
| 微顯闡幽 | 虛往實歸 | 九十春光 | 老當益壯 | 秋月寒江 | 水晶燈籠 |
| 登峰造極 | 望洋興嘆 | 雲蒸礎潤 | 風馳電掣 | 洶湧澎湃 | 雷霆霹靂 |
| 民惟邦本 | 宗廟社稷 | 士農工商 | 常鱗凡介 | 修齊治平 | 政者正也 |
| 聰明睿智 | 緯武經文 | 百家爭鳴 | 異苔同岑 | 解弦更張 | 胡服騎射 |
| 坐以待旦 | 鼓腹擊壤 | 元亨利貞 | 規矩準繩 | 嚴刑峻法 | 網漏吞舟 |
| 權要請託 | 爬羅剔抉 | 攬轡澄清 | 去官留犢 | 尸位素餐 | 尊賢使能 |
| 曲學阿世 | 吮癰舐痔 | 投鼠忌器 | 巢毀卵破 | 哀鴻遍野 | 鰥寡孤獨 |
| 救災恤隣 | 博施濟衆 | 堯趨舜步 | 洗耳恭聽 | 逆取順守 | 伊尹負鼎 |
| 吐哺握髮 | 祁奚薦讎 | 弘毅寬厚 | 橫槊賦詩 | 深根固柢 | 切問近思 |
| 岐路亡羊 | 提綱挈領 | 筆墨紙硯 | 識字憂患 | 錦囊佳句 | 雕蟲篆刻 |
| 右軍習氣 | 依樣葫蘆 | 黔驢技窮 | 鏃礪括羽 | 溫故知新 | 自我作古 |
| 換骨奪胎 | 絕類離倫 | 青出於藍 | 後生可畏 | 發憤忘食 | 孟母三遷 |
| 螢窓雪案 | 汗牛充棟 | 晝耕夜誦 | 引錐刺股 | 鐵杵磨針 | 愚公移山 |
| 跛鼈千里 | 升堂入室 | 忠孝節義 | 旌表門閭 | 誹譽在俗 | 鞠躬盡瘁 |
| 左國史漢 | 名垂竹帛 | 陸績懷橘 | 伯俞泣杖 | 烏鳥私情 | 昏定晨省 |
| 過猶不及 | 允執其中 | 外柔內剛 | 屈蠖求伸 | 參前倚衡 | 珪璋特達 |
| 朽木糞牆 | 金聲玉振 | 從吾所好 | 崇德廣業 | 廢蓼莪篇 | 攀號擗踊 |
| 萬機親覽 | 補缺拾遺 | 比翼連理 | 洞房華燭 | 窺御激夫 | 枕邊敎妻 |
| 兄肥弟瘦 | 煮豆燃萁 | 灼艾分痛 | 讓棗推梨 | 灑掃應對 | 口尚乳臭 |
| 管鮑之交 | 朋友有信 | 克己復禮 | 殺身成仁 | 化性起偽 | 閑邪存誠 |

黑白混淆　沐浴齋戒　頑廉懦立　涵養薰陶　隱惡揚善　叩頭謝罪
英雄豪傑　懸崖撒手　優勝劣敗　抑強扶弱　上兵伐謀　運籌帷幄
反客爲主　李代桃僵　蠻夷戎狄　樽俎折衝　形格勢禁　披荊斬棘
七顚八倒　摩拳擦掌　包羞忍恥　捲土重來　臥薪嘗膽　結草報恩
朱脣皓齒　綠鬢紅顏　太液芙蓉　沈魚落雁　君子豹變　窈窕淑女
難得糊塗　澹泊寧靜　暗渡陳倉　墻間乞餘　瑾瑜匿瑕　大醇小疵
秤斤注兩　枉尺直尋　方寸已亂　淵渟岳峙　冷嘲熱罵　含垢納汚
豬突豨勇　勤謹和緩　安貧樂道　陋巷簞瓢　蓬蒿滿宅　逍遙吟詠
泉石膏肓　煙霞痼疾　簞羹鱸膾　狐死首丘　夢幻泡影　危若朝露
榮枯盛衰　塞翁失馬　福至心靈　壽則多辱　桑田碧海　今是昨非
干卿何事　荒唐無稽　四面楚歌　休戚相關　東奔西走　南轅北轍
蜉蝣戴盆　蚯蚓鑽額　鹵莽滅裂　隨波逐浪　脈絡貫通　駕輕就熟
夏爐冬扇　鳧脛鶴膝　龜毛兔角　司空見慣　消魂斷腸　欣喜雀躍
聚精會神　淪肌浹髓　五臟六腑　美意延年　懲忿窒慾　倨傲鮮腆
驕奢淫逸　暴虎馮河　酒池肉林　杯盤狼藉　螳螂捕蟬　飛蛾赴火
竭澤而漁　禽困覆車　巧言令色　郢書燕說　邑犬群吠　赤舌燒城
笑裏藏刀　季札掛劍　傾搖懈弛　玩物喪志　揠苗助長　進銳退速
臨渴掘井　抱甕灌畦　疊床架屋　債臺高築　堤潰蟻穴　未雨綢繆
播糠眯目　每下愈況　隔靴搔癢　削足適履　量體裁衣　因時制宜
貴鵠賤雞　買櫝還珠　按圖索驥　牝牡驪黃　日暮途遠　功虧一簣
狗尾續貂　畵龍點睛　杜漸防萌　愼終如始

**천자를 읽어 천하를 알다** : 讀千字 知天下

2016년 4월 1일 1판 1쇄

지은이 ｜ 진세정

편집 ｜ 이진·이창연
디자인 ｜ 스튜디오 헤이,덕
제작 ｜ 박홍기
마케팅 ｜ 이병규, 양현범

인쇄 ｜ 천일문화사
제책 ｜ 정문바인텍

펴낸이 ｜ 강맑실
펴낸곳 ｜ (주)사계절출판사
등록 ｜ 제406-2003-034호
주소 ｜ (우)10881 경기도 파주시 회동길 252
전화 ｜ 031)955-8588, 8558
전송 ｜ 마케팅부 031)955-8595  편집부 031)955-8596
홈페이지 ｜ www.sakyejul.co.kr  **전자우편** ｜ skj@sakyejul.co.kr
블로그 ｜ skjmail.blog.me
페이스북 ｜ facebook.com/sakyejul
트위터 ｜ twitter.com/sakyejul

값은 뒤표지에 적혀 있습니다. 잘못 만든 책은 서점에서 바꾸어 드립니다.

사계절출판사는 성장의 의미를 생각합니다.
사계절출판사는 독자 여러분의 의견에 늘 귀기울이고 있습니다.

ISBN 978-89-5828-974-6 03720

이 도서의 국립중앙도서관 출판예정도서목록(CIP)은 서지정보유통지원시스템 홈페이지(http://seoji.nl.go.kr)와
국가자료공동목록시스템(http://www.nl.go.kr/kolisnet)에서 이용하실 수 있습니다. (CIP제어번호: CIP2016007062)

讀 千 字

천자를 읽어 천하를 알다

필사노트

知 天 下

사계절

| 敬天愛人 | 공경 경<br>하늘 천<br>사랑 애<br>사람 인 | 敬天愛人 | | | | | |
|---|---|---|---|---|---|---|---|
| **경천애인** 하늘을 공경하고 사람을 사랑하라. | | | | | | | |

| 易地皆然 | 바꿀 역<br>땅 지<br>다 개<br>그럴 연 | 易地皆然 | | | | | |
|---|---|---|---|---|---|---|---|
| **역지개연** 사람의 처지가 서로 바뀌면 그 처지에 맞추어 말과 행동이 같게 된다. | | | | | | | |

| 仰觀俯察 | 우러를 앙<br>볼 관<br>구부릴 부<br>살필 찰 | 仰觀俯察 | | | | | |
|---|---|---|---|---|---|---|---|
| **앙관부찰** 하늘을 우러러보아 천문을 보고 땅을 굽어보아 지리를 살핀다. | | | | | | | |

| 旋乾轉坤 | 돌 선<br>하늘 건<br>구를 전<br>땅 곤 | 旋乾轉坤 | | | | | |
|---|---|---|---|---|---|---|---|
| **선건전곤** 하늘과 땅을 뒤집다. | | | | | | | |

| 行流散徙 | 다닐 행<br>흐를 류<br>흩을 산<br>옮길 사 | 行流散徙 | | | | | |
|---|---|---|---|---|---|---|---|
| **행류산사** 가고 흐르고 흩어지고 옮겨<br>가듯이 자연에 순응하라. | | | | | | | |

| 陽開陰閉 | 양기 양<br>열 개<br>음기 음<br>닫을 폐 | 陽開陰閉 | | | | | |
|---|---|---|---|---|---|---|---|
| **양개음폐** 양이 열리고 음이 닫힌다는<br>뜻으로, 이로움을 일으키고 해로움을<br>물리치다. | | | | | | | |

| 微顯闡幽 | 작을 미<br>나타날 현<br>밝힐 천<br>그윽할 유 | 微<br>顯<br>闡<br>幽 | | | | | |
|---|---|---|---|---|---|---|---|
| **미현천유** 미세한 일을 나타내 보임으로써 깊이 숨은 이치를 밝히다. | | | | | | | |

| 虛往實歸 | 빌 허<br>갈 왕<br>열매 실<br>돌아올 귀 | 虛<br>往<br>實<br>歸 | | | | | |
|---|---|---|---|---|---|---|---|
| **허왕실귀** 빈 몸으로 가서 그득히 얻어 돌아오다. | | | | | | | |

| 九十春光 | 아홉 구<br>열 십<br>봄 춘<br>빛 광 | 九<br>十<br>春<br>光 | | | | | |
|---|---|---|---|---|---|---|---|
| **구십춘광** 석 달 동안의 화창한 봄빛. | | | | | | | |

| 老當益壯 | 늘을 로<br>마땅할 당<br>더할 익<br>씩씩할 장 | 老當益壯 | | | | | |
|---|---|---|---|---|---|---|---|
| **노당익장** 늙어서 원기가 더욱 씩씩하다. | | | | | | | |

| 秋月寒江 | 가을 추<br>달 월<br>찰 한<br>강 강 | 秋月寒江 | | | | | |
|---|---|---|---|---|---|---|---|
| **추월한강** 가을 달과 찬 강. | | | | | | | |

| 水晶燈籠 | 물 수<br>수정 정<br>등잔 등<br>대그릇 롱 | 水晶燈籠 | | | | | |
|---|---|---|---|---|---|---|---|
| **수정등롱** 수정과 등롱. 총명하여 일에<br>능하고 사리에 아주 밝은 사람. | | | | | | | |

| 登峰造極 | 오를 등<br>봉우리 봉<br>지을 조<br>다할 극 | 登峰造極 | | | | | |
|---|---|---|---|---|---|---|---|
| **등봉조극** 산에 올라 정상에 도달한다. | | | | | | | |

| 望洋興嘆 | 바랄 **망**<br>큰바다 **양**<br>일 **흥**<br>탄식할 **탄** | 望洋興嘆 | | | | | |
|---|---|---|---|---|---|---|---|
| **망양흥탄** 너른 바다를 보며 찬탄한다. | | | | | | | |

| 雲蒸礎潤 | 구름 운<br>찔 증<br>주춧돌 초<br>젖을 윤 | 雲蒸礎潤 | | | | | |
|---|---|---|---|---|---|---|---|
| **운증초윤** 구름이 일어 비가 내리려면 주추가 먼저 젖는다. | | | | | | | |

| 風 | 바람 풍 | 風 | | | | |
|---|---|---|---|---|---|---|
| 馳 | 달릴 치 | 馳 | | | | |
| 電 | 번개 전 | 電 | | | | |
| 掣 | 끌 체 | 掣 | | | | |
| **풍치전체** 바람이 달리고 번개가 번쩍인다. | | | | | | |

| 洶 | 용솟음칠 흉 | 洶 | | | | |
|---|---|---|---|---|---|---|
| 湧 | 솟아날 용 | 湧 | | | | |
| 澎 | 물부딪는소리 팽 | 澎 | | | | |
| 湃 | 물결칠 배 | 湃 | | | | |
| **흉용팽배** 거세게 출렁이는 물살 또는 걷잡을 수 없이 세찬 기세. | | | | | | |

| 雷 | 우레 뢰 | 雷 | | | | |
|---|---|---|---|---|---|---|
| 霆 | 우레 정 | 霆 | | | | |
| 霹 | 벼락 벽 | 霹 | | | | |
| 靂 | 벼락 력 | 靂 | | | | |
| **뇌정벽력** 격렬한 천둥과 벼락. | | | | | | |

| 民惟邦本 | 백성 **민**<br>오직 **유**<br>나라 **방**<br>근본 **본** | 民<br>惟<br>邦<br>本 | | | | | |
|---|---|---|---|---|---|---|---|
| **민유방본** 백성은 나라의 근본. | | | | | | | |

| 宗廟社稷 | 마루 **종**<br>사당 **묘**<br>모일 **사**<br>기장 **직** | 宗<br>廟<br>社<br>稷 | | | | | |
|---|---|---|---|---|---|---|---|
| **종묘사직** 왕실과 나라, 곧 국가를 말한다. | | | | | | | |

| 士農工商 | 선비 **사**<br>농사 **농**<br>장인 **공**<br>장사 **상** | 士<br>農<br>工<br>商 | | | | | |
|---|---|---|---|---|---|---|---|
| **사농공상** '선비·농부·장인·상인' 네 신분의 백성. | | | | | | | |

| 常鱗凡介 | 항상 **상** | 常 | | | | | | |
| --- | --- | --- | --- | --- | --- | --- | --- | --- |
| | 비늘 **린** | 鱗 | | | | | | |
| | 무릇 **범** | 凡 | | | | | | |
| | 끼일 **개** | 介 | | | | | | |
| **상린범개** 흔한 물고기와 조개. | | | | | | | | |

| 修齊治平 | 닦을 **수** | 修 | | | | | | |
| --- | --- | --- | --- | --- | --- | --- | --- | --- |
| | 가지런할 **제** | 齊 | | | | | | |
| | 다스릴 **치** | 治 | | | | | | |
| | 평평할 **평** | 平 | | | | | | |
| **수제치평** 나 자신을 닦고 집안을 가지런히 한 후에야 나라를 다스리고 천하를 고르게 한다. | | | | | | | | |

| 政者正也 | 정사 **정** | 政 | | | | | | |
| --- | --- | --- | --- | --- | --- | --- | --- | --- |
| | 놈 **자** | 者 | | | | | | |
| | 바를 **정** | 正 | | | | | | |
| | 어조사 **야** | 也 | | | | | | |
| **정자정야** 정치란 천하를 바르게 하는 것이다. | | | | | | | | |

| 聰<br>明<br>睿<br>智 | 귀밝을 **총**<br><br>밝을 **명**<br><br>슬기로울 **예**<br><br>슬기로울 **지** | 聰<br>明<br>睿<br>智 | | | | | |
|---|---|---|---|---|---|---|---|
| **총명예지** 총명하고 지혜롭다. | | | | | | | |

| 緯<br>武<br>經<br>文 | 씨 **위**<br><br>호반 **무**<br><br>날 **경**<br><br>글월 **문** | 緯<br>武<br>經<br>文 | | | | | |
|---|---|---|---|---|---|---|---|
| **위무경문** 무를 씨줄로 하고 문을 날줄로 삼는다. | | | | | | | |

| 百<br>家<br>爭<br>鳴 | 일백 **백**<br><br>집 **가**<br><br>다툴 **쟁**<br><br>울 **명** | 百<br>家<br>爭<br>鳴 | | | | | |
|---|---|---|---|---|---|---|---|
| **백가쟁명** 많은 학자와 논객이 자유롭고 활발하게 논쟁하는 일. | | | | | | | |

| 異苔同岑 | | 異苔同岑 | | | | | | |
|---|---|---|---|---|---|---|---|---|
| 異 | 다를 **이** | 異 | | | | | | |
| 苔 | 이끼 **태** | 苔 | | | | | | |
| 同 | 한가지 **동** | 同 | | | | | | |
| 岑 | 산봉우리 **잠** | 岑 | | | | | | |

**이태동잠** 서로 다른 이끼들이 같은 산 봉우리에서 만나듯, 가는 길은 다르나 목표는 같다.

| 解弦更張 | | 解弦更張 | | | | | | |
|---|---|---|---|---|---|---|---|---|
| 解 | 풀 **해** | 解 | | | | | | |
| 弦 | 시위 **현** | 弦 | | | | | | |
| 更 | 고칠 **경** | 更 | | | | | | |
| 張 | 베풀 **장** | 張 | | | | | | |

**해현경장** 금슬琴瑟의 낡은 줄을 벗겨 내고 새 줄로 고쳐 매다.

| 胡服騎射 | | 胡服騎射 | | | | | | |
|---|---|---|---|---|---|---|---|---|
| 胡 | 오랑캐 **호** | 胡 | | | | | | |
| 服 | 옷 **복** | 服 | | | | | | |
| 騎 | 말탈 **기** | 騎 | | | | | | |
| 射 | 쏠 **사** | 射 | | | | | | |

**호복기사** 오랑캐의 옷을 입고 말 달리며 활을 쏘다.

| 坐以待旦 | 앉을 **좌** | 坐 | | | | | |
| | 써 **이** | 以 | | | | | |
| | 기다릴 **대** | 待 | | | | | |
| | 아침 **단** | 旦 | | | | | |
| **좌이대단** 앉아서 아침이 오기를 기다린다. | | | | | | | |

| 鼓腹擊壤 | 두드릴 **고** | 鼓 | | | | | |
| | 배 **복** | 腹 | | | | | |
| | 칠 **격** | 擊 | | | | | |
| | 흙 **양** | 壤 | | | | | |
| **고복격양** 배를 두드리고 흙덩이를 친다. | | | | | | | |

| 元亨利貞 | 으뜸 **원** | 元 | | | | | |
| | 형통할 **형** | 亨 | | | | | |
| | 이로울 **리** | 利 | | | | | |
| | 곧을 **정** | 貞 | | | | | |
| **원형이정** 만물이 생기고 자라고 이루고 거둔다. | | | | | | | |

| 規矩準繩 | 그림쇠 **규**<br>곱자 **구**<br>수준기 **준**<br>먹줄 **승** | 規矩準繩 | | | | | |
|---|---|---|---|---|---|---|---|
| **규구준승** 그림쇠·곱자·수준기·먹줄<br>로, 일상생활에서 지켜야 할 법도. | | | | | | | |

| 嚴刑峻法 | 엄할 **엄**<br>형벌 **형**<br>높을 **준**<br>법 **법** | 嚴刑峻法 | | | | | |
|---|---|---|---|---|---|---|---|
| **엄형준법** 엄격한 형벌과 준엄한 법령. | | | | | | | |

| 網漏吞舟 | 그물 **망**<br>샐 **루**<br>삼킬 **탄**<br>배 **주** | 網漏吞舟 | | | | | |
|---|---|---|---|---|---|---|---|
| **망루탄주** 배를 삼킬 만한 큰 물고기도<br>빠져나갈 그물. | | | | | | | |

13

| 權要請託 | | | | | | |
|---|---|---|---|---|---|---|
| 權 권세 **권** 要 구할 **요** 請 청할 **청** 託 부탁할 **탁** | 權要請託 | | | | | |
| **권요청탁** 권력을 잡아 중요한 지위에 있는 사람에게 청하여 부탁하다. | | | | | | |

| 爬羅剔抉 | | | | | | |
|---|---|---|---|---|---|---|
| 爬 긁을 **파** 羅 벌릴 **라** 剔 뼈바를 **척** 抉 도려낼 **결** | 爬羅剔抉 | | | | | |
| **파라척결** 숨은 인재를 샅샅이 찾아 등용함. 또는 남의 비밀이나 흠을 샅샅이 들추어내다. | | | | | | |

| 攬轡澄淸 | | | | | | |
|---|---|---|---|---|---|---|
| 攬 잡을 **람** 轡 고삐 **비** 澄 맑을 **징** 淸 맑을 **청** | 攬轡澄淸 | | | | | |
| **남비징청** 관직에 나갈 때 말고삐를 잡으면서 맑고 깨끗한 정치를 다짐함 하다. | | | | | | |

| 去官留犢 | 갈 거 | 去 | | | | | |
| | 벼슬 관 | 官 | | | | | |
| | 머무를 류 | 留 | | | | | |
| | 송아지 독 | 犢 | | | | | |
| **거관유독** 벼슬에서 물러날 때 송아지를 두고 간다. | | | | | | | |

| 尸位素餐 | 주검 시 | 尸 | | | | | |
| | 자리 위 | 位 | | | | | |
| | 흴 소 | 素 | | | | | |
| | 먹을 찬 | 餐 | | | | | |
| **시위소찬** 책임을 다하지 못하고 단지 자리만 차지하여 녹봉만 받아먹다. | | | | | | | |

| 尊賢使能 | 높을 존 | 尊 | | | | | |
| | 어질 현 | 賢 | | | | | |
| | 하여금 사 | 使 | | | | | |
| | 능할 능 | 能 | | | | | |
| **존현사능** 어질고 재능 있는 사람을 관직에 등용하다. | | | | | | | |

| 曲學阿世 | 굽을 **곡** | 曲 | | | | | |
| | 배울 **학** | 學 | | | | | |
| | 언덕 **아** | 阿 | | | | | |
| | 인간 **세** | 世 | | | | | |
| **곡학아세** 학문을 굽혀 세상에 아부하다. | | | | | | | |

| 吮癰舐痔 | 빨 **연** | 吮 | | | | | |
| | 악창 **옹** | 癰 | | | | | |
| | 핥을 **지** | 舐 | | | | | |
| | 치질 **치** | 痔 | | | | | |
| **연옹지치** 종기의 고름을 빨고 치질을 핥는다. | | | | | | | |

| 投鼠忌器 | 던질 **투** | 投 | | | | | |
| | 쥐 **서** | 鼠 | | | | | |
| | 꺼릴 **기** | 忌 | | | | | |
| | 그릇 **기** | 器 | | | | | |
| **투서기기** 쥐를 잡으려다 그릇을 깰까 두렵다. | | | | | | | |

| 巢 | 새집 **소** | 巢 | | | | | |
|---|---|---|---|---|---|---|---|
| 毀 | 헐 **훼** | 毀 | | | | | |
| 卵 | 알 **란** | 卵 | | | | | |
| 破 | 깨뜨릴 **파** | 破 | | | | | |
| **소훼난파** 둥지가 부서지면 알도 깨진다. | | | | | | | |

| 哀 | 슬플 **애** | 哀 | | | | | |
|---|---|---|---|---|---|---|---|
| 鴻 | 큰기러기 **홍** | 鴻 | | | | | |
| 遍 | 두루 **편** | 遍 | | | | | |
| 野 | 들 **야** | 野 | | | | | |
| **애홍편야** 슬피 우는 기러기 떼가 들판에 가득하다. | | | | | | | |

| 鰥 | 홀아비 **환** | 鰥 | | | | | |
|---|---|---|---|---|---|---|---|
| 寡 | 홀어미 **과** | 寡 | | | | | |
| 孤 | 외로울 **고** | 孤 | | | | | |
| 獨 | 홀로 **독** | 獨 | | | | | |
| **환과고독** 홀아비·과부·부모 없는 아이·자식 없는 늙은이. | | | | | | | |

| 救 | 구원할 구 | 救 | | | | | |
|---|---|---|---|---|---|---|---|
| 災 | 재앙 재 | 災 | | | | | |
| 恤 | 구휼할 휼 | 恤 | | | | | |
| 隣 | 이웃 린 | 隣 | | | | | |

**구재휼린** 재난에서 건져내고 이웃을 구휼하다.

| 博 | 넓을 박 | 博 | | | | | |
|---|---|---|---|---|---|---|---|
| 施 | 베풀 시 | 施 | | | | | |
| 濟 | 건널 제 | 濟 | | | | | |
| 衆 | 무리 중 | 衆 | | | | | |

**박시제중** 널리 사랑과 은혜를 베풀어 뭇사람을 구제하다.

| 堯 | 요임금 요 | 堯 | | | | | |
|---|---|---|---|---|---|---|---|
| 趨 | 달릴 추 | 趨 | | | | | |
| 舜 | 순임금 순 | 舜 | | | | | |
| 步 | 걸을 보 | 步 | | | | | |

**요추순보** 요임금과 순임금이 종종걸음으로 서둘러 걷는 것처럼, 군주의 덕이 성함을 이른다.

| 洗耳恭聽 | 씻을 세 | 洗 | | | | | | |
|---|---|---|---|---|---|---|---|---|
| | 귀 이 | 耳 | | | | | | |
| | 공손할 공 | 恭 | | | | | | |
| | 들을 청 | 聽 | | | | | | |
| **세이공청** 남의 말을 공손한 마음으로 귀담아 듣다. | | | | | | | | |

| 逆取順守 | 거스를 역 | 逆 | | | | | | |
|---|---|---|---|---|---|---|---|---|
| | 취할 취 | 取 | | | | | | |
| | 순할 순 | 順 | | | | | | |
| | 지킬 수 | 守 | | | | | | |
| **역취순수** 그른 짓으로 나라를 빼앗아 올바른 도리로 지키다. | | | | | | | | |

| 伊尹負鼎 | 저 이 | 伊 | | | | | | |
|---|---|---|---|---|---|---|---|---|
| | 다스릴 윤 | 尹 | | | | | | |
| | 질 부 | 負 | | | | | | |
| | 솥 정 | 鼎 | | | | | | |
| **이윤부정** 이윤이 탕왕에게 인정받기 위해 조리사로 시작해 마침내 뜻을 이루어 재상이 된 고사. | | | | | | | | |

| 吐哺握髮 | 토할 토 | 吐 | | | | | |
| | 먹일 포 | 哺 | | | | | |
| | 쥘 악 | 握 | | | | | |
| | 터럭 발 | 髮 | | | | | |
| **토포악발** 입에 든 것을 뱉고 감던 머리 카락을 움켜쥔다는 뜻으로, 인재를 얻기 위해 정성을 다하다. | | | | | | | |

| 祁奚薦讎 | 성할 기 | 祁 | | | | | |
| | 어찌 해 | 奚 | | | | | |
| | 천거할 천 | 薦 | | | | | |
| | 원수 수 | 讎 | | | | | |
| **기해천수** 기해가 후임자로 원수를 추천하다. | | | | | | | |

| 弘毅寬厚 | 넓을 홍 | 弘 | | | | | |
| | 굳셀 의 | 毅 | | | | | |
| | 너그러울 관 | 寬 | | | | | |
| | 두터울 후 | 厚 | | | | | |
| **홍의관후** 포부가 크고 굳세며 마음이 너그럽고 후하다. | | | | | | | |

| 橫欒賦詩 | 가로 **횡**<br><br>창 **삭**<br><br>구실 **부**<br><br>시 **시** | 橫<br><br>欒<br><br>賦<br><br>詩 | | | | | |
|---|---|---|---|---|---|---|---|
| **횡삭부시** 창을 옆에 끼고 시를 짓는다. | | | | | | | |

| 深根固柢 | 깊을 **심**<br><br>뿌리 **근**<br><br>굳을 **고**<br><br>뿌리 **저** | 深<br><br>根<br><br>固<br><br>柢 | | | | | |
|---|---|---|---|---|---|---|---|
| **심근고저** 뿌리가 땅속 깊이 뻗어서 흔<br>들리지 않는다. | | | | | | | |

| 切問近思 | 끊을 **절**<br><br>물을 **문**<br><br>가까울 **근**<br><br>생각할 **사** | 切<br><br>問<br><br>近<br><br>思 | | | | | |
|---|---|---|---|---|---|---|---|
| **절문근사** 간절하게 묻고 가까운 데서<br>생각하다. | | | | | | | |

| 岐路亡羊 | 갈림길 기 | 길 로 | 잃을 망 | 양 양 | | | | | |
|---|---|---|---|---|---|---|---|---|---|
| **기로망양** 갈림길에서 양을 잃다. 학문의 길이 여러 갈래여서 진리를 얻기 어려움을 비유한다. | 岐 路 亡 羊 | | | | | | | | |

| 提綱挈領 | 끌 제 | 벼리 강 | 이끌 설 | 옷깃 령 | | | | | |
|---|---|---|---|---|---|---|---|---|---|
| **제강설령** 그물의 벼리를 잡고 옷깃을 쳔다. | 提 綱 挈 領 | | | | | | | | |

| 筆墨紙硯 | 붓 필 | 먹 묵 | 종이 지 | 벼루 연 | | | | | |
|---|---|---|---|---|---|---|---|---|---|
| **필묵지연** 붓·먹·종이·벼루 등 글방의 네 가지 물건. | 筆 墨 紙 硯 | | | | | | | | |

| 識字憂患 | 알 식<br>글자 자<br>근심 우<br>근심 환 | 識字憂患 | | | | | | |
|---|---|---|---|---|---|---|---|---|
| **식자우환** 글자를 아는 것 또는 옅은 지식이 도리어 걱정거리가 된다는 뜻이다. | | | | | | | | |

| 錦囊佳句 | 비단 금<br>주머니 낭<br>아름다울 가<br>글귀 구 | 錦囊佳句 | | | | | | |
|---|---|---|---|---|---|---|---|---|
| **금낭가구** 비단주머니 속의 아름답고 빼어난 시구. | | | | | | | | |

| 雕蟲篆刻 | 새길 조<br>벌레 충<br>전자 전<br>새길 각 | 雕蟲篆刻 | | | | | | |
|---|---|---|---|---|---|---|---|---|
| **조충전각** 벌레를 조각하고 도장에 글자를 새기듯, 글을 지을 때 수식만을 일삼는 것을 비유한다. | | | | | | | | |

| 右軍習氣 | 오른 우 | 右 | | | | |
|---|---|---|---|---|---|---|
| | 군사 군 | 軍 | | | | |
| | 익힐 습 | 習 | | | | |
| | 기운 기 | 氣 | | | | |
| **우군습기** 왕희지의 분위기. 필법의 티나 흉내를 벗어나지 못함을 비유한다. | | | | | | |

| 依樣葫蘆 | 의지할 의 | 依 | | | | |
|---|---|---|---|---|---|---|
| | 모양 양 | 樣 | | | | |
| | 호리병박 호 | 葫 | | | | |
| | 갈대 로 | 蘆 | | | | |
| **의양호로** 모형대로 호리병박을 그린다는 뜻으로, 남의 것을 독창성 없이 흉내 내는 일을 비유한다. | | | | | | |

| 黔驢技窮 | 검을 검 | 黔 | | | | |
|---|---|---|---|---|---|---|
| | 나귀 려 | 驢 | | | | |
| | 재주 기 | 技 | | | | |
| | 궁할 궁 | 窮 | | | | |
| **검려기궁** 볼품없는 재간마저 그 바닥을 드러냈다. | | | | | | |

| 鏃礪括羽 | 살촉 족 | 鏃 | | | | | |
| | 숫돌 려 | 礪 | | | | | |
| | 묶을 괄 | 括 | | | | | |
| | 깃 우 | 羽 | | | | | |
| **족려괄우** 화살촉을 숫돌에 갈고 깃털을 가다듬다. | | | | | | | |

| 溫故知新 | 따뜻할 온 | 溫 | | | | | |
| | 옛 고 | 故 | | | | | |
| | 알 지 | 知 | | | | | |
| | 새 신 | 新 | | | | | |
| **온고지신** 옛것을 터득하여 그것을 토대로 새것을 알다. | | | | | | | |

| 自我作古 | 스스로 자 | 自 | | | | | |
| | 나 아 | 我 | | | | | |
| | 지을 작 | 作 | | | | | |
| | 예 고 | 古 | | | | | |
| **자아작고** 나로부터 처음으로 새로운 전례를 만들어내다. | | | | | | | |

| 換骨奪胎 | 바꿀 **환**<br>뼈 **골**<br>빼앗을 **탈**<br>아이밸 **태** | 換<br>骨<br>奪<br>胎 | | | | | |
|---|---|---|---|---|---|---|---|
| **환골탈태** 뼈를 바꾸고 태를 빼앗다. | | | | | | | |

| 絶類離倫 | 끊을 **절**<br>무리 **류**<br>떠날 **리**<br>인륜 **륜** | 絶<br>類<br>離<br>倫 | | | | | |
|---|---|---|---|---|---|---|---|
| **절류이륜** 동료들보다 아주 두드러지게 뛰어나다. | | | | | | | |

| 靑出於藍 | 푸를 **청**<br>날 **출**<br>어조사 **어**<br>쪽 **람** | 靑<br>出<br>於<br>藍 | | | | | |
|---|---|---|---|---|---|---|---|
| **청출어람** 쪽에서 나온 푸른 물감이 쪽보다 더 푸르다. | | | | | | | |

| 後生可畏 | 뒤 후<br>날 생<br>옳을 가<br>두려워할 외 | 後<br>生<br>可<br>畏 | | | | | |
|---|---|---|---|---|---|---|---|
| **후생가외** 뒤에 태어난 사람은 두려워<br>할 만하다. | | | | | | | |

| 發憤忘食 | 필 발<br>분할 분<br>잊을 망<br>밥 식 | 發<br>憤<br>忘<br>食 | | | | | |
|---|---|---|---|---|---|---|---|
| **발분망식** 무슨 일을 해내려고 분발하<br>여 끼니조차 잊고 열중하다. | | | | | | | |

| 孟母三遷 | 맏 맹<br>어미 모<br>석 삼<br>옮길 천 | 孟<br>母<br>三<br>遷 | | | | | |
|---|---|---|---|---|---|---|---|
| **맹모삼천** 맹자의 어머니가 맹자의 교<br>육을 위해 세 번 이사한 일. | | | | | | | |

| 螢窓雪案 | 개똥벌레 **형** | 螢 | | | | | | |
| | 창 **창** | 窓 | | | | | | |
| | 눈 **설** | 雪 | | | | | | |
| | 책상 **안** | 案 | | | | | | |

**형창설안** 반딧불 비치는 창과 눈빛 비치는 서재로, 어려운 환경 가운데 학문에 힘쏨을 비유한다.

| 汗牛充棟 | 땀 **한** | 汗 | | | | | | |
| | 소 **우** | 牛 | | | | | | |
| | 찰 **충** | 充 | | | | | | |
| | 마룻대 **동** | 棟 | | | | | | |

**한우충동** 수레로 운반하면 소가 땀을 흘리고, 쌓아 올리면 들보에 닿을 만큼 많은 장서.

| 晝耕夜誦 | 낮 **주** | 晝 | | | | | | |
| | 밭갈 **경** | 耕 | | | | | | |
| | 밤 **야** | 夜 | | | | | | |
| | 욀 **송** | 誦 | | | | | | |

**주경야송** 낮에는 농사짓고 밤에는 독서한다. 곤궁한 여건 속에서도 학문에 정진함을 뜻한다.

| 引 | 끌 인 | 引 | | | | | |
| 錐 | 송곳 추 | 錐 | | | | | |
| 刺 | 찌를 자 | 刺 | | | | | |
| 股 | 넓적다리 고 | 股 | | | | | |

**인추자고** 송곳으로 넓적다리를 찔러 가며 잠을 쫓듯, 고통을 참고 각고의 노력으로 학문에 힘쓰다.

| 鐵 | 쇠 철 | 鐵 | | | | | |
| 杵 | 공이 저 | 杵 | | | | | |
| 磨 | 갈 마 | 磨 | | | | | |
| 針 | 바늘 침 | 針 | | | | | |

**철저마침** 쇠공이를 갈아서 바늘을 만든다.

| 愚 | 어리석을 우 | 愚 | | | | | |
| 公 | 공변될 공 | 公 | | | | | |
| 移 | 옮길 이 | 移 | | | | | |
| 山 | 뫼 산 | 山 | | | | | |

**우공이산** 우공이 산을 옮기듯, 끊임없이 노력하면 반드시 그 목적이 이루어짐을 비유한다.

| 跛鼈千里 | 절름발이 **파**<br><br>자라 **별**<br><br>일천 **천**<br><br>마을 **리** | 跛鼈千里 | | | | | |
|---|---|---|---|---|---|---|---|
| **파별천리** 절름발이 자라가 천 리를 간다. | | | | | | | |

| 升堂入室 | 오를 **승**<br><br>집 **당**<br><br>들 **입**<br><br>집 **실** | 升堂入室 | | | | | |
|---|---|---|---|---|---|---|---|
| **승당입실** 마루에 올라 방으로 들어간다. | | | | | | | |

| 忠孝節義 | 충성 **충**<br><br>효도 **효**<br><br>마디 **절**<br><br>옳을 **의** | 忠孝節義 | | | | | |
|---|---|---|---|---|---|---|---|
| **충효절의** 충성과 효도 및 절개와 의리. | | | | | | | |

| 旌表門閭 | 기 정<br>겉 표<br>문 문<br>마을 려 | 旌表門閭 | | | | | |
|---|---|---|---|---|---|---|---|
| **정표문려** 동네 어귀에 문을 세워 착한 행실을 드러내어 밝히다. | | | | | | | |

| 誹譽在俗 | 헐뜯을 비<br>기릴 예<br>있을 재<br>풍속 속 | 誹譽在俗 | | | | | |
|---|---|---|---|---|---|---|---|
| **비예재속** 헐뜯음과 칭찬함은 세속에 맡긴다. 자신의 본바탕을 지켜 흔들림이 없음을 뜻한다. | | | | | | | |

| 鞠躬盡瘁 | 기를 국<br>몸 궁<br>다할 진<br>병들 췌 | 鞠躬盡瘁 | | | | | |
|---|---|---|---|---|---|---|---|
| **국궁진췌** 몸과 마음을 다 바쳐 나랏일에 힘쓰다. | | | | | | | |

| 左<br>國<br>史<br>漢 | 왼 **좌**<br><br>나라 **국**<br><br>역사 **사**<br><br>한나라 **한** | 左<br>國<br>史<br>漢 | | | | | |
|---|---|---|---|---|---|---|---|
| **좌국사한** 중국의 대표적인 역사서『춘추좌씨전』·『국어』·『사기』·『한서』의 병칭. | | | | | | | |

| 名<br>垂<br>竹<br>帛 | 이름 **명**<br><br>드리울 **수**<br><br>대 **죽**<br><br>비단 **백** | 名<br>垂<br>竹<br>帛 | | | | | |
|---|---|---|---|---|---|---|---|
| **명수죽백** 이름을 죽백에 드리운다. | | | | | | | |

| 陸<br>績<br>懷<br>橘 | 뭍 **륙**<br><br>자을 **적**<br><br>품을 **회**<br><br>귤 **귤** | 陸<br>績<br>懷<br>橘 | | | | | |
|---|---|---|---|---|---|---|---|
| **육적회귤** 육적이 귤을 품에 넣다. | | | | | | | |

| 伯俞泣杖 | 맏 백 | 伯 | | | | | |
| --- | --- | --- | --- | --- | --- | --- | --- |
| | 그러할 유 | 俞 | | | | | |
| | 울 읍 | 泣 | | | | | |
| | 지팡이 장 | 杖 | | | | | |
| **백유읍장** 백유가 매를 맞으며 울다. | | | | | | | |

| 烏鳥私情 | 까마귀 오 | 烏 | | | | | |
| --- | --- | --- | --- | --- | --- | --- | --- |
| | 새 조 | 鳥 | | | | | |
| | 사사 사 | 私 | | | | | |
| | 뜻 정 | 情 | | | | | |
| **오조사정** 까마귀 새끼가 자라서 어미 새에게 먹이를 물어다 주다. | | | | | | | |

| 昏定晨省 | 어두울 혼 | 昏 | | | | | |
| --- | --- | --- | --- | --- | --- | --- | --- |
| | 정할 정 | 定 | | | | | |
| | 새벽 신 | 晨 | | | | | |
| | 살필 성 | 省 | | | | | |
| **혼정신성** 저녁에 어버이의 잠자리를 보아드리고 아침 일찍이 문안드린다. | | | | | | | |

| 過猶不及 | | | | | | | |
|---|---|---|---|---|---|---|---|
| 過 지날 **과** | 過 | | | | | | |
| 猶 같을 **유** | 猶 | | | | | | |
| 不 아닐 **불** | 不 | | | | | | |
| 及 미칠 **급** | 及 | | | | | | |
| **과유불급** 지나침은 미치지 못함과 같다. | | | | | | | |

| 允執其中 | | | | | | | |
|---|---|---|---|---|---|---|---|
| 允 진실로 **윤** | 允 | | | | | | |
| 執 잡을 **집** | 執 | | | | | | |
| 其 그 **기** | 其 | | | | | | |
| 中 가운데 **중** | 中 | | | | | | |
| **윤집기중** 진실로 그 중도를 잘 잡아서 행하라. | | | | | | | |

| 外柔內剛 | | | | | | | |
|---|---|---|---|---|---|---|---|
| 外 밖 **외** | 外 | | | | | | |
| 柔 부드러울 **유** | 柔 | | | | | | |
| 內 안 **내** | 內 | | | | | | |
| 剛 굳셀 **강** | 剛 | | | | | | |
| **외유내강** 겉으로는 부드러우나 마음 속은 꿋꿋하다. | | | | | | | |

| 屈蠖求伸 | | | | | | | |
|---|---|---|---|---|---|---|---|
| 屈 굽힐 **굴** | 屈 | | | | | | |
| 蠖 자벌레 **확** | 蠖 | | | | | | |
| 求 구할 **구** | 求 | | | | | | |
| 伸 펼 **신** | 伸 | | | | | | |

**굴확구신** 굽힘으로써 몸을 편다. 무릇 자기를 낮추는 자는 높아진다는 뜻이다.

| 參前倚衡 | | | | | | | |
|---|---|---|---|---|---|---|---|
| 參 참여할 **참** | 參 | | | | | | |
| 前 앞 **전** | 前 | | | | | | |
| 倚 기댈 **의** | 倚 | | | | | | |
| 衡 저울대 **형** | 衡 | | | | | | |

**참전의형** 앉으나 서나 충신독경을 마음에 새기며 실천하다.

| 珪璋特達 | | | | | | | |
|---|---|---|---|---|---|---|---|
| 珪 홀 **규** | 珪 | | | | | | |
| 璋 홀 **장** | 璋 | | | | | | |
| 特 특별할 **특** | 特 | | | | | | |
| 達 통할 **달** | 達 | | | | | | |

**규장특달** 예물로 규장 하나만 보내다.

| 朽木糞牆 | 썩을 후<br>나무 목<br>똥 분<br>담 장 | 朽<br>木<br>糞<br>牆 | | | | | | |
|---|---|---|---|---|---|---|---|---|
| **후목분장** 썩은 나무는 조각할 수 없고<br>거름흙 담장은 흙손질할 수 없다. | | | | | | | | |

| 金聲玉振 | 쇠 금<br>소리 성<br>구슬 옥<br>떨칠 진 | 金<br>聲<br>玉<br>振 | | | | | | |
|---|---|---|---|---|---|---|---|---|
| **금성옥진** 음악을 연주할 때 금으로 소<br>리를 퍼뜨리고 옥으로 거둔다. | | | | | | | | |

| 從吾所好 | 좇을 종<br>나 오<br>바 소<br>좋을 호 | 從<br>吾<br>所<br>好 | | | | | | |
|---|---|---|---|---|---|---|---|---|
| **종오소호** 자기가 좋아하는 바대로 좇<br>아서 하다. | | | | | | | | |

| 崇德廣業 | 높을 **숭** | 崇 | | | | | |
| | 덕 **덕** | 德 | | | | | |
| | 넓을 **광** | 廣 | | | | | |
| | 업 **업** | 業 | | | | | |
| **숭덕광업** 높은 덕과 큰 사업 또는 덕을 숭상하고 사업을 넓히다. | | | | | | | |

| 廢蓼莪篇 | 폐할 **폐** | 廢 | | | | | |
| | 클 **륙** | 蓼 | | | | | |
| | 자칭개 **아** | 莪 | | | | | |
| | 책 **편** | 篇 | | | | | |
| **폐육아편** 부모의 은혜와 자신의 불효를 생각한 나머지 『시경』 '육아의 시'를 읽지 못하고 폐하다. | | | | | | | |

| 攀號擗踊 | 더위잡을 **반** | 攀 | | | | | |
| | 부르짖을 **호** | 號 | | | | | |
| | 가슴칠 **벽** | 擗 | | | | | |
| | 뛸 **용** | 踊 | | | | | |
| **반호벽용** 어버이의 죽음을 당하여 땅을 치고 울부짖으며 가슴을 치고 몸부림치면서 애통해 하다. | | | | | | | |

| 萬機親覽 | 일만 **만** | 萬 | | | | | |
| | 틀 **기** | 機 | | | | | |
| | 친할 **친** | 親 | | | | | |
| | 볼 **람** | 覽 | | | | | |
| **만기친람** 임금이 온갖 정사를 친히 보살피다. | | | | | | | |

| 補缺拾遺 | 기울 **보** | 補 | | | | | |
| | 이지러질 **결** | 缺 | | | | | |
| | 주울 **습** | 拾 | | | | | |
| | 남길 **유** | 遺 | | | | | |
| **보결습유** 신하가 임금을 보좌하여 그 허물을 바로잡아 고치다. | | | | | | | |

| 比翼連理 | 견줄 **비** | 比 | | | | | |
| | 날개 **익** | 翼 | | | | | |
| | 이을 **연** | 連 | | | | | |
| | 결 **리** | 理 | | | | | |
| **비익연리** 비익조와 연리지. | | | | | | | |

| 洞房華燭 | 골 동 | 洞 | | | | |
|---|---|---|---|---|---|---|
| | 방 **방** | 房 | | | | |
| | 빛날 **화** | 華 | | | | |
| | 촛불 **촉** | 燭 | | | | |

**동방화촉** 신방을 환하게 밝히는 촛불.

| 窺御激夫 | 엿볼 규 | 窺 | | | | |
|---|---|---|---|---|---|---|
| | 어거할 어 | 御 | | | | |
| | 부딪칠 격 | 激 | | | | |
| | 지아비 부 | 夫 | | | | |

**규어격부** 남편의 수레 모는 모습을 엿본 아내가 남편을 격려한 고사로, 아내의 내조를 이른다.

| 枕邊教妻 | 베개 **침** | 枕 | | | | |
|---|---|---|---|---|---|---|
| | 가 **변** | 邊 | | | | |
| | 가르칠 **교** | 教 | | | | |
| | 아내 **처** | 妻 | | | | |

**침변교처** 아내를 가르침에는 베개를 베고 함이 좋다.

| 兄肥弟瘦 | 형 형 | 兄 | | | | | |
|---|---|---|---|---|---|---|---|
| | 살찔 비 | 肥 | | | | | |
| | 아우 제 | 弟 | | | | | |
| | 파리할 수 | 瘦 | | | | | |
| **형비제수** 형제간에 사랑하여 서로 돕는 일 또는 형제의 신분이 다름을 말한다. | | | | | | | |

| 煮豆燃萁 | 삶을 자 | 煮 | | | | | |
|---|---|---|---|---|---|---|---|
| | 콩 두 | 豆 | | | | | |
| | 사를 연 | 燃 | | | | | |
| | 콩대 기 | 萁 | | | | | |
| **자두연기** 콩대를 태워서 콩을 삶는다. | | | | | | | |

| 灼艾分痛 | 사를 작 | 灼 | | | | | |
|---|---|---|---|---|---|---|---|
| | 쑥 애 | 艾 | | | | | |
| | 나눌 분 | 分 | | | | | |
| | 아플 통 | 痛 | | | | | |
| **작애분통** 자기 몸에도 뜸질을 하여 고통을 함께 나눈다. | | | | | | | |

| 讓棗推梨 | 사양할 **양** | 讓 | | | | | |
|---|---|---|---|---|---|---|---|
| | 대추 **조** | 棗 | | | | | |
| | 밀 **추** | 推 | | | | | |
| | 배 **리** | 梨 | | | | | |
| **양조추리** 대추와 배를 사양하고 권한다. | | | | | | | |

| 灑掃應對 | 물뿌릴 **쇄** | 灑 | | | | | |
|---|---|---|---|---|---|---|---|
| | 쓸 **소** | 掃 | | | | | |
| | 응할 **응** | 應 | | | | | |
| | 대할 **대** | 對 | | | | | |
| **쇄소응대** 물 뿌리고 비질하며 대답하고 응하다. | | | | | | | |

| 口尚乳臭 | 입 **구** | 口 | | | | | |
|---|---|---|---|---|---|---|---|
| | 오히려 **상** | 尚 | | | | | |
| | 젖 **유** | 乳 | | | | | |
| | 냄새 **취** | 臭 | | | | | |
| **구상유취** 입에서 젖비린내가 난다. | | | | | | | |

| 管 | 대롱 **관** | 管 | | | | | |
|---|---|---|---|---|---|---|---|
| 鮑 | 절인어물 **포** | 鮑 | | | | | |
| 之 | 갈 **지** | 之 | | | | | |
| 交 | 사귈 **교** | 交 | | | | | |

**관포지교** 관중과 포숙아의 사귐이란 뜻으로, 절친한 친구 사이를 비유한다.

| 朋 | 벗 **붕** | 朋 | | | | | |
|---|---|---|---|---|---|---|---|
| 友 | 벗 **우** | 友 | | | | | |
| 有 | 있을 **유** | 有 | | | | | |
| 信 | 믿을 **신** | 信 | | | | | |

**붕우유신** 친구 사이에는 신의가 두터워야 한다.

| 克 | 이길 **극** | 克 | | | | | |
|---|---|---|---|---|---|---|---|
| 己 | 몸 **기** | 己 | | | | | |
| 復 | 돌아올 **복** | 復 | | | | | |
| 禮 | 예도 **례** | 禮 | | | | | |

**극기복례** 자기를 이기고 예로 돌아간다.

| 殺身成仁 | 죽일 살<br><br>몸 신<br><br>이룰 성<br><br>어질 인 | 殺身成仁 | | | | | |
|---|---|---|---|---|---|---|---|
| **살신성인** 몸을 죽여 인을 이룬다. 옳은 일을 위하여 자기 몸이나 생명을 바침을 뜻한다. | | | | | | | |

| 化性起偽 | 화할 화<br><br>성품 성<br><br>일어날 기<br><br>거짓 위 | 化性起偽 | | | | | |
|---|---|---|---|---|---|---|---|
| **화성기위** 인간의 악한 본성을 인위적으로 선하게 변화시키다. | | | | | | | |

| 閑邪存誠 | 막을 한<br><br>간사할 사<br><br>있을 존<br><br>정성 성 | 閑邪存誠 | | | | | |
|---|---|---|---|---|---|---|---|
| **한사존성** 삿된 것을 막아서 정성스럽고 참된 마음을 보존하다. | | | | | | | |

| 黑白混淆 | 검을 **흑**<br><br>흰 **백**<br><br>섞을 **혼**<br><br>뒤섞일 **효** | 黑白混淆 | | | | | |
|---|---|---|---|---|---|---|---|
| **흑백혼효** 흑백이 어지럽게 섞여 있다. | | | | | | | |

| 沐浴齋戒 | 머리감을 **목**<br><br>목욕할 **욕**<br><br>재계할 **재**<br><br>경계할 **계** | 沐浴齋戒 | | | | | |
|---|---|---|---|---|---|---|---|
| **목욕재계** 제사나 중대사를 앞두고 부정을 멀리하며 몸을 깨끗이 하고 마음을 가다듬는 일. | | | | | | | |

| 頑廉懦立 | 완고할 **완**<br><br>청렴할 **렴**<br><br>나약할 **나**<br><br>설 **립** | 頑廉懦立 | | | | | |
|---|---|---|---|---|---|---|---|
| **완렴나립** 다른 사람의 기품에 감화되어, 완악한 자도 청렴해지고 나약한 자도 뜻을 세우게 된다. | | | | | | | |

| 涵養薰陶 | 젖을 **함** | 涵 | | | | | |
| | 기를 **양** | 養 | | | | | |
| | 향풀 **훈** | 薰 | | | | | |
| | 질그릇 **도** | 陶 | | | | | |
| **함양훈도** 사람을 가르치고 이끌어서 재주와 덕을 이루게 하다. | | | | | | | |

| 隱惡揚善 | 숨길 **은** | 隱 | | | | | |
| | 악할 **악** | 惡 | | | | | |
| | 오를 **양** | 揚 | | | | | |
| | 착할 **선** | 善 | | | | | |
| **은악양선** 악은 감추고 선은 드러낸다. | | | | | | | |

| 叩頭謝罪 | 조아릴 **고** | 叩 | | | | | |
| | 머리 **두** | 頭 | | | | | |
| | 사례할 **사** | 謝 | | | | | |
| | 허물 **죄** | 罪 | | | | | |
| **고두사죄** 머리를 조아려 지은 죄의 용서를 빌다. | | | | | | | |

| 英雄豪傑 | 꽃부리 **영** | 英 | | | | | |
|---|---|---|---|---|---|---|---|
| | 수컷 **웅** | 雄 | | | | | |
| | 호걸 **호** | 豪 | | | | | |
| | 뛰어날 **걸** | 傑 | | | | | |
| **영웅호걸** 영웅과 호걸. | | | | | | | |

| 懸崖撒手 | 매달 **현** | 懸 | | | | | |
|---|---|---|---|---|---|---|---|
| | 낭떠러지 **애** | 崖 | | | | | |
| | 놓을 **살** | 撒 | | | | | |
| | 손 **수** | 手 | | | | | |
| **현애살수** 낭떠러지에 매달린 손을 놓다. | | | | | | | |

| 優勝劣敗 | 뛰어날 **우** | 優 | | | | | |
|---|---|---|---|---|---|---|---|
| | 이길 **승** | 勝 | | | | | |
| | 못할 **렬** | 劣 | | | | | |
| | 패할 **패** | 敗 | | | | | |
| **우승열패** 우월한 자는 승리하고 열등한 자는 패배한다. | | | | | | | |

| 抑強扶弱 | 누를 **억** | 抑 | | | | | |
| | 굳셀 **강** | 強 | | | | | |
| | 도울 **부** | 扶 | | | | | |
| | 약할 **약** | 弱 | | | | | |
| **억강부약** 강한 자를 누르고 약한 자를 도와주다. | | | | | | | |

| 上兵伐謀 | 위 **상** | 上 | | | | | |
| | 군사 **병** | 兵 | | | | | |
| | 칠 **벌** | 伐 | | | | | |
| | 꾀할 **모** | 謀 | | | | | |
| **상병벌모** 최상의 병법은 미리 적의 계략을 간파하여 처부수는 것이다. | | | | | | | |

| 運籌帷幄 | 옮길 **운** | 運 | | | | | |
| | 산가지 **주** | 籌 | | | | | |
| | 휘장 **유** | 帷 | | | | | |
| | 장막 **악** | 幄 | | | | | |
| **운주유악** 장막 안에서 작전 계획을 세우다. | | | | | | | |

| 反客爲主 | | | | | | | |
|---|---|---|---|---|---|---|---|
| 反 돌이킬 **반** | 反 | | | | | | |
| 客 손 **객** | 客 | | | | | | |
| 爲 할 **위** | 爲 | | | | | | |
| 主 주인 **주** | 主 | | | | | | |
| **반객위주** 손님이 도리어 주인 구실을 한다. | | | | | | | |

| 李代桃僵 | | | | | | | |
|---|---|---|---|---|---|---|---|
| 李 오얏 **리** | 李 | | | | | | |
| 代 대신할 **대** | 代 | | | | | | |
| 桃 복숭아 **도** | 桃 | | | | | | |
| 僵 쓰러질 **강** | 僵 | | | | | | |
| **이대도강** 자두나무가 복숭아를 대신해 넘어진다. | | | | | | | |

| 蠻夷戎狄 | | | | | | | |
|---|---|---|---|---|---|---|---|
| 蠻 오랑캐 **만** | 蠻 | | | | | | |
| 夷 오랑캐 **이** | 夷 | | | | | | |
| 戎 오랑캐 **융** | 戎 | | | | | | |
| 狄 오랑캐 **적** | 狄 | | | | | | |
| **만이융적** 고대 중국에서 주변 민족들을 오랑캐라 하여 일컫던 이름. | | | | | | | |

| 樽 | 술통 준 | 樽 | | | | | |
| 俎 | 도마 조 | 俎 | | | | | |
| 折 | 꺾을 절 | 折 | | | | | |
| 衝 | 찌를 충 | 衝 | | | | | |

**준조절충** 술자리에서의 담소로 적의 창끝을 꺾는다.

| 形 | 형상 형 | 形 | | | | | |
| 格 | 격식 격 | 格 | | | | | |
| 勢 | 형세 세 | 勢 | | | | | |
| 禁 | 금할 금 | 禁 | | | | | |

**형격세금** 형세가 막혀서 행동이 자유 롭지 못하다.

| 披 | 헤칠 피 | 披 | | | | | |
| 荊 | 가시나무 형 | 荊 | | | | | |
| 斬 | 벨 참 | 斬 | | | | | |
| 棘 | 멧대추나무 극 | 棘 | | | | | |

**피형참극** 가시나무를 헤치고 베어 낸다.

| 七 | 일곱 **칠** | 七 | | | | |
|---|---|---|---|---|---|---|
| 顚 | 넘어질 **전** | 顚 | | | | |
| 八 | 여덟 **팔** | 八 | | | | |
| 倒 | 넘어질 **도** | 倒 | | | | |

**칠전팔도** 일곱 번 구르고 여덟 번 거꾸러지다.

| 摩 | 문지를 **마** | 摩 | | | | |
|---|---|---|---|---|---|---|
| 拳 | 주먹 **권** | 拳 | | | | |
| 擦 | 문지를 **찰** | 擦 | | | | |
| 掌 | 손바닥 **장** | 掌 | | | | |

**마권찰장** 주먹과 손바닥을 비빈다.

| 包 | 쌀 **포** | 包 | | | | |
|---|---|---|---|---|---|---|
| 羞 | 부끄러워할 **수** | 羞 | | | | |
| 忍 | 참을 **인** | 忍 | | | | |
| 恥 | 부끄러워할 **치** | 恥 | | | | |

**포수인치** 부끄러움을 감싸 안고 견디어 참다.

| 捲土重來 | 말 권<br>흙 토<br>무거울 중<br>올 래 | 捲土重來 | | | | | | |
|---|---|---|---|---|---|---|---|---|
| **권토중래** 흙먼지를 휘날리며 다시 돌아오다. | | | | | | | | |

| 臥薪嘗膽 | 누울 와<br>섶나무 신<br>맛볼 상<br>쓸개 담 | 臥薪嘗膽 | | | | | | |
|---|---|---|---|---|---|---|---|---|
| **와신상담** 섶에 눕고 쓸개를 맛보다. | | | | | | | | |

| 結草報恩 | 맺을 결<br>풀 초<br>갚을 보<br>은혜 은 | 結草報恩 | | | | | | |
|---|---|---|---|---|---|---|---|---|
| **결초보은** 풀을 묶어서 은혜를 갚는다. | | | | | | | | |

| 朱脣皓齒 | 붉을 주<br>입술 순<br>흴 호<br>이 치 | 朱<br>脣<br>皓<br>齒 | | | | | |
|---|---|---|---|---|---|---|---|
| **주순호치** 붉은 입술과 하얀 치아. | | | | | | | |

| 綠鬢紅顏 | 푸를 록<br>살쩍 빈<br>붉을 홍<br>얼굴 안 | 綠<br>鬢<br>紅<br>顏 | | | | | |
|---|---|---|---|---|---|---|---|
| **녹빈홍안** 윤이 나는 검은 귀밑머리와<br>발그레한 얼굴. | | | | | | | |

| 太液芙蓉 | 클 태<br>진 액<br>연꽃 부<br>연꽃 용 | 太<br>液<br>芙<br>蓉 | | | | | |
|---|---|---|---|---|---|---|---|
| **태액부용** 태액지太液池의 연꽃. | | | | | | | |

| 沈魚落雁 | 잠길 **침** | 沈 | | | | | |
| | 고기 **어** | 魚 | | | | | |
| | 떨어질 **락** | 落 | | | | | |
| | 기러기 **안** | 雁 | | | | | |
| **침어낙안** 물고기가 물 아래로 숨고 기러기가 땅으로 떨어진다. | | | | | | | |

| 君子豹變 | 임금 **군** | 君 | | | | | |
| | 아들 **자** | 子 | | | | | |
| | 표범 **표** | 豹 | | | | | |
| | 변할 **변** | 變 | | | | | |
| **군자표변** 표범 무늬가 선명하고 아름답게 변하듯, 군자는 잘못을 깨달으면 뚜렷하고 빠르게 고친다. | | | | | | | |

| 窈窕淑女 | 그윽할 **요** | 窈 | | | | | |
| | 으늑할 **조** | 窕 | | | | | |
| | 맑을 **숙** | 淑 | | | | | |
| | 계집 **녀** | 女 | | | | | |
| **요조숙녀** 언행이 품위 있고 정숙한 여자. | | | | | | | |

| 難得糊塗 | 어려울 난 | 難 | | | | | |
| | 얻을 득 | 得 | | | | | |
| | 풀 호 | 糊 | | | | | |
| | 진흙 도 | 塗 | | | | | |
| **난득호도** 어수룩한 척하기란 어렵다. | | | | | | | |

| 澹泊寧靜 | 담박할 담 | 澹 | | | | | |
| | 배댈 박 | 泊 | | | | | |
| | 편안할 녕 | 寧 | | | | | |
| | 고요할 정 | 靜 | | | | | |
| **담박영정** 깨끗하고 고요한 마음. | | | | | | | |

| 暗渡陳倉 | 어두울 암 | 暗 | | | | | |
| | 건널 도 | 渡 | | | | | |
| | 베풀 진 | 陳 | | | | | |
| | 곳집 창 | 倉 | | | | | |
| **암도진창** 남몰래 진창을 건넜다. 군사적 기습 또는 남녀 간의 사통 등 뒷전에서 딴짓하는 행위. | | | | | | | |

| 墦 間 乞 餘 | 무덤 번<br><br>사이 간<br><br>빌 걸<br><br>남을 여 | 墦 間 乞 餘 | | | | | |
|---|---|---|---|---|---|---|---|
| **번간걸여** 무덤 사이에서 남은 음식을 구걸한다. 비속한 방법으로 허세 부림을 비유한다. | | | | | | | |

| 瑾 瑜 匿 瑕 | 아름다운옥 근<br><br>아름다운옥 유<br><br>숨을 닉<br><br>티 하 | 瑾 瑜 匿 瑕 | | | | | |
|---|---|---|---|---|---|---|---|
| **근유익하** 아름다운 옥에도 티가 숨어 있다. | | | | | | | |

| 大 醇 小 疵 | 큰 대<br><br>전국술 순<br><br>작을 소<br><br>흠 자 | 大 醇 小 疵 | | | | | |
|---|---|---|---|---|---|---|---|
| **대순소자** 가장 순수한 것일지라도 조금의 흠은 있다. | | | | | | | |

| 秤斤注兩 | 저울 칭 |
| | 근 근 |
| | 물댈 주 |
| | 두 량 |

**칭근주량** 사소한 것들을 견주어 살피느라 큰일을 돌아보지 않다.

| 枉尺直尋 | 굽을 왕 |
| | 자 척 |
| | 곧을 직 |
| | 찾을 심 |

**왕척직심** 한 자를 굽히고서 한 길을 곧게 펴다.

| 方寸已亂 | 모 방 |
| | 마디 촌 |
| | 이미 이 |
| | 어지러울 란 |

**방촌이란** 마음이 이미 혼란스러워졌다는 뜻으로, 일을 계속할 수 없는 상태를 비유한다.

| 淵 | 못 연 | 淵 | | | | | |
| 淳 | 물괼 정 | 淳 | | | | | |
| 岳 | 큰산 악 | 岳 | | | | | |
| 峙 | 우뚝솟을 치 | 峙 | | | | | |
| **연정악치** 깊은 못처럼 차분하고 높은 산처럼 우뚝 솟은, 심원하고 고상한 인품과 덕망. | | | | | | | |

| 冷 | 찰 랭 | 冷 | | | | | |
| 嘲 | 비웃을 조 | 嘲 | | | | | |
| 熱 | 더울 열 | 熱 | | | | | |
| 罵 | 욕할 매 | 罵 | | | | | |
| **냉조열매** 남을 업신여겨 차갑게 비웃고 맹렬하게 꾸짖다. | | | | | | | |

| 含 | 머금을 **함** | 含 | | | | | |
| 垢 | 때 구 | 垢 | | | | | |
| 納 | 들일 납 | 納 | | | | | |
| 汚 | 더러울 오 | 汚 | | | | | |
| **함구납오** 치욕을 참고 더러움을 받아들인다. 군자가 수치를 용인하는 것을 비유한다. | | | | | | | |

| 豬突豨勇 | | | | | | | |
|---|---|---|---|---|---|---|---|
| **豬** 돼지 저<br>**突** 부딪칠 돌<br>**豨** 돼지 희<br>**勇** 날랠 용 | 豬<br>突<br>豨<br>勇 | | | | | | |
| **저돌희용** 멧돼지처럼 앞뒤 헤아리지 않고 함부로 날뛰다. | | | | | | | |

| 勤謹和緩 | | | | | | | |
|---|---|---|---|---|---|---|---|
| **勤** 부지런할 근<br>**謹** 삼갈 근<br>**和** 화할 화<br>**緩** 느릴 완 | 勤<br>謹<br>和<br>緩 | | | | | | |
| **근근화완** 부지런함·신중함·온화함·느긋함으로 관리의 마음 자세를 뜻한다. | | | | | | | |

| 安貧樂道 | | | | | | | |
|---|---|---|---|---|---|---|---|
| **安** 편안 안<br>**貧** 가난할 빈<br>**樂** 즐거울 락<br>**道** 길 도 | 安<br>貧<br>樂<br>道 | | | | | | |
| **안빈낙도** 가난한 생활 가운데서도 평안한 마음으로 절조를 지키면서 도를 즐긴다. | | | | | | | |

| 陋 좁을 루 | 陋 | | | | |
|---|---|---|---|---|---|
| 巷 거리 항 | 巷 | | | | |
| 簞 대광주리 단 | 簞 | | | | |
| 瓢 바가지 표 | | | | | |
| **누항단표** 대그릇의 밥과 표주박의 물에 누추한 집. 소박하고 청빈한 삶을 뜻한다. | 瓢 | | | | |

| 蓬 쑥 봉 | 蓬 | | | | |
|---|---|---|---|---|---|
| 蒿 쑥 호 | 蒿 | | | | |
| 滿 찰 만 | 滿 | | | | |
| 宅 집 택 | | | | | |
| **봉호만택** 다북쑥이 집 안에 가득하다. | 宅 | | | | |

| 逍 노닐 소 | 逍 | | | | |
|---|---|---|---|---|---|
| 遙 멀 요 | 遙 | | | | |
| 吟 읊을 음 | 吟 | | | | |
| 詠 읊을 영 | | | | | |
| **소요음영** 한가로이 거닐면서 시가를 나직이 읊조리다. | 詠 | | | | |

| 泉石膏肓 | | | | | | | |
|---|---|---|---|---|---|---|---|
| 泉 | 샘 천 | 泉 | | | | | |
| 石 | 돌 석 | 石 | | | | | |
| 膏 | 기름 고 | 膏 | | | | | |
| 肓 | 명치 황 | 肓 | | | | | |

**천석고황** 산수를 사랑함이 지나쳐 마치 불치병과도 같다.

| 煙霞痼疾 | | | | | | | |
|---|---|---|---|---|---|---|---|
| 煙 | 연기 연 | 煙 | | | | | |
| 霞 | 놀 하 | 霞 | | | | | |
| 痼 | 고질 고 | 痼 | | | | | |
| 疾 | 병 질 | 疾 | | | | | |

**연하고질** 아름다운 자연을 사랑하는 굳어진 버릇 또는 속세에서 벗어난 삶.

| 蓴羹鱸膾 | | | | | | | |
|---|---|---|---|---|---|---|---|
| 蓴 | 순채 순 | 蓴 | | | | | |
| 羹 | 국 갱 | 羹 | | | | | |
| 鱸 | 농어 로 | 鱸 | | | | | |
| 膾 | 회 회 | 膾 | | | | | |

**순갱노회** 순챗국과 농어회를 의미하며, 고향을 잊지 못하고 그리워하는 정을 비유한다.

| 狐死首丘 | 여우 호<br>죽을 사<br>머리 수<br>언덕 구 | 狐<br>死<br>首<br>丘 | | | | | |
|---|---|---|---|---|---|---|---|
| **호사수구** 여우는 죽을 때 제 살던 굴이 있는 언덕 쪽으로 머리를 향한다. | | | | | | | |

| 夢幻泡影 | 꿈 몽<br>허깨비 환<br>거품 포<br>그림자 영 | 夢<br>幻<br>泡<br>影 | | | | | |
|---|---|---|---|---|---|---|---|
| **몽환포영** 꿈·환상·거품·그림자. | | | | | | | |

| 危若朝露 | 위태할 위<br>같을 약<br>아침 조<br>이슬 로 | 危<br>若<br>朝<br>露 | | | | | |
|---|---|---|---|---|---|---|---|
| **위약조로** 위태롭기가 해가 뜨면 말라 버릴 아침 이슬과 같다. | | | | | | | |

| 榮枯盛衰 | 영화 **영**<br>마를 **고**<br>성할 **성**<br>쇠할 **쇠** | 榮枯盛衰 | | | | | |
|---|---|---|---|---|---|---|---|
| **영고성쇠** 인생이나 사물의 성함과 쇠함이 변화가 심하여 종잡을 수 없다. | | | | | | | |

| 塞翁失馬 | 변방 **새**<br>늙은이 **옹**<br>잃을 **실**<br>말 **마** | 塞翁失馬 | | | | | |
|---|---|---|---|---|---|---|---|
| **새옹실마** 한때의 화가 복이 되기도 하고 한때의 복이 화를 가져올 수도 있다. | | | | | | | |

| 福至心靈 | 복 **복**<br>이를 **지**<br>마음 **심**<br>신령 **령** | 福至心靈 | | | | | |
|---|---|---|---|---|---|---|---|
| **복지심령** 행운이 도래하면 마음 역시 신령스럽고 총명해진다. | | | | | | | |

| 壽 | 목숨 수 | 壽 | | | | | |
|---|---|---|---|---|---|---|---|
| 則 | 곧 즉 | 則 | | | | | |
| 多 | 많을 다 | 多 | | | | | |
| 辱 | 욕될 욕 | 辱 | | | | | |

**수즉다욕** 오래 살수록 욕되는 일도 많아진다.

| 桑 | 뽕나무 상 | 桑 | | | | | |
|---|---|---|---|---|---|---|---|
| 田 | 밭 전 | 田 | | | | | |
| 碧 | 푸를 벽 | 碧 | | | | | |
| 海 | 바다 해 | 海 | | | | | |

**상전벽해** 뽕밭이 푸른 바다가 된다. 시세의 극심한 변천 또는 세상사의 덧없음을 비유한다.

| 今 | 이제 금 | 今 | | | | | |
|---|---|---|---|---|---|---|---|
| 是 | 옳을 시 | 是 | | | | | |
| 昨 | 어제 작 | 昨 | | | | | |
| 非 | 아닐 비 | 非 | | | | | |

**금시작비** 오늘은 옳고 어제는 그르다. 과거의 잘못을 이제야 비로소 깨달음을 뜻한다.

| 干卿何事 | 방패 간 | 干 | | | | | |
| | 벼슬 경 | 卿 | | | | | |
| | 어찌 하 | 何 | | | | | |
| | 일 사 | 事 | | | | | |
| **간경하사** "당신과 무슨 상관인가?"라는 뜻으로, 남의 일에 참견하는 사람을 비웃는 말이다. | | | | | | | |

| 荒唐無稽 | 거칠 황 | 荒 | | | | | |
| | 당나라 당 | 唐 | | | | | |
| | 없을 무 | 無 | | | | | |
| | 상고할 계 | 稽 | | | | | |
| **황당무계** 말이나 행동이 허황하고 터무니없어서 도통 믿을 수가 없다. | | | | | | | |

| 四面楚歌 | 넉 사 | 四 | | | | | |
| | 낯 면 | 面 | | | | | |
| | 초나라 초 | 楚 | | | | | |
| | 노래 가 | 歌 | | | | | |
| **사면초가** 사면에서 들리는 초나라 노래로, 사방이 적으로 둘러싸인 형국을 말한다. | | | | | | | |

| 休 | 쉴 휴 | 休 | | | | | |
|---|---|---|---|---|---|---|---|
| 戚 | 슬퍼할 척 | 戚 | | | | | |
| 相 | 서로 상 | 相 | | | | | |
| 關 | 빗장 관 | 關 | | | | | |
| **휴척상관** 즐거움과 괴로움을 함께하다. 생사고락을 나누는 사이를 비유한다. | | | | | | | |

| 東 | 동녘 동 | 東 | | | | | |
|---|---|---|---|---|---|---|---|
| 奔 | 달릴 분 | 奔 | | | | | |
| 西 | 서녘 서 | 西 | | | | | |
| 走 | 달릴 주 | 走 | | | | | |
| **동분서주** 서두르며 사방으로 몹시 바쁘게 돌아다니다. | | | | | | | |

| 南 | 남녘 남 | 南 | | | | | |
|---|---|---|---|---|---|---|---|
| 轅 | 끌채 원 | 轅 | | | | | |
| 北 | 북녘 북 | 北 | | | | | |
| 轍 | 바큇자국 철 | 轍 | | | | | |
| **남원북철** 남쪽으로 가려 하면서 수레는 북쪽으로 끌고 간다. 행동과 목적이 상반됨을 비유한다. | | | | | | | |

| 蜉蝣戴盆 | 하루살이 부 | 蜉 | | | | | |
| | 하루살이 유 | 蝣 | | | | | |
| | 일 대 | 戴 | | | | | |
| | 동이 분 | 盆 | | | | | |
| **부유대분** 하루살이가 동이를 인다는 뜻으로, 능력이 적은 사람은 무거운 임무를 감당할 수 없다. | | | | | | | |

| 蚯蚓鑽額 | 지렁이 구 | 蚯 | | | | | |
| | 지렁이 인 | 蚓 | | | | | |
| | 뚫을 찬 | 鑽 | | | | | |
| | 이마 액 | 額 | | | | | |
| **구인찬액** 지렁이가 이마로 땅에 구멍을 뚫는 것처럼, 힘든 일에 몹시 애를 쓰다. | | | | | | | |

| 鹵莽滅裂 | 소금 로 | 鹵 | | | | | |
| | 우거질 망 | 莽 | | | | | |
| | 멸할 멸 | 滅 | | | | | |
| | 찢을 렬 | 裂 | | | | | |
| **노망멸렬** 일을 되는 대로 거칠고 무책임하게 하다. | | | | | | | |

| 隨 | 따를 수 | 隨 | | | | | | | |
|---|---|---|---|---|---|---|---|---|---|
| 波 | 물결 **파** | 波 | | | | | | | |
| 逐 | 쫓을 **축** | 逐 | | | | | | | |
| 浪 | 물결 **랑** | 浪 | | | | | | | |

**수파축랑** 파도 따라 흐름을 함께하듯, 대세 또는 시대조류를 따름을 뜻한다.

| 脈 | 맥 **맥** | 脈 | | | | | | | |
|---|---|---|---|---|---|---|---|---|---|
| 絡 | 이을 **락** | 絡 | | | | | | | |
| 貫 | 꿸 **관** | 貫 | | | | | | | |
| 通 | 통할 **통** | 通 | | | | | | | |

**맥락관통** 조리가 일관하여 일의 줄거리가 한결같이 환하게 통하다.

| 駕 | 탈 **가** | 駕 | | | | | | | |
|---|---|---|---|---|---|---|---|---|---|
| 輕 | 가벼울 **경** | 輕 | | | | | | | |
| 就 | 나아갈 **취** | 就 | | | | | | | |
| 熟 | 익을 **숙** | 熟 | | | | | | | |

**가경취숙** 가벼운 수레를 몰고 익히 잘 아는 길을 간다는 뜻으로, 그 일에 아주 익숙함을 비유한다.

| 夏 | 여름 하 | 夏 | | | | | |
|---|---|---|---|---|---|---|---|
| 爐 | 화로 로 | 爐 | | | | | |
| 冬 | 겨울 동 | 冬 | | | | | |
| 扇 | 부채 선 | | | | | | |
| **하로동선** 여름의 화로와 겨울의 부채란 말로, 철에 맞지 않는 물건 또는 무용지물을 비유한다. | | 扇 | | | | | |

| 鳧 | 물오리 부 | 鳧 | | | | | |
|---|---|---|---|---|---|---|---|
| 脛 | 정강이 경 | 脛 | | | | | |
| 鶴 | 두루미 학 | 鶴 | | | | | |
| 膝 | 무릎 슬 | | | | | | |
| **부경학슬** 오리와 두루미의 다리가 짧고 긴 것처럼 모든 사물에는 각기 장단이 있다. | | 膝 | | | | | |

| 龜 | 거북 귀 | 龜 | | | | | |
|---|---|---|---|---|---|---|---|
| 毛 | 털 모 | 毛 | | | | | |
| 兎 | 토끼 토 | 兎 | | | | | |
| 角 | 뿔 각 | | | | | | |
| **귀모토각** 거북 털과 토끼 뿔로, 불가능한 존재나 유명무실한 물건, 허무맹랑한 거짓말을 비유한다. | | 角 | | | | | |

| 司空見慣 | 맡을 사<br>빌 공<br>볼 견<br>익숙할 관 | 司<br>空<br>見<br>慣 | | | | | |
|---|---|---|---|---|---|---|---|
| **사공견관** 사공은 늘 보아서 이미 습관이 되었다는 뜻으로, 자주 보아서 신기하지 않음을 비유한다. | | | | | | | |

| 消魂斷腸 | 사라질 소<br>넋 혼<br>끊을 단<br>창자 장 | 消<br>魂<br>斷<br>腸 | | | | | |
|---|---|---|---|---|---|---|---|
| **소혼단장** 근심과 슬픔으로 넋이 나가고 애가 끊어지는 듯하다. | | | | | | | |

| 欣喜雀躍 | 기뻐할 흔<br>기쁠 희<br>참새 작<br>뛸 약 | 欣<br>喜<br>雀<br>躍 | | | | | |
|---|---|---|---|---|---|---|---|
| **흔희작약** 참새가 도약하듯이 너무 기뻐서 펄떡펄떡 뛰는 모습. | | | | | | | |

| 聚精會神 | 모을 **취** 자세할 **정** 모일 **회** 혼 **신** | 聚精會神 | | | | | |
|---|---|---|---|---|---|---|---|
| **취정회신** 정신을 가다듬어서 한군데로 모으다. | | | | | | | |

| 淪肌浹髓 | 빠질 **륜** 살 **기** 두루미칠 **협** 골수 **수** | 淪肌浹髓 | | | | | |
|---|---|---|---|---|---|---|---|
| **윤기협수** 살에 스미고 뼛골에 사무칠 정도로 깊이 감격하여 마음에 새기다. | | | | | | | |

| 五臟六腑 | 다섯 **오** 오장 **장** 여섯 **육** 육부 **부** | 五臟六腑 | | | | | |
|---|---|---|---|---|---|---|---|
| **오장육부** 오장과 육부로서 인체 내부 기관의 총칭. | | | | | | | |

| 美<br>意<br>延<br>年 | 아름다울 **미**<br><br>뜻 **의**<br><br>끌 **연**<br><br>해 **년** | 美<br>意<br>延<br>年 | | | | | |
|---|---|---|---|---|---|---|---|
| **미의연년** 마음을 즐겁게 가지면 건강과 장수를 누린다. | | | | | | | |

| 懲<br>忿<br>窒<br>慾 | 징계할 **징**<br><br>성낼 **분**<br><br>막을 **질**<br><br>욕심 **욕** | 懲<br>忿<br>窒<br>慾 | | | | | |
|---|---|---|---|---|---|---|---|
| **징분질욕** 분노를 징계하고 탐욕을 억제한다. | | | | | | | |

| 倨<br>傲<br>鮮<br>腆 | 거만할 **거**<br><br>거만할 **오**<br><br>고울 **선**<br><br>두터울 **전** | 倨<br>傲<br>鮮<br>腆 | | | | | |
|---|---|---|---|---|---|---|---|
| **거오선전** 학식이나 관작 따위가 높은 척 거드럭거리는 교만한 태도. | | | | | | | |

| 驕奢淫逸 | 교만할 교<br>사치할 사<br>음란할 음<br>편안할 일 | 驕<br>奢<br>淫<br>逸 | | | | |
|---|---|---|---|---|---|---|
| **교사음일** 성행이 교만하고 사치하며 음란하고 멋대로인 자를 이른다. | | | | | | |

| 暴虎馮河 | 사나울 포<br>범 호<br>탈 빙<br>물 하 | 暴<br>虎<br>馮<br>河 | | | | |
|---|---|---|---|---|---|---|
| **포호빙하** 맨손으로 호랑이를 잡고 걸어서 큰 강을 건너듯, 용기는 있으나 무모하기 짝이 없다. | | | | | | |

| 酒池肉林 | 술 주<br>못 지<br>고기 육<br>수풀 림 | 酒<br>池<br>肉<br>林 | | | | |
|---|---|---|---|---|---|---|
| **주지육림** 술로 못을 이루고 고기로 숲을 이룬 호사스러운 술잔치. | | | | | | |

| 杯盤狼藉 | 잔 **배** | 杯 | | | | | |
| | 쟁반 **반** | 盤 | | | | | |
| | 이리 **랑** | 狼 | | | | | |
| | 깔개 **자** | 藉 | | | | | |
| **배반낭자** 술자리 후 술잔과 접시가 이리의 움집에 깔린 풀처럼 너저분하게 나뒹구는 모양. | | | | | | | |

| 螳螂捕蟬 | 버마재비 **당** | 螳 | | | | | |
| | 버마재비 **랑** | 螂 | | | | | |
| | 잡을 **포** | 捕 | | | | | |
| | 매미 **선** | 蟬 | | | | | |
| **당랑포선** 사마귀가 매미를 잡으려고 노린다. | | | | | | | |

| 飛蛾赴火 | 날 **비** | 飛 | | | | | |
| | 나방 **아** | 蛾 | | | | | |
| | 다다를 **부** | 赴 | | | | | |
| | 불 **화** | 火 | | | | | |
| **비아부화** 나방이 날아서 불 속으로 달려든다. | | | | | | | |

| 竭澤而漁 | | 竭澤而漁 | | | | | |
|---|---|---|---|---|---|---|---|
| | 다할 **갈** | | | | | | |
| | 못 **택** | | | | | | |
| | 말이을 **이** | | | | | | |
| | 고기잡을 **어** | | | | | | |
| **갈택이어** 못물을 퍼내 고기를 잡듯이, 눈앞의 이익만을 추구하여 장래를 위해 남겨두지 않다. | | | | | | | |

| 禽困覆車 | | 禽困覆車 | | | | | |
|---|---|---|---|---|---|---|---|
| | 날짐승 **금** | | | | | | |
| | 곤할 **곤** | | | | | | |
| | 엎을 **복** | | | | | | |
| | 수레 **거** | | | | | | |
| **금곤복거** 새도 궁지에 몰리면 수레를 뒤집어엎듯이, 약자도 궁지에 몰리면 큰 힘을 낸다. | | | | | | | |

| 巧言令色 | | 巧言令色 | | | | | |
|---|---|---|---|---|---|---|---|
| | 공교할 **교** | | | | | | |
| | 말씀 **언** | | | | | | |
| | 하여금 **령** | | | | | | |
| | 빛 **색** | | | | | | |
| **교언영색** 남의 비위를 맞추거나 환심을 사기 위해 교묘하게 꾸미는 말과 보기 좋게 꾸미는 얼굴. | | | | | | | |

| 郢書燕説 | | | | | | |
|---|---|---|---|---|---|---|
| 郢 땅이름 영<br>書 글 서<br>燕 제비 연<br>說 말씀 설 | 郢<br>書<br>燕<br>說 | | | | | |
| **영서연설** 영 땅의 글과 연나라의 설명으로, 이치에 맞지 않는 것을 억지로 끌어다 도리에 맞추다. | | | | | | |

| 邑犬群吠 | | | | | | |
|---|---|---|---|---|---|---|
| 邑 고을 읍<br>犬 개 견<br>群 무리 군<br>吠 짖을 폐 | 邑<br>犬<br>群<br>吠 | | | | | |
| **읍견군폐** 고을의 개들이 떼 지어 짖어대듯, 속 좁고 간사한 무리들이 남을 헐뜯음을 비유한다. | | | | | | |

| 赤舌燒城 | | | | | | |
|---|---|---|---|---|---|---|
| 赤 붉을 적<br>舌 혀 설<br>燒 불사를 소<br>城 재 성 | 赤<br>舌<br>燒<br>城 | | | | | |
| **적설소성** 남을 헐뜯는 혀는 불 같아서 성이라도 불사를 만하다. | | | | | | |

| 笑裏藏刀 | 웃을 소<br>속 리<br>감출 장<br>칼 도 | 笑裏藏刀 | | | | | |
|---|---|---|---|---|---|---|---|
| **소리장도** 웃음 속에 칼을 감춘 것처럼, 겉으로는 웃지만 마음속에는 앙심을 품은 것을 말한다. | | | | | | | |

| 季札掛劍 | 끝 계<br>패 찰<br>걸 괘<br>칼 검 | 季札掛劍 | | | | | |
|---|---|---|---|---|---|---|---|
| **계찰괘검** 계찰이 나무에 보검을 걸어 놓는다는 뜻으로, 약속을 끝까지 지키는 신의에 비유한다. | | | | | | | |

| 傾搖懈弛 | 기울 경<br>흔들 요<br>게으를 해<br>늦출 이 | 傾搖懈弛 | | | | | |
|---|---|---|---|---|---|---|---|
| **경요해이** 마음이 동요해 정신이 느슨해지고 자신의 책무에 게으름을 말한다. | | | | | | | |

| 玩 | 장난할 **완** | 玩 | | | | | |
| 物 | 물건 **물** | 物 | | | | | |
| 喪 | 잃을 **상** | 喪 | | | | | |
| 志 | 뜻 **지** | 志 | | | | | |
| **완물상지** 쓸데없는 물건이나 놀음에 정신이 팔려 소중한 지조를 잃어버림을 뜻한다. | | | | | | | |

| 揠 | 뽑을 **알** | 揠 | | | | | |
| 苗 | 모 **묘** | 苗 | | | | | |
| 助 | 도울 **조** | 助 | | | | | |
| 長 | 길 **장** | 長 | | | | | |
| **알묘조장** 벼의 싹을 잡아당겨 빨리 자라도록 돕는다. | | | | | | | |

| 進 | 나아갈 **진** | 進 | | | | | |
| 銳 | 날카로울 **예** | 銳 | | | | | |
| 退 | 물러날 **퇴** | 退 | | | | | |
| 速 | 빠를 **속** | 速 | | | | | |
| **진예퇴속** 나아감이 빠르면 물러남도 빠르다. | | | | | | | |

| 臨渇掘井 | | | | | | |
|---|---|---|---|---|---|---|
| **臨** 임할 **림** | 臨 | | | | | |
| **渇** 목마를 **갈** | 渇 | | | | | |
| **掘** 팔 **굴** | 掘 | | | | | |
| **井** 우물 **정** | 井 | | | | | |

**임갈굴정** 목이 말라야 우물을 파듯, 준비 없이 지내다가 일을 당해서야 서두르는 것을 비유한다.

| 抱瓮灌畦 | | | | | | |
|---|---|---|---|---|---|---|
| **抱** 안을 **포** | 抱 | | | | | |
| **瓮** 독 **옹** | 瓮 | | | | | |
| **灌** 물댈 **관** | 灌 | | | | | |
| **畦** 밭두둑 **휴** | 畦 | | | | | |

**포옹관휴** 독을 안고 밭에 물을 준다.

| 疊床架屋 | | | | | | |
|---|---|---|---|---|---|---|
| **疊** 겹쳐질 **첩** | 疊 | | | | | |
| **床** 평상 **상** | 床 | | | | | |
| **架** 시렁 **가** | 架 | | | | | |
| **屋** 집 **옥** | 屋 | | | | | |

**첩상가옥** 침대 위에 침대를 놓고 지붕 위에 지붕을 얹는다.

| 債臺高築 | 빚 채<br>대 대<br>높을 고<br>쌓을 축 | 債臺高築 | | | | | |
|---|---|---|---|---|---|---|---|
| **채대고축** 채무의 누대를 높이 쌓는다는 뜻으로, 빚이 너무 많아 갚을 길이 막막함을 말한다. | | | | | | | |

| 堤潰蟻穴 | 둑 제<br>무너질 궤<br>개미 의<br>구멍 혈 | 堤潰蟻穴 | | | | | |
|---|---|---|---|---|---|---|---|
| **제궤의혈** 개미구멍 때문에 큰 둑이 터지듯, 사소한 결함이나 실수가 큰 재난을 불러옴을 비유한다. | | | | | | | |

| 未雨綢繆 | 아닐 미<br>비 우<br>얽을 주<br>얽을 무 | 未雨綢繆 | | | | | |
|---|---|---|---|---|---|---|---|
| **미우주무** 비가 내리기 전에 둥지의 문을 닫아 얽어맨다는 뜻으로, 사전에 준비함을 비유한다. | | | | | | | |

| 播糠眯目 | 뿌릴 **파** | 播 | | | | | |
| | 겨 **강** | 糠 | | | | | |
| | 눈잘못뜨게할 **미** | 眯 | | | | | |
| | 눈 **목** | 目 | | | | | |
| **파강미목** 눈에 겨가 들어가 어지럽다는 뜻으로, 작은 언행도 큰 해가 될 수 있음을 비유한다. | | 目 | | | | | |

| 每下愈況 | 매양 **매** | 每 | | | | | |
| | 아래 **하** | 下 | | | | | |
| | 더욱 **유** | 愈 | | | | | |
| | 하물며 **황** | 況 | | | | | |
| **매하유황** 내려갈수록 더 잘 알 수 있다. 도는 높은 데만 아니라 낮고 천한 데에도 있다는 뜻이다. | | 況 | | | | | |

| 隔靴搔癢 | 사이뜰 **격** | 隔 | | | | | |
| | 신 **화** | 靴 | | | | | |
| | 긁을 **소** | 搔 | | | | | |
| | 가려울 **양** | 癢 | | | | | |
| **격화소양** '신 신고 발바닥 긁기'로, 일의 요점을 꿰뚫지 못하고 겉돌아 답답한 심정을 비유한다. | | 癢 | | | | | |

| 削足適履 | 깎을 삭<br><br>발 족<br><br>맞을 적<br><br>신 리 | 削<br>足<br>適<br>履 | | | | | |
|---|---|---|---|---|---|---|---|
| **삭족적리** 발을 깎아 신발에 맞춘다. | | | | | | | |

| 量體裁衣 | 헤아릴 **량**<br><br>몸 체<br><br>마를 재<br><br>옷 의 | 量<br>體<br>裁<br>衣 | | | | | |
|---|---|---|---|---|---|---|---|
| **양체재의** 몸에 맞추어 옷감을 재단하여 의복을 만들 듯이 실정에 맞게 일을 처리하다. | | | | | | | |

| 因時制宜 | 인할 **인**<br><br>때 시<br><br>마를 제<br><br>마땅할 의 | 因<br>時<br>制<br>宜 | | | | | |
|---|---|---|---|---|---|---|---|
| **인시제의** 때를 인하여 마땅함을 정한다는 뜻으로, 때를 좇아서 시세에 맞춤을 말한다. | | | | | | | |

| 貴 | 귀할 귀 | 貴 | | | | | |
|---|---|---|---|---|---|---|---|
| 鵠 | 고니 곡 | 鵠 | | | | | |
| 賤 | 천할 천 | 賤 | | | | | |
| 雞 | 닭 계 | 雞 | | | | | |
| **귀곡천계** 고니는 귀히 닭은 천히 여긴다. | | | | | | | |

| 買 | 살 매 | 買 | | | | | |
|---|---|---|---|---|---|---|---|
| 櫝 | 함 독 | 櫝 | | | | | |
| 還 | 돌아올 환 | 還 | | | | | |
| 珠 | 구슬 주 | 珠 | | | | | |
| **매독환주** 구슬을 담은 궤는 사고 정작 구슬은 돌려준다. | | | | | | | |

| 按 | 살필 안 | 按 | | | | | |
|---|---|---|---|---|---|---|---|
| 圖 | 그림 도 | 圖 | | | | | |
| 索 | 찾을 색 | 索 | | | | | |
| 驥 | 천리마 기 | 驥 | | | | | |
| **안도색기** 그림에 의거하여 준마를 찾는다. | | | | | | | |

| 牝牡驪黃 | 암컷 빈<br>수컷 모<br>가라말 려<br>누를 황 | 牝牡驪黃 | | | | | |
|---|---|---|---|---|---|---|---|
| **빈모여황** 사물의 표면을 뜻하며, 사물을 인식하려면 현상 아닌 본질을 파악해야 함을 비유한다. | | | | | | | |

| 日暮途遠 | 날 일<br>저물 모<br>길 도<br>멀 원 | 日暮途遠 | | | | | |
|---|---|---|---|---|---|---|---|
| **일모도원** 갈 길은 먼데 해가 이미 저물었다. | | | | | | | |

| 功虧一簣 | 공 공<br>이지러질 휴<br>한 일<br>삼태기 궤 | 功虧一簣 | | | | | |
|---|---|---|---|---|---|---|---|
| **공휴일궤** 작은 차이로 쌓은 공로가 이지러지듯, 마지막까지 최선을 다하지 못하면 결실이 없다. | | | | | | | |

| 狗尾續貂 | 개 구<br>꼬리 미<br>이을 속<br>담비 초 | 狗<br>尾<br>續<br>貂 | | | | | |
|---|---|---|---|---|---|---|---|
| **구미속초** 개 꼬리로 담비 꼬리를 잇는다. | | | | | | | |

| 畫龍點睛 | 그림 화<br>용 룡<br>점 점<br>눈동자 정 | 畫<br>龍<br>點<br>睛 | | | | | |
|---|---|---|---|---|---|---|---|
| **화룡점정** 용을 그릴 때 마지막에 눈동자를 그려 완성한다. | | | | | | | |

| 杜漸防萌 | 막을 두<br>점점 점<br>막을 방<br>싹 맹 | 杜<br>漸<br>防<br>萌 | | | | | |
|---|---|---|---|---|---|---|---|
| **두점방맹** 좋지 못한 일의 싹이나 징후가 있을 때 즉시 제거해야 뒤탈이 없다. | | | | | | | |

| 慎<br>終<br>如<br>始 | 삼갈 신<br><br>마칠 종<br><br>같을 여<br><br>처음 시 | 慎<br>終<br>如<br>始 | | | | | |
|---|---|---|---|---|---|---|---|
| **신종여시** 처음부터 그러했듯이 끝까<br>지 일에 신중을 기하다. | | | | | | | |

# 讀千字 知天下

| | | | | | |
|---|---|---|---|---|---|
| 敬天愛人 | 易地皆然 | 仰觀俯察 | 旋乾轉坤 | 行流散徙 | 陽開陰閉 |
| 微顯闡幽 | 虛往實歸 | 九十春光 | 老當益壯 | 秋月寒江 | 水晶燈籠 |
| 登峰造極 | 望洋興嘆 | 雲蒸礎潤 | 風馳電掣 | 洶湧澎湃 | 雷霆霹靂 |
| 民惟邦本 | 宗廟社稷 | 士農工商 | 常鱗凡介 | 修齊治平 | 政者正也 |
| 聰明睿智 | 緯武經文 | 百家爭鳴 | 異苔同岑 | 解弦更張 | 胡服騎射 |
| 坐以待旦 | 鼓腹擊壤 | 元亨利貞 | 規矩準繩 | 嚴刑峻法 | 網漏吞舟 |
| 權要請託 | 爬羅剔抉 | 攬轡澄清 | 去官留犢 | 尸位素餐 | 尊賢使能 |
| 曲學阿世 | 吮癰舐痔 | 投鼠忌器 | 巢毀卵破 | 哀鴻遍野 | 鰥寡孤獨 |
| 救災恤隣 | 博施濟衆 | 堯趨舜步 | 洗耳恭聽 | 逆取順守 | 伊尹負鼎 |
| 吐哺握髮 | 祁奚薦讎 | 弘毅寬厚 | 橫槊賦詩 | 深根固柢 | 切問近思 |
| 岐路亡羊 | 提綱挈領 | 筆墨紙硯 | 識字憂患 | 錦囊佳句 | 雕蟲篆刻 |
| 右軍習氣 | 依樣葫蘆 | 黔驢技窮 | 鏃礪括羽 | 溫故知新 | 自我作古 |
| 換骨奪胎 | 絶類離倫 | 青出於藍 | 後生可畏 | 發憤忘食 | 孟母三遷 |
| 螢窓雪案 | 汗牛充棟 | 晝耕夜誦 | 引錐刺股 | 鐵杵磨針 | 愚公移山 |
| 跛鼈千里 | 升堂入室 | 忠孝節義 | 旌表門閭 | 誹譽在俗 | 鞠躬盡瘁 |
| 左國史漢 | 名垂竹帛 | 陸績懷橘 | 伯俞泣杖 | 烏鳥私情 | 昏定晨省 |
| 過猶不及 | 允執其中 | 外柔內剛 | 屈蠖求伸 | 參前倚衡 | 珪璋特達 |
| 朽木糞牆 | 金聲玉振 | 從吾所好 | 崇德廣業 | 廢蓼莪篇 | 攀號擗踊 |
| 萬機親覽 | 補缺拾遺 | 比翼連理 | 洞房華燭 | 窺御激夫 | 枕邊敎妻 |
| 兄肥弟瘦 | 煮豆燃萁 | 灼艾分痛 | 讓棗推梨 | 灑掃應對 | 口尚乳臭 |
| 管鮑之交 | 朋友有信 | 克己復禮 | 殺身成仁 | 化性起僞 | 閑邪存誠 |

| | | | | | |
|---|---|---|---|---|---|
| 黑白混淆 | 沐浴齋戒 | 頑廉懦立 | 涵養薰陶 | 隱惡揚善 | 叩頭謝罪 |
| 英雄豪傑 | 懸崖撒手 | 優勝劣敗 | 抑強扶弱 | 上兵伐謀 | 運籌帷幄 |
| 反客爲主 | 李代桃僵 | 蠻夷戎狄 | 樽俎折衝 | 形格勢禁 | 披荊斬棘 |
| 七顚八倒 | 摩拳擦掌 | 包羞忍恥 | 捲土重來 | 臥薪嘗膽 | 結草報恩 |
| 朱脣皓齒 | 綠鬢紅顏 | 太液芙蓉 | 沈魚落雁 | 君子豹變 | 窈窕淑女 |
| 難得糊塗 | 澹泊寧靜 | 暗渡陳倉 | 墻間乞餘 | 瑾瑜匿瑕 | 大醇小疵 |
| 秤斤注兩 | 枉尺直尋 | 方寸已亂 | 淵渟岳峙 | 冷嘲熱罵 | 含垢納污 |
| 豬突豨勇 | 勤謹和緩 | 安貧樂道 | 陋巷簞瓢 | 蓬蒿滿宅 | 逍遙吟詠 |
| 泉石膏肓 | 煙霞痼疾 | 尊羹鱸膾 | 狐死首丘 | 夢幻泡影 | 危若朝露 |
| 榮枯盛衰 | 塞翁失馬 | 福至心靈 | 壽則多辱 | 桑田碧海 | 今是昨非 |
| 干卿何事 | 荒唐無稽 | 四面楚歌 | 休戚相關 | 東奔西走 | 南轅北轍 |
| 蜉蝣戴盆 | 蚯蚓鑽額 | 鹵莽滅裂 | 隨波逐浪 | 脈絡貫通 | 駕輕就熟 |
| 夏爐冬扇 | 鳧脛鶴膝 | 龜毛兔角 | 司空見慣 | 消魂斷腸 | 欣喜雀躍 |
| 聚精會神 | 淪肌浹髓 | 五臟六腑 | 美意延年 | 懲忿窒慾 | 倨傲鮮腆 |
| 驕奢淫逸 | 暴虎馮河 | 酒池肉林 | 杯盤狼藉 | 螳螂捕蟬 | 飛蛾赴火 |
| 竭澤而漁 | 禽困覆車 | 巧言令色 | 鄄書燕說 | 邑犬群吠 | 赤舌燒城 |
| 笑裏藏刀 | 季札掛劍 | 傾搖懈弛 | 玩物喪志 | 揠苗助長 | 進銳退速 |
| 臨渴掘井 | 抱甕灌畦 | 疊床架屋 | 債臺高築 | 堤潰蟻穴 | 未雨綢繆 |
| 播糠眯目 | 每下愈況 | 隔靴搔癢 | 削足適履 | 量體裁衣 | 因時制宜 |
| 貴鵠賤雞 | 買櫝還珠 | 按圖索驥 | 牝牡驪黃 | 日暮途遠 | 功虧一簣 |
| 狗尾續貂 | 畫龍點睛 | 杜漸防萌 | 愼終如始 | | |

**천자를 읽어 천하를 알다** : 讀千字 知天下 – 필사노트

2016년 4월 1일 1판 1쇄

**지은이** | 진세정

**편집** | 이진·이창연
**디자인** | 스튜디오 헤이,덕
**제작** | 박홍기
**마케팅** | 이병규, 양현범

**인쇄** | 천일문화사
**제책** | 정문바인텍

**펴낸이** | 강맑실
**펴낸곳** | (주)사계절출판사
**등록** | 제406-2003-034호
**주소** | (우) 10881 경기도 파주시 회동길 252
**전화** | 031)955-8588, 8558
**전송** | 마케팅부 031)955-8595  편집부 031)955-8596
**홈페이지** | www.sakyejul.co.kr   **전자우편** | skj@sakyejul.co.kr
**블로그** | skjmail.blog.me
**페이스북** | facebook.com/sakyejul
**트위터** | twitter.com/sakyejul

값은 뒤표지에 적혀 있습니다. 잘못 만든 책은 서점에서 바꾸어 드립니다.

사계절출판사는 성장의 의미를 생각합니다.
사계절출판사는 독자 여러분의 의견에 늘 귀기울이고 있습니다.

이 책은 저작권법에 따라 보호받는 저작물이므로 무단전재와 무단복제를 금합니다.

ISBN 978-89-5828-974-6 03720

이 도서의 국립중앙도서관 출판예정도서목록(CIP)은 서지정보유통지원시스템 홈페이지(http://seoji.nl.go.kr)와
국가자료공동목록시스템(http://www.nl.go.kr/kolisnet)에서 이용하실 수 있습니다. (CIP제어번호: CIP2016007062)